PASSTRAK®

SERIES 6

INVESTMENT COMPANY/VARIABLE CONTRACTS LIMITED REPRESENTATIVE

QUESTIONS & ANSWERS

18TH EDITION

EDICIÓN EN ESPAÑOL

Dearborn
Financial Institute, Inc.®

RAP 4/6 99 10

Al momento de imprimirse, esta 18a. edición de PASSTRAK® Series 6 contiene la información más completa y precis
disponible sobre el examen para obtener la licencia de la Serie 6 de la NASD. Sin embargo, dado que los exámen(
para obtener licencias de valores se actualizan continuamente, es posible que al tomarse el examen éste conteng
más información que no aparece en esta edición.

A pesar de que se ha procurado dar información fidedigna y actualizada, las ideas, sugerencias, principios
generales y conclusiones que figuran en este texto, están sujetas a reglamentaciones municipales, estatales y
federales, casos llevados a los tribunales y revisiones de los mismos. Recomendamos al lector buscar asesoría
legal en lo concerniente a las leyes específicas aplicables a su localidad. Esta publicación no debe ser utilizada
como sustituto de consejo legal competente.

Traducido de la decimooctava edición en inglés de
PASSTRAK® Series 6
Investment Company/Variable Contracts Limited Representative — Questions & Answers

Dirección editorial: **Karin N. Kiser**
Supervisión editorial y producción: **Editorial Pax México**
Traducción: **Leduc Servicios Lingüísticos**
Revisión técnica: **Elizabeth Nicholas**
Bertha Escalona
Portada: **Richard Gahalla**

ISBN 0-7931-3005-0

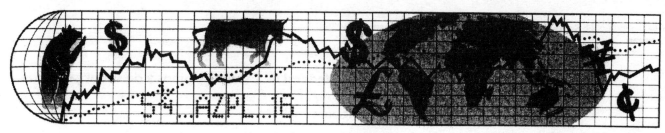

Contenido

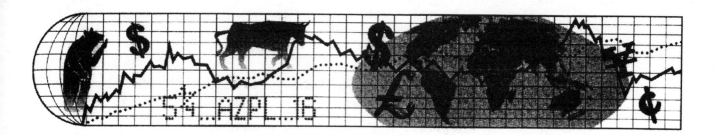

Introducción
a la Serie 6 PASSTRAK®

Bienvenido a PASSTRAK®. Como usted probablemente tiene muchas preguntas respecto al curso y al examen, hemos intentado prever algunas de ellas y brindarle las respuestas que le ayudarán a prepararse.

Curso Serie 6 PASSTRAK®

La *Serie 6 PASSTRAK®* está dividida en dos volúmenes: un libro de texto y un libro de exámenes. El libro de texto, titulado *Manual del examen de certificación*, consta de cuatro lecciones, cada una dedicada a un área en particular del comercio y la regulación de productos de sociedades de inversión/contratos de seguros de renta variable que usted necesitará conocer para aprobar el Examen de Certificación de Representante Especializado de Productos de Compañías de Inversión/Contratos de Seguros de Renta Variable (SI/CSRV) (Serie 6). Cada lección se divide en secciones de estudio de áreas más específicas con las que usted tendrá que familiarizarse.

El libro de exámenes, titulado *Preguntas y respuestas,* contiene exámenes de repaso de los temas cubiertos en el *Manual del examen de certificación* y concluye con tres exámenes finales generales con preguntas similares a las que se le plantearán en el examen Serie 6.

¿Qué temas se cubren en el curso?

El examen Serie 6 PASSTRAK® aborda los siguientes temas:

Lección 1	Valores y mercados, riesgos y políticas de inversión
Lección 2	Sociedades de inversión, impuestos y cuentas de clientes

| Lección 3 | Contratos de seguros de renta variable y planes para el retiro |
| Lección 4 | Regulación del sector bursátil |

¿Cuánto tiempo debo dedicar a estudiar?

Deberá dedicar entre 30 y 40 horas a leer el material y trabajar con las preguntas. El tiempo efectivo dependerá de sus hábitos de estudio y sus antecedentes profesionales.

Distribuya su tiempo de estudio entre las dos o tres semanas anteriores a la fecha programada para que presente su examen Serie 6. Estudie a cierta hora y en un lugar que le permitan concentrarse. Puesto que tiene que asimilar mucha información, dése tiempo suficiente para entender el material.

¿Cuál es la mejor manera de abordar los exámenes de repaso de cada lección?

Después de leer una sección o lección del *Manual del examen de certificación*, aplíquese el examen de repaso de la lección correspondiente. Lea con cuidado cada pregunta y escriba su respuesta. Después, coteje sus respuestas con las de la guía y lea las justificaciones que las acompañan. En vez de leer cada pregunta y pasar directamente a las justificaciones, resuelva el examen de corrido; esto le ayudará a comprender y retener mejor la información del manual.

¿Necesito realizar los exámenes finales?

Sí. Los exámenes finales probarán los conocimientos que usted requiere para responder las preguntas del examen Serie 6. Al resolver estos exámenes y cotejar sus respuestas con las justificaciones, se dará cuenta de qué áreas le siguen causando dificultades. Ponga especial atención a las justificaciones de las respuestas que no resolvió bien. Si es necesario, repase las secciones correspondientes del *Manual del examen de certificación* que tocan esos temas. Al final de cada justificación encontrará una referencia a la página del *Manual del examen de certificación* en la que se da esa información.

Examen Serie 6

¿Por qué necesito aprobar el examen Serie 6?

Su empleador es miembro de la National Association of Securities Dealers (NASD) u otra organización autorreguladora de Estados Unidos que exige que sus miembros y los empleados de éstos aprueben un examen de certificación para poder registrarse. Para registrarse como representante certificado para vender productos de sociedades de inversión y de contratos de seguros de renta variable, debe aprobar el examen Serie 6.

¿Qué requisitos debo cubrir antes de presentar el examen?

No tiene que cubrir ningún requisito antes de presentar su examen Serie 6.

¿Cómo es el examen Serie 6?

Es un examen de 100 preguntas, con una duración de dos horas 15 minutos, administrado por la NASD. Se aplica por computadora en varios lugares de Estados Unidos. Los candidatos que lo soliciten pueden hacer un examen con papel y lápiz si la NASD lo autoriza.

¿Qué temas cubre el examen?

Las preguntas de la Serie 6 no aparecen en un orden predeterminado. La computadora está programada para seleccionar una serie de preguntas aleatorias para cada candidato, conforme a una ponderación previa del examen. El número de preguntas siempre es el mismo para cada tema, lo que varía es su combinación.

El examen Serie 6 está dividido en cuatro grandes áreas temáticas:

Valores y mercados, riesgos y políticas de inversión	23%
Compañías de inversión, impuestos y cuentas de clientes	36%
Contratos de seguros de renta variable y planes para el retiro	16%
Regulación del sector bursátil	25%

¿Cuántos aciertos se requieren para aprobar?

Para aprobar el examen Serie 6 y ser registrado por la NASD como representante de CI/CSRV debe obtener un mínimo de 70 por ciento de aciertos.

Preguntas adicionales

En el examen encontrará hasta diez preguntas extra. Se trata de preguntas de un banco de exámenes que la NASD pone a prueba incluyéndolas en el examen. Estas preguntas no se tomarán en cuenta en su calificación final y se le dará tiempo extra para que las responda.

¿Qué es PROCTOR®?

El examen Serie 6, como muchos otros exámenes de certificación profesional, se aplica en el sistema computarizado de exámenes PROCTOR®, un sistema de cómputo interactivo que se utiliza en todo el país para administrar y entregar exámenes de certificación. Junto con la solicitud de inscripción a PROCTOR®, usted recibirá un folleto en el que se describe el formato del examen y se le dan instrucciones de cómo responder en la computadora.

Cuando termine el examen, el Sistema PROCTOR® inmediatamente calificará sus respuestas y en pocos minutos desplegará en la pantalla de la terminal la calificación que haya obtenido.

¿Cómo me inscribo para presentar el examen?

Para obtener una boleta de admisión al examen Serie 6, su empresa tiene que enviar a la NASD la forma de solicitud indicada junto con el pago de los cargos por procesamiento correspondientes. Después, la NASD le enviará un directorio de Centros de Exámenes de Certificación y una forma de inscripción a PROCTOR® válida por determinado número de días. Para presentar el examen durante ese periodo, concerte una cita con un Centro de Exámenes de Certificación con la mayor antelación posible a la fecha en que desee hacerlo.

¿Qué debo llevar al examen?

Lleve una identificación personal con su firma y fotografía, expedida por un organismo gubernamental. No puede introducir al área de exámenes ningún material de referencia ni de otro tipo. Si necesita una calculadora, pídala; no se le permitirá usar la suya.

En el Centro de Exámenes se le proporcionarán papel y lápices para borradores, los cuales no podrá llevarse consigo cuando se vaya.

¿Cuántas probabilidades tengo de aprobar el examen?

Si estudia todas las secciones del curso, realiza todos los ejercicios de las mismas y cada vez obtiene un mínimo de 80 por ciento de aciertos en los exámenes de repaso y en el final, estará bien preparado para aprobar.

Información de resultados del examen

Después del examen, podrá ver los resultados en la pantalla de su computadora. El día hábil siguiente a la fecha del examen, sus resultados se le enviarán por correo a su empresa y a la organización autorreguladora y la comisión estatal de valores que haya señalado en la solicitud.

Qué necesita para aprobar

El que apruebe el examen Serie 6 depende no sólo de lo bien que haya asimilado los temas, sino también de que haya resuelto adecuadamente los exámenes de prueba. Las siguientes técnicas sencillas le ayudarán a desarrollar sus habilidades para resolver exámenes y mejorar sus calificaciones:

- Lea la pregunta completa.
- No se precipite a sacar conclusiones... cuidado con las cláusulas engañosas.

- Interprete con cuidado las preguntas que le parezcan extrañas.
- Busque las palabras y frases clave.
- Dilucide la intención de la pregunta.
- Identifique los sinónimos.
- Memorice los puntos clave.
- Elimine/preseleccione las opciones señaladas con números romanos.
- Use calculadora.
- Evite cambiar sus respuestas.
- Controle su tiempo.

Enseguida aparecen explicaciones de cada una de estas sugerencias, que incluyen ejemplos de cómo puede aplicarlas para mejorar su desempeño en el examen.

Lea cada pregunta completa

Si no entiende una pregunta, no puede esperar responderla correctamente. Probablemente encuentre una que le resulte muy familiar y fácil de responder, y se precipite a contestarla antes de terminar su lectura. Esto sería un grave error. Antes de contestar cada pregunta, léala completa; a menudo se plantean preguntas engañosas para hacer fallar a la gente que se excede en suposiciones. Veamos un ejemplo de una pregunta en la que una suposición precipitada podría conducir a una respuesta equivocada.

¿Qué calificativo se aplica a una sociedad de inversión cuyas acciones cotizan en bolsa y que invierte más del 80 por ciento de sus activos en muchas compañías de un mismo sector?

A. Cerrada
B. Abierta
C. Diversificada
D. No diversificada

La respuesta es C, ya que la pregunta describe a una compañía de inversión que pasa la prueba del 75-5-10 en cuanto a diversificación. Esta pregunta puede responderse fácilmente sólo si se ha leído con cuidado, ya que la clave está en la segunda mitad. Si usted la lee demasiado rápido, al llegar a la expresión "cotizan en bolsa" podría suponer que lo que se le está preguntando es si una sociedad de inversión cuyas acciones cotizan en bolsa es una compañía abierta o cerrada.

No se precipite a sacar conclusiones... cuidado con las cláusulas engañosas

Muchas de las opciones de las preguntas de la Serie 6 son capciosas. Para no caer en la trampa de las respuestas aparentemente obvias, acostúmbrese a leer dos veces cada pregunta *y cada respuesta* antes de marcar una opción. Con ello sus probabilidades de éxito en el examen aumentarán en gran medida.

Tenga cuidado con las cláusulas engañosas, algunas de las cuales incluyen las palabras: *si, no, todos/todas, ningún/ninguno/ninguna* y *excepto*. En el caso de las oraciones que incluyen la palabra *si*, sólo podrá resolver la pregunta correctamente si se fija en el condicionante; de lo contrario, su respuesta será incorrecta.

En algunas preguntas aparecen combinaciones de calificadores. Por ejemplo, a menudo verá juntas las palabras *todos/todas* y *excepto*, al igual que *ningún/ ninguno/ninguna* y *excepto*. En general, cuando una pregunta empieza con *todos/todas* o *ningún/ninguno/ninguna* y termina con *excepto*, usted debe responder lo contrario a lo que aparentemente se le está preguntando. Por ejemplo:

> Todas las características siguientes se aplican a los pagarés de la Tesorería a corto plazo, EXCEPTO:
>
> I.   Su plazo de vencimiento es mayor a un año.
> II. Se venden con descuento.
> III. Producen intereses semestrales.
> IV. Son inversiones muy seguras.
>
> A. I y II
> B. I y III
> C. II y III
> D. II y IV

Si omite leer la palabra *excepto*, buscará las opciones que enuncian características de los pagarés de la Tesorería a corto plazo. Sin embargo, lo que se le está preguntando es cuáles opciones *no* enuncian características de estos instrumentos (es decir, las excepciones). Los pagarés de la Tesorería a corto plazo tienen un vencimiento de un año o menos y no producen intereses periódicamente; por lo tanto, las opciones I y III son incorrectas y la respuesta es B.

Interprete con cuidado las preguntas que le parezcan extrañas

No se sorprenda si algunas de las preguntas del examen le parecen extrañas a primera vista. Si ha estudiado su material, tendrá la información necesaria para dar todas las respuestas correctas. Lo importante es que comprenda *qué* se le está preguntando.

Con mucha frecuencia, la pregunta presenta la información de manera indirecta, así que tal vez tenga que interpretar el significado de ciertos elementos antes de contestar. Los dos ejemplos siguientes relativos a los rendimientos y precios de los bonos ponen de relieve esta observación.

> Si ocurre una baja en el poder adquisitivo, ¿cómo repercute en los rendimientos actuales de los bonos en circulación?

A. Los rendimientos disminuyen.
B. Los rendimientos aumentan.
C. Los rendimientos permanecen estables.
D. Esto no se puede determinar con la información proporcionada.

Para responder esta pregunta, tiene que aplicar sus conocimientos sobre economía e inversiones y recordar la relación entre los rendimientos y los precios de los bonos. El poder adquisitivo disminuye durante los periodos de inflación. La inflación causa que las tasas de interés aumenten y esto, a su vez, ocasiona que los precios de los bonos en circulación disminuyan. Entonces, cuando baja el precio de un bono o éste se vende con descuento, su rendimiento corriente aumenta (respuesta B).

El mismo contenido anterior podría haberse evaluado de otra manera, como lo ilustra el ejemplo siguiente.

¿Cómo influye en los precios de los bonos una reducción del circulante monetario?

A. Los precios de los bonos disminuyen.
B. Los precios de los bonos aumentan.
C. Los precios de los bonos permanecen estables.
D. Esto no se puede determinar con la información proporcionada.

Cuando estudie las secciones sobre economía, verá que la reducción del circulante monetario está estrechamente relacionada con el aumento en las tasas de interés. Si el dinero escasea, las tasas de interés suben. Cuando las tasas suben, los precios de los bonos en circulación disminuyen (respuesta A).

A primera vista, las dos preguntas parecen muy distintas, pero en realidad se refieren a la misma relación, la relación que existe entre el precio y el rendimiento de un bono. Por lo tanto, tenga en mente que en el examen se puede enfocar un mismo concepto desde diferentes ángulos.

Busque las palabras y frases clave

Busque las palabras que dan indicios claros de la situación planteada. Por ejemplo, si ve la palabra "prospecto" en la raíz de la pregunta, esto significa que la pregunta se refiere a una nueva emisión de valores.

Algunas preguntas le darán la respuesta si usted es capaz de reconocer las palabras clave que contienen. Veamos un ejemplo de cómo una palabra clave puede ayudarle a responder correctamente.

Conforme a la Ley Uniforme de Donaciones a Menores, ¿qué número del Seguro Social debe aparecer en una cuenta?

A. El del menor.
B. El del donante.
C. El del tutor legal.
D. El de uno de los padres.

Si examinamos las respuestas, la A es probablemente la correcta. De conformidad con la Ley Uniforme de Donaciones a Menores, el menor es el propietario de los títulos y, por lo tanto, el número del Seguro Social que debe aparecer en la cuenta es el suyo. Pocas preguntas proporcionan claves tan obvias como ésta, pero muchas contienen palabras clave que pueden ayudarle a elegir la respuesta correcta si pone atención.

Lea con cuidado todas las frases que enuncian las instrucciones, como se ilustra en el ejemplo siguiente:

Enumere en orden descendente a las siguientes personas conforme a la prioridad de sus derechos sobre los activos de una sociedad en liquidación.

I.   Acreedores en general.
II. Tenedores de acciones preferentes.
III. Tenedores de bonos.
IV. Tenedores de acciones ordinarias.

A. I, II, III, IV
B. I, III, II, IV
C. III, I, II, IV
D. III, II, IV, I

En esta pregunta, lo más importante es identificar la palabra clave: *descendente*. Una lista organizada en orden descendente va de lo más alto a lo más bajo; en el caso de esta pregunta, de la prioridad más alta a la prioridad más baja de los derechos sobre los activos. (La respuesta es C: tenedores de bonos, acreedores en general, tenedores de acciones preferentes, tenedores de acciones ordinarias.) Si la pregunta incluyera la palabra *ascendente*, el orden iría de lo más bajo a lo más alto; o bien, podría haberse planteado de modo que usted tuviera que enumerar las opciones yendo de los derechos de menor prioridad a los de mayor prioridad, o viceversa. Sólo podrá responder correctamente este tipo de preguntas si se toma tiempo para identificar las palabras clave.

Dilucide la intención de la pregunta

Muchas preguntas del examen Serie 6 contienen tanta información que pueden confundirlo, como es el caso de la mayoría de aquellas que van precedidas por el planteamiento de un problema. Aprenda a separar el "problema" de la pregunta. Por ejemplo:

Usted ha decidido comprar 100 acciones de la Sociedad de Inversión ArGood, que acostumbra cotizar sus títulos a las 5:00 p.m. de cada sesión bursátil. Usted introduce su orden a las 3:00 p.m. cuando las acciones se están cotizando a un precio de activo neto de $10 y a un precio de oferta pública de $10.86. El cargo por venta es de 7.9 por ciento. ¿Cuánto costarán sus 100 acciones?

A. $1,000
B. $1,079
C. $1,086
D. 100 veces el precio de oferta que se calcule a las 5:00 p.m.

Una clave de la respuesta se encuentra en la primera oración: el precio del fondo a las 5:00 p.m. Las órdenes de las sociedades de inversión se ejecutan con base en el siguiente precio calculado (cotización adelantada); por consiguiente, la respuesta a esta pregunta es la D y usted no necesita calcular nada.

Tómese tiempo para aclarar la intención de la pregunta. Por supuesto, no podrá hacerlo si no ha estudiado lo suficiente. Si no conoce el material, no habrá método que le ayude a contestar las preguntas.

Identifique los sinónimos

En el sector bursátil se tiene la tendencia a abreviar términos y a usar acrónimos. Puede ser que en el examen se usen indistintamente varios términos para designar lo mismo, y usted debe ser capaz de reconocerlos. Veamos algunos ejemplos:

- NAV = valor de activo neto = precio de compra
- POP = precio de oferta pública = precio de venta
- plan de inversión en pagos periódicos = plan de inversión en pagos fijos
- de compra = a largo = propiedad
- de venta = a corto = obligación
- agente de bolsa (RR) = ejecutivo de cuentas (AE) = corredor de bolsa
- seguro de renta protegido contra impuestos (TSA) = seguro de renta con impuestos diferidos (TDA)
- Ley Uniforme de Donaciones a Menores (UGMA) = Ley Uniforme de Transferencias a Menores (UTMA)
- VLI = seguro de vida variable

Memorice los puntos clave

El razonamiento y la lógica le ayudarán a responder muchas preguntas, pero también tendrá que memorizar una buena cantidad de información. En particular, intente memorizar estos puntos clave: cargos por venta de sociedades de inversión; reembolsos de cargos por venta por retiros de planes de inversión en pagos fijos; diferencia entre reembolsos de planes de cargos por venta decrecientes y de planes de cargos por venta anticipados; y la diferencia entre propaganda y publicidad.

Elimine/preseleccione las opciones señaladas con números romanos

Las preguntas señaladas con números romanos (o *de doble opción múltiple*) son comunes en el examen Serie 6 y requieren que usted distinga entre varias respuestas probables. Cuando llegue a una de estas opciones señaladas con números romanos, trate de eliminar una o dos para reducir las posibilidades. Por ejemplo, si puede eliminar la opción II, y tres de las cuatro respuestas contienen esa opción, este proceso de eliminación lo llevará fácilmente a la respuesta correcta. Por ejemplo:

¿Cuáles de los siguientes derechos tiene el propietario de una acción ordinaria?

I. El derecho de determinar el periodo de distribución de dividendos.
II. El derecho de votar en las asambleas de accionistas personalmente o por poder.
III. El derecho de determinar el monto de los dividendos por distribuir.
IV. El derecho de comprar acciones redimidas antes de que se ofrezcan al público.

A. I, III y IV
B. II
C. II, III y IV
D. II y IV

La respuesta a esta pregunta es la B. Los accionistas tiene el derecho de votar en relación con ciertos asuntos de la sociedad y el derecho de recibir dividendos, siempre y cuando éstos se declaren. Los accionistas no votan para decidir cuándo o por qué monto se va a pagar un dividendo. Si usted sabe esto, podrá eliminar las respuestas A y C, lo que le dejará sólo dos respuestas para elegir.

Use calculadora

Para resolver la mayor parte del examen Serie 6 no tendrá que usar calculadora. La mayoría de las preguntas están planteadas de tal manera que sólo necesitará hacer cálculos sencillos. No obstante, si está acostumbrado a usar calculadora para cualquier operación matemática, el equipo del Centro de Exámenes le proporcionará una.

Evite cambiar sus respuestas

Si está inseguro de una respuesta, guíese por su primera corazonada. No cambie sus respuestas si no tiene una buena razón, por ejemplo:

- Si descubre que no leyó la pregunta correctamente
- Si en otra pregunta encuentra información adicional que le sea útil

Controle su tiempo

Algunas personas terminan el examen muy pronto; otras utilizan todo el tiempo permitido; y otras más no terminan de responder todas las preguntas. Durante el examen controle cuidadosamente su tiempo (el tiempo restante se desplegará en la pantalla de PROCTOR®).

Si no sabe la respuesta a una pregunta, no pierda tiempo pensándola demasiado. Guíese por su primera corazonada y marque la pregunta con la anotación "revisar"; si después tiene tiempo, regrese a ella. Asegúrese de que le quede tiempo para leer todas las preguntas y marcar las respuestas que conoce.

Para darse una idea de cuánto tiempo necesita para responder un examen de 100 preguntas, mida el que necesita para resolver los exámenes finales del libro de *Preguntas y respuestas*. Su tiempo mejorará con la práctica.

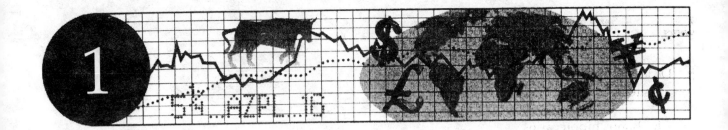

Acciones ordinarias

1. Se elegirán cinco consejeros en la asamblea anual del Consolidated Codfish. Conforme al sistema de votación acumulativa, un inversionista con 100 acciones de COD tendría

   A. 100 votos que podría emitir por cada uno de los cinco consejeros.
   B. 100 votos en total que podría distribuir como lo desee entre los cinco consejeros.
   C. 500 votos que podría emitir por cada uno de los cinco consejeros.
   D. 500 votos en total que podría distribuir como lo desee entre los cinco consejeros.

2. ¿Cuál de los siguientes enunciados describe una acción de tesorería?

   I. Acción con derechos de voto y que devenga un dividendo cuando se declara
   II. Acción sin derechos de voto que no devenga ningún dividendo
   III. Acción que una sociedad ha emitido y recomprado
   IV. Acción autorizada pero no emitida

   A. I y III
   B. I y IV
   C. II y III
   D. II y IV

3. Los derechos de precedencia de los accionistas incluyen el derecho de

   A. ser miembros del consejo de administración.
   B. mantener una participación proporcional en la propiedad de la sociedad.
   C. comprar acciones de tesorería.
   D. pagar un precio de suscripción por acciones.

4. Los derechos de los tenedores de acciones ordinarias incluyen

   I. el derecho de reclamación residual sobre el activo en caso de disolución.
   II. determinar mediante voto el monto de los dividendos de acciones.
   III. votar en asuntos relativos a la recapitalización.
   IV. reclamar dividendos pendientes de pago.

   A. I
   B. I y III
   C. II y III
   D. III y IV

5. De los siguientes títulos, ¿cuáles les pertenecen
    a los tenedores de la sociedad?

    I.   Bonos hipotecarios
    II. Obligaciones convertibles
    III. Acciones preferentes
    IV. Acciones ordinarias

    A. I, II y III únicamente
    B. III y IV únicamente
    C. IV únicamente
    D. I, II, III y IV

Respuestas y justificaciones

1. **D.** Con el derecho de voto acumulativo, este inversionista puede distribuir 500 votos como desee entre los cinco consejeros. (Página 6)

2. **C.** Las acciones de tesorería son aquellas que una sociedad emite y que subsecuentemente recompra al público en el mercado secundario. Éstas no tienen los derechos de las acciones ordinarias, incluyendo los derechos de voto y el derecho de recibir dividendos. (Página 4)

3. **B.** El *derecho de precedencia* es aquel que faculta a un accionista para comprar una cantidad suficiente de acciones recién emitidas para mantener su participación proporcional en la propiedad de la sociedad. (Página 6)

4. **B.** Como propietarios de la sociedad, los tenedores de acciones ordinarias ocupan el último lugar en la lista de personas con derecho de reclamar los activos de la empresa en caso de disolución o quiebra. Asimismo, están autorizados para votar en asuntos que afecten su participación proporcional. La recapitalización —la modificación de la estructura del capital de la sociedad— es un ejemplo de una situación que requiere el voto de los accionistas. (Página 5)

5. **B.** Las acciones preferentes y ordinarias son títulos patrimoniales. Los tenedores de bonos son acreditantes de la sociedad. (Página 2)

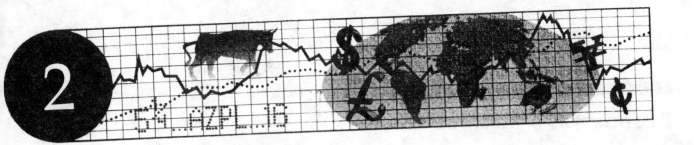

Acciones preferentes

1. ¿Cuáles de las siguientes personas se considera que tienen posiciones patrimoniales en una sociedad?

    I. Accionistas ordinarios
    II. Accionistas preferentes
    III. Tenedores de bonos convertibles
    IV. Tenedores de bonos hipotecarios

    A. I y II únicamente
    B. I y III únicamente
    C. II y III únicamente
    D. I, II, III y IV

2. En el caso de una cartera compuesta por acciones ordinarias, preferentes, preferentes convertibles y garantizadas, lo MÁS probable es que los cambios en las tasas de interés afecten el precio de mercado de las

    A. ordinarias.
    B. preferentes.
    C. preferentes convertibles.
    D. garantizadas.

3. ¿Cuál de los siguientes enunciados se aplica para una empresa que ofrece acciones preferentes no participativas con derechos de voto acumulativos?

    A. Paga el dividendo de las acciones preferentes antes que los cupones pagaderos de los bonos en circulación.
    B. Paga los dividendos de las acciones preferentes actuales y anteriores antes de pagar los de las acciones ordinarias.
    C. Paga los dividendos actuales de las acciones preferentes, pero no los anteriores, antes de pagar los dividendos de las acciones ordinarias.
    D. Fuerza la conversión de las acciones preferentes que está negociando con descuento al valor nominal, evitando así pagar los dividendos anteriores vencidos.

Respuestas y justificaciones

1.   **A.** Los propietarios tienen posiciones patrimoniales. Los tenedores de acciones ordinarias y preferentes son propietarios.   (Página 9)

2.   **B.** Las acciones preferentes son las más parecidas a los bonos, por lo que se ven más afectadas por los cambios en las tasas de interés.   (Página 9)

3.   **B.** La sociedad debe pagar los dividendos actuales y anteriores pendientes de pago de las acciones preferentes acumulativas antes de distribuir dividendos a los accionistas ordinarios.
                                          (Página 10)

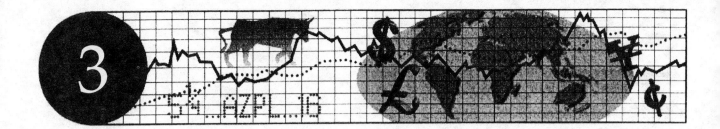

Recibos americanos de depósito

1. De lo siguiente, ¿qué es lo que facilitan los ADR?

    I. El comercio exterior de títulos nacionales
    II. El comercio exterior de títulos del gobierno de Estados Unidos
    III. El comercio interior de títulos del gobierno de Estados Unidos
    IV. El comercio interior de títulos extranjeros

    A. I y II
    B. III
    C. III y IV
    D. IV

2. ¿Cuál(es) de los siguientes enunciados se aplica(n) a los ADR?

    I. Son emitidos por los grandes bancos comerciales de Estados Unidos
    II. Facilitan la participación del comercio extranjero en los mercados de Estados Unidos
    III. Facilitan la operación en Estados Unidos de títulos extranjeros
    IV. Se registran en los libros del banco emisor de los ADR

    A. I y III
    B. I, III y IV
    C. II
    D. II y IV

3. Los titulares de ADR tienen todos los derechos siguientes EXCEPTO

    A. los derechos de voto
    B. el derecho de recibir dividendos
    C. los derechos de precedencia
    D. el derecho de recibir el título extranjero de referencia

Respuestas y justificaciones

1. **D.** Los ADR (recibos americanos de depósito) son títulos comercializables emitidos por bancos y su valor se basa en los títulos extranjeros de referencia que el banco tiene en su poder. De esta manera, los estadounidenses pueden negociar títulos extranjeros en Estados Unidos.   (Página 13)

2. **B.** Los grandes bancos comerciales de Estados Unidos emiten ADR para facilitar que los estadounidenses negocien con títulos extranjeros. Los ADR se registran en los libros de los bancos emisores.
(Página 13)

3. **C.** Si la sociedad extranjera emite valores adicionales, el titular del ADR no tiene el derecho de mantener una participación proporcional en la propiedad de la empresa.   (Página 13)

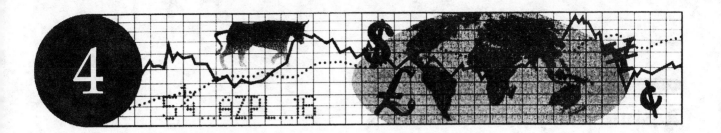

Seguimiento de títulos de capital

1. ALFAtronics cerró a 42$^5/_8$. El precio de cierre por acción fue de

   A. $4.26
   B. $42.63
   C. $426.25
   D. $4,262.50

2. Anchor cerró a 30 y paga un dividendo de 1.60. Por lo tanto, el rendimiento actual es

   A. 3.1 por ciento
   B. 4.8 por ciento
   C. 5.3 por ciento
   D. 18.6 por ciento

3. Acme Sweatsocks reportó un volumen de 178; por lo tanto, el número de acciones operadas asciende a

   A. 178
   B. 1,780
   C. 17,800
   D. 178,000

Respuestas y justificaciones

1. **B.** $42^5/_8$= \$42 + \$$^5/_8$ ó .625 que se redondea a \$.63, por \$42.63 por acción.   (Página 15)

2. **C.** $1.60 \div 30 = 5.33\%$.   (Página 15)

3. **C.** $178 \times 100 = 17{,}800$.   (Página 15)

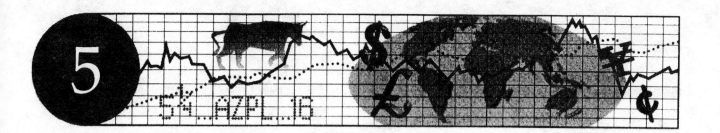

Derechos y títulos opcionales de compraventa

1. ¿Qué beneficio aporta a una sociedad integrar títulos opcionales de compraventa a una emisión nueva de títulos de deuda?

   A. Dilución del capital de los accionistas
   B. Reducción de la tasa de interés de los títulos de deuda
   C. Reducción del número de acciones en circulación
   D. Aumento de la utilidad por acción

2. ¿Cómo se denomina una oferta empresarial de 200,000 acciones adicionales a los accionistas actuales?

   A. De venta
   B. Secundaria
   C. De precedencia
   D. De derechos

3. Una emisión nueva de bonos incluye garantías para

   A. aumentar el margen de precio al colocador
   B. remunerar al colocador por el manejo de la emisión
   C. aumentar el precio de la emisión al público
   D. aumentar el atractivo de la emisión para el público

4. Todos los títulos siguientes pagan dividendos EXCEPTO

   A. las acciones ordinarias
   B. las acciones preferentes
   C. las acciones preferentes convertibles
   D. los títulos opcionales de compraventa

Respuestas y justificaciones

1. **B.** Generalmente, un título opcional de compraventa se emite como complemento de un instrumento de deuda para hacerlo más comercializable. Este incentivo le permite a la entidad emisora pagar una tasa de interés ligeramente más baja. Un título opcional de compraventa puede emitirse junto con bonos o acciones preferentes, lo que autoriza al propietario a comprar un determinado número de acciones ordinarias a un precio específico durante determinados años. (Página 18)

2. **D.** La pregunta define una oferta de derechos.
(Página 17)

3. **D.** Los títulos opcionales de compraventa se utilizan como un complemento que aumenta el atractivo de una emisión inicial para el público.
(Página 18)

4. **D.** Los títulos opcionales de compraventa no pagan dividendos bajo ninguna circunstancia. El resto de los instrumentos mencionados en la lista anterior pagan dividendos cuando el consejo de administración los declara.   (Página 18)

6

Introducción a las opciones

1. ¿Cuál de las siguientes circunstancias da a un inversionista la oportunidad de adquirir acciones?

   I.   Compra de una opción de compra
  II. Compra de una opción de venta
 III. Venta de una opción de compra
 IV. Venta de una opción de venta

  A. I y III
  B. I y IV
  C. II y III
  D. II y IV

2. ¿Cuál de las siguientes circunstancias coloca a un inversionista en la oportunidad de vender acciones?

   I.   Compra de una opción de compra
  II. Compra de una opción de venta
 III. Venta de una opción de compra
 IV. Venta de una opción de venta

  A. I y III
  B. I y IV
  C. II y III
  D. II y IV

Respuestas y justificaciones

1. **B.** El tenedor de una opción de compra tiene el derecho de comprar las acciones al precio de ejecución; el vendedor de una opción de venta está obligado a comprar las acciones al precio de ejecución, si se ejerce la opción.   (Página 19)

2. **C.** El tenedor de una opción de venta tiene el derecho de vender las acciones al precio de ejecución; el vendedor de una opción de compra está obligado a vender las acciones al precio de ejecución, si se ejerce la opción.   (Página 20)

7

Características de los bonos

1. Su cliente tiene un bono 10M KLP 6s amortizable a 102 en 1995 y con fecha de vencimiento en 2001. ¿Cuánto dinero recibirá su cliente en total al vencimiento de la obligación?

   A. $10,000
   B. $10,200
   C. $10,300
   D. $10,600

2. Todos los enunciados siguientes son aplicables a los bonos registrados sólo en cuanto al principal EXCEPTO que

   A. llevan cupones anexos
   B. el propietario registrado puede venderlos antes de su vencimiento
   C. los pagos de intereses se le envían directamente al propietario dos veces al año
   D. pueden comprarse actualmente en el mercado secundario

3. Una sociedad amortiza su deuda durante un periodo de

   A. tasas de interés crecientes
   B. tasas de interés decrecientes
   C. tasas de interés volátiles
   D. tasas de interés estables

4. Max Leveridge compra bonos empresariales de 10 por ciento a la par, con un valor de $50,000. Al final del día, los bonos cierran a menos de $1/2$ punto. Max tiene una pérdida de

   A. $25
   B. $250
   C. $2,500
   D. $5,000

5. Su cliente tiene dos bonos de $5,000. Uno con un cupón de 5.1 por ciento; otro, con uno de 5.3 por ciento. ¿Cuál es la diferencia entre los pagos de intereses anuales de los dos bonos?

   A. $1
   B. $2
   C. $10
   D. $20

6. ¿Cuál de las siguientes características se aplica a los bonos al portador?

   A. Están registrados.
   B. Llevan anexos cupones de intereses.
   C. Llevan cupones de intereses desprendidos de los títulos.
   D. Pagan intereses trimestrales.

7. ¿Cuál de los siguientes enunciados se aplica a un inversionista que compró a la par bonos de 5.10 con valor nominal de $50,000 y los conservará hasta su vencimiento, que es en el año 2002?

A. El inversionista recibió $50,000, los dos últimos pagos de intereses y un margen de ganancia de mercado de 5.10 al vencimiento.
B. El inversionista recibió $50,000 menos un descuento de mercado de 5.10 al vencimiento.
C. El inversionista recibió $50,000 más 5.10 al vencimiento.
D. El inversionista recibió $50,000 y el último pago de intereses al vencimiento.

8. A la diferencia entre el valor par y un precio de mercado inferior de un bono se le conoce como

A. reconcesión
B. diferencial de precio
C. descuento
D. premio

9. ¿Cuál de los siguientes factores es el MENOS importante para calificar un bono?

A. Cupón del bono
B. Monto y composición de la deuda existente
C. Estabilidad de flujo de caja del emisor
D. Protección del activo

10. Texas Powerful Light Company emitió bonos de garantía prioritaria hipotecaria a $8^{7/8}$, un precio de 96.353. Cada bono de $1,000 paga un interés anual de

A. $85.00
B. $85.51
C. $88.75
D. $96.35

Respuestas y justificaciones

1. **C.** El tenedor de un bono 10M recibirá $10,000 en capital al vencimiento. Cada bono paga el 6 por ciento de interés anual, o $60; es decir, 10 bonos pagan un total de $600 por año en pagos semestrales de $300. Al vencimiento, el tenedor recibirá la cantidad nominal de $10,000 más el último pago semestral ($10,000 + $300 = $10,300).   (Página 21)

2. **C.** Un bono registrado sólo en cuanto al principal tiene un certificado registrado a nombre de alguna persona y lleva cupones al portador. Sólo la persona a cuyo nombre está registrado el bono puede vender los títulos de referencia. Los intereses sobre el bono sólo pueden pagarse si los cupones se le envían al agente de pagos indicado.   (Página 23)

3. **B.** Generalmente una sociedad amortiza su deuda cuando las tasas de interés bajan. Así, puede sustituir esa deuda, que causa una tasa de interés alta, con una nueva emisión a una tasa de interés más baja.   (Página 28)

4. **B.** El cliente tiene 50 bonos de $1,000. Si cada bono disminuye $1/2$ punto, la pérdida es de $5 por bono; esto, multiplicado por 50 bonos, equivale a $250.   (Página 24)

5. **C.** Para determinar la diferencia en dólares entre los bonos, calcule los dos pagos de intereses y determine la diferencia entre ambos. (En este caso, $5,000 x 5.1 por ciento = $255; $5,000 x 5.3 por ciento = $265; $265 – $255 = $10.)   (Página 24)

6. **B.** Los bonos al portador, también llamados *bonos con cupones*, deben llevar anexos los cupones de intereses.   (Página 22)

7. **D.** Dado que el inversionista compró bonos 2002 a la par ($1,000 cada uno) y los redimió a la par ($1,000 cada uno), recibió $50,000 más el último pago de intereses semestral de $1,275 al vencimiento.   (Página 24)

8. **C.** A la diferencia entre el valor par (o nominal) y un precio de mercado inferior de un bono se le conoce como *descuento sobre el valor nominal*.   (Página 24)

9. **A.** La tasa de cupón de un bono no se considera en la calificación del mismo, pero sí puede influir de manera significativa en la tasa de interés que fije el emisor.   (Página 24)

10. **C.** Un cupón de $8^7/_8$ representa un pago de interés anual de $8^7/_8$ por ciento de $1,000 u $88.75.   (Página 24)

Rendimientos de los bonos

1. Si las tasas de interés están fluctuando, ¿cuál de los siguientes términos describe mejor la relación entre los precios y los rendimientos de los bonos empresariales?

   A. Contraria
   B. Inversa
   C. Colindante
   D. Coaxial

2. Cuando las tasas de interés fluctúan, ¿cuál precio de los siguientes instrumentos fluctúa más?

   A. Acciones ordinarias
   B. Instrumentos del mercado de dinero
   C. Bonos a corto plazo
   D. Bonos a largo plazo

3. ¿Cómo se calcula el rendimiento actual de un bono?

   A. Rendimiento al vencimiento ÷ valor nominal
   B. Rendimiento al vencimiento ÷ precio de mercado en dólares
   C. Pago anual de intereses ÷ valor nominal
   D. Pago anual de intereses ÷ precio de mercado

4. El rendimiento actual de un bono cotizado a $950 con un interés de cupón de 6 por ciento es igual al

   A. rendimiento nominal
   B. rendimiento al vencimiento
   C. 6 por ciento
   D. 6.3 por ciento

5. El rendimiento actual de un bono con una tasa de cupón de $7 1/2$ por ciento que se está vendiendo a 95 es aproximadamente de

   A. 7.0 por ciento
   B. 7.4 por ciento
   C. 7.9 por ciento
   D. 8.0 por ciento

6. Un cliente compra un bono empresarial del 5 por ciento con un rendimiento del 6 por ciento. Un año antes de que el bono venza, se emiten nuevos bonos empresariales al 4 por ciento y el cliente vende el bono del 5 por ciento. En este caso, ¿cuál de los siguientes enunciados es aplicable al bono?

   I.   El cliente lo compró con descuento.
   II. El cliente lo compró con premio.
   III. El cliente lo vendió con premio.
   IV. El cliente lo vendió con descuento.

   A. I y III
   B. I y IV
   C. II y III
   D. II y IV

7. Un bono par tiene una tasa de cupón

   A. menor que el rendimiento actual
   B. menor que el rendimiento al vencimiento
   C. igual al rendimiento actual
   D. mayor que el rendimiento actual

8. De lo siguiente, ¿qué les sucede a los títulos de ingresos fijos en circulación cuando las tasas de interés bajan?

   A. Los rendimientos suben.
   B. Las tasas de cupón suben.
   C. Los precios suben.
   D. Los precios bajan.

Respuestas y justificaciones

1. **B.** Cuando aumentan las tasas de interés, el precio de la deuda en circulación disminuye, y viceversa. Dado que el valor nominal y el cupón permanecen inalterados, los cambios en el rendimiento se reflejan en el valor de mercado del instrumento. (Página 29)

2. **D.** Los precios de una deuda a largo plazo fluctúan más que los precios de una deuda a corto plazo de acuerdo con el alza o baja de las tasas de interés. Cuando un inversionista compra un pagaré o un bono, lo que realmente adquiere son los pagos de intereses y el pago final del principal. El dinero tiene un valor temporal: mientras más distante sea el plazo para recibir el dinero, menos valor tiene en la actualidad. (Página 29)

3. **D.** El rendimiento actual de un bono es igual al pago anual de intereses dividido entre el precio de mercado actual. (Página 29)

4. **D.** El rendimiento actual equivale al resultado de la división del cupón ($60) entre el precio de mercado del bono ($950), es decir, 6.3 por ciento. (Página 29)

5. **C.** Cada bono de $1,000 al $7^1/_2$ paga un interés anual de $75. Su rendimiento actual equivale al interés anual dividido entre el precio de mercado del bono, es decir, al resultado de la división de $75 entre $950, que es 7.89 por ciento, o aproximadamente 7.9 por ciento. (Página 29)

6. **A.** Si el rendimiento actual de un bono es mayor que su tasa de cupón, el bono está a la venta con descuento sobre su valor nominal. Si las tasas de interés de los bonos de nueva emisión son inferiores a la tasa del bono en el mercado secundario, probablemente el bono anterior se venda con premio. (Página 29)

7. **C.** Cuando un bono se vende a la par, su tasa de cupón, su tasa nominal y su rendimiento actual son iguales. (Página 29)

8. **C.** Cuando las tasas de interés bajan, los cupones de bonos de nueva emisión disminuyen con el fin de ofrecer rendimientos más bajos. El precio de los bonos en circulación se incrementa para ajustarlo a los rendimientos de los bonos de calidad similar, que son más bajos. (Página 29)

Bonos empresariales

1. En caso de quiebra, se considera que las obligaciones tienen la misma prioridad que

   A. los bonos de primera hipoteca
   B. los certificados fiduciarios de equipo
   C. las deudas sin garantía de acreditantes privados
   D. los bonos con garantía en fideicomiso

2. ¿Cuáles de los siguientes enunciados son aplicables a los bonos cupón cero empresariales?

   I. Pagan intereses semestrales.
   II. No pagan intereses sino hasta el vencimiento.
   III. Su descuento tiene que prorratearse y gravarse anualmente.
   IV. Su descuento tiene que prorratearse anualmente y los impuestos que causan se difieren hasta el vencimiento.

   A. I y III
   B. I y IV
   C. II y III
   D. II y IV

3. En la liquidación de los activos de General Gizmonics, Inc., ¿en qué orden se les pagaría a las siguientes personas?

   I. Servicio de Impuestos Internos
   II. Tenedores de obligaciones subordinadas
   III. Acreditantes en general
   IV. Tenedores de acciones ordinarias

   A. I, II, III, IV
   B. I, III, II, IV
   C. III, I, II, IV
   D. IV, III, II, I

4. ¿Cuál de los siguientes enunciados NO es aplicable a los bonos convertibles?

   A. Las tasas de cupón generalmente son más altas que las de los bonos no convertibles de la misma entidad emisora.
   B. Los tenedores de bonos convertibles son acreditantes de la sociedad.
   C. Las tasas de cupón generalmente son más bajas que las de los bonos no convertibles de la misma entidad emisora.
   D. Si las acciones ordinarias de referencia bajaran a tal punto que no fuera conveniente convertir los bonos en acciones ordinarias, su precio de venta se basaría en su valor inherente, sin tomar en cuenta su convertibilidad.

5. ¿Cuál es la tasa de conversión para un bono convertible que se compra a su valor nominal y es convertible a $50?

   A. 2:1
   B. 3:1
   C. 20:1
   D. 30:1

6. Angus Bullwether compra dos bonos empresariales convertibles de nueva emisión con valor nominal de $1,000 y al 5 por ciento. Los bonos son convertibles en acciones ordinarias a $50 por acción. Durante el periodo en que el inversionista conserva los bonos, el precio de mercado de las acciones ordinarias, $50, aumenta un 25 por ciento. El precio de paridad del bono, después del incremento en el precio de las acciones ordinarias, es

   A. $750
   B. $1,000
   C. $1,025
   D. $1,250

7. Klaus Bruin compra un bono convertible al 9 por ciento con fecha de vencimiento a 20 años. El bono es convertible en acciones ordinarias a $50 por acción. Si el precio de la acción ordinaria es su nivel de paridad (57½), ¿cuánto paga Klaus por el bono?

   A. $850.00
   B. $942.50
   C. $1,057.50
   D. $1,150.00

8. Si Belle Charolais posee un bono convertible de Consolidated Codfish, es

   A. una propietaria
   B. una acreditante
   C. tanto propietaria como acreditante
   D. ni propietaria ni acreditante

Respuestas y justificaciones

1.   **C.** Las obligaciones representan préstamos sin garantía para el emisor. Los demás bonos que se mencionan en la lista anterior están respaldados por algún tipo de garantía.   (Página 33)

2.   **C.** Una persona que invierte en un bono cupón cero empresarial recibe un rendimiento que representa el crecimiento del principal durante la vida del bono. Éste se compró con un descuento importante, el cual es acumulado por el inversionista y causa impuestos anuales.   (Página 33)

3.   **B.** En un caso de liquidación el orden de prioridad de los acreedores es el siguiente: el IRS y otros organismos gubernamentales; tenedores de deudas con garantía; tenedores de deudas sin garantía; acreditantes en general; tenedores de deudas subordinadas; accionistas preferentes; y accionistas ordinarios.   (Página 34)

4.   **A.** Las tasas de cupón son más bajas a causa del valor estipulado en la cláusula de conversión. Los tenedores de bonos son acreditantes, y si el precio de las acciones baja, la característica de conversión no tendrá incidencia en el precio del bono.   (Página 36)

5.   **C.** El valor nominal de $1,000 dividido entre el precio de conversión de $50 es igual a 20 acciones por bono.   (Página 37)

6.   **D.** El bono es convertible en 20 acciones ($1,000 ÷ 50 = 20). $50 multiplicado por 125 por ciento es igual a $62.50. 20 acciones multiplicadas por $62.50 equivale a $1,250.   (Página 37)

7.   **D.** Debido a que el bono es convertible a $50 por acción, puede convertirse en 20 acciones ($1,000 ÷ 50 = 20). El precio de las acciones ordinarias es en este momento de $57^{1/2}$. Para que el bono se venda a la par, tiene que venderse a 20 multiplicado por $57.50, que es igual a $1,150.   (Página 37)

8.   **B.** Un tenedor de bonos es un acreditante, sin importar que el bono sea o no convertible. No se le considera propietario sino hasta que el bono se convierte en acciones.   (Página 36)

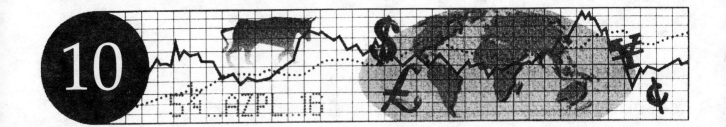

Seguimiento de los bonos empresariales

Utilice la siguiente tabla para contestar las preguntas 1 y 2.

Bonos	Rend. act.	Volumen	Cierre	Cambio neto
Best 73/4 's '95	7.2	5	92	− 1/2
Best 71/2 's '95	6.8	30	953/8	+ 3/8

1. ¿Cuántos bonos de Bzdt se vendieron hoy?

   A. 3
   B. 30
   C. 300
   D. 30,000

2. Los bonos de Best cerraron el día anterior a

   A. 91$^{1/2}$
   B. 92
   C. 92$^{1/2}$
   D. No se tiene suficiente información para responder.

Respuestas y justificaciones

1. **B.** Treinta bonos, dado que los bonos se cotizan en unidades con un valor par de $1,000, 30 bonos = un monto nominal de $30,000.

(Página 38)

2. **C.** El día de hoy, Best cerró a 92, $1/2$ abajo. Por lo tanto, el día anterior cerró a 92.50, ó 92 $1/2$.

(Página 38)

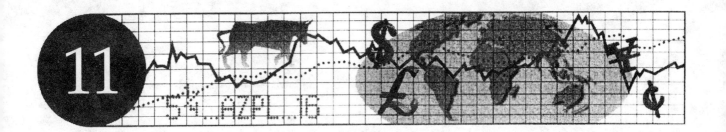

Valores del gobierno federal de Estados Unidos y de sus organismos

1. ¿Cuál tenedor de los siguientes instrumentos no recibe intereses?

   A. STRIPS de la Tesorería
   B. Pagarés de la Tesorería
   C. Bonos de la Tesorería
   D. Acciones de tesorería

2. ¿Cuáles de los siguientes vencimientos están disponibles para inversionistas que compran pagarés de la Tesorería a corto plazo de nueva emisión?

   A. Una semana
   B. Un mes
   C. Seis meses
   D. Nueve meses

3. ¿Cuál de los siguientes enunciados se aplica a un STRIPS de la Tesorería, pero no a un recibo de la Tesorería?

   A. Pueden ser emitidos sin sus cupones por un intermediario-agente.
   B. Están respaldados por la solvencia moral y económica del gobierno federal.
   C. Sus cupones de interés se pueden desprender y vender por separado.
   D. Los inversionistas pueden comprarlos con descuento.

4. A uno de sus clientes le gustaría invertir en un título bastante seguro, pero no le interesa un ingreso regular. ¿Cuál de los siguientes títulos se ofrece con descuento y le convendría a su cliente?

   A. Certificados de la GNMA
   B. Títulos del FHLB
   C. Certificados de la FNMA
   D. STRIPS de la Tesorería de Estados Unidos

5. Si las tasas de interés aumentan en general, el precio de los nuevos pagarés T a corto plazo DEBERÍA

   A. aumentar
   B. bajar
   C. permanecer estable
   D. fluctuar

6. Todas las características siguientes se aplican a una inversión en pagarés de la Tesorería, EXCEPTO que

   A. pagan intereses semestrales
   B. se emiten en distintas denominaciones
   C. se emiten con distintos vencimientos
   D. son emisiones a corto plazo

7. Su cliente desea comprar un bono Serie HH. Para hacerlo, puede

   A. solicitarlo al Departamento de la Tesorería
   B. participar en una licitación
   C. dar a cambio un pagaré T a su vencimiento
   D. dar a cambio un bono Serie EE a su vencimiento

8. ¿Cuáles emisiones de las siguientes entidades están respaldadas por el gobierno federal?

   A. Asociación Nacional Federal Hipotecaria
   B. Banco Federal para el Financiamiento de la Vivienda
   C. Asociación Hipotecaria Nacional Gubernamental
   D. Bancos Federales Intermediarios del Crédito

9. En caso de describir los GNMA a un inversionista potencial, ¿qué le diría usted?

   A. Los certificados están garantizados por la solvencia moral y económica del gobierno estadounidense.
   B. Cada bono está respaldado por una canasta de hipotecas con garantía.
   C. Los pagos de intereses que el inversionista recibe están exentos del ISR tanto federal como municipal.
   D. Un GNMA se puede comprar por un precio mínimo de $10,000.

10. Las CMO están respaldadas por

    A. hipotecas
    B. bienes inmuebles
    C. impuestos municipales
    D. la solvencia moral y económica del gobierno estadounidense

11. ¿Cuál de los siguientes valores se caracteriza por el término "tramo"?

    A. FNMA
    B. Bono T
    C. CMO
    D. FHLMC

12. Todos los enunciados siguientes se aplican a los títulos valor de organismos gubernamentales, EXCEPTO que

    A. pueden estar respaldados por el gobierno federal
    B. a menudo se consideran más riesgosos que los valores empresariales
    C. el interés que pagan siempre está sujeto al ISR federal
    D. los autoriza el Congreso

Respuestas y justificaciones

1. **D.** Una sociedad que recompra sus acciones y las conserva en su tesorería no paga dividendos sobre las mismas. Los STRIPS (siglas en inglés del término Negociación de Valores con Separación del Interés y el Capital Registrados) son bonos T despojados de sus cupones. Aunque los STRIPS no pagan intereses por separado, se venden con un descuento profundo y vencen a su valor nominal (par), que el IRS considera como interés. (Página 40)

2. **C.** Los inversionistas pueden adquirir en la subasta semanal pagarés de la Tesorería a corto plazo en denominaciones de $10,000 o más con vencimientos a tres, seis y doce meses. El gobierno de Estados Unidos puede emitir certificados a nueve meses, pero actualmente no lo hace. (Página 39)

3. **B.** Los recibos de la Tesorería están despojados de sus cupones, y en esta forma pueden ser emitidos por instituciones ajenas al gobierno federal. Sólo las emisiones directas del gobierno estadounidense están respaldadas por su solvencia moral y económica. (Página 41)

4. **D.** Los STRIPS de la Tesorería son obligaciones emitidas directamente por el Departamento de la Tesorería de Estados Unidos como bonos cupón cero. Este tipo de bono no paga intereses. Se emite con descuento y su valor se incrementa cada periodo hasta su vencimiento. (Página 40)

5. **B.** Los precios de los pagarés a corto plazo bajan en la medida que las tasas de interés suben. (Página 39)

6. **D.** La única característica que no se aplica a los pagarés de la Tesorería es la de ser emisiones a corto plazo, ya que los que lo son se denominan específicamente pagarés de la Tesorería a corto plazo. Los bonos T son emisiones a largo plazo. (Página 39)

7. **D.** Los bonos Serie HH pueden comprarse solamente dando a cambio bonos Serie EE a su vencimiento. (Página 41

8. **C.** Únicamente la Asociación Hipotecaria Nacional Gubernamental emite valores respaldados por la solvencia moral y económica del gobierno estadounidense. Las demás entidades enumeradas también son organismos gubernamentales, y aunque sus valores ocupan el segundo lugar en cuanto a seguridad, no tienen el respaldo directo del gobierno de Estados Unidos. (Página 42)

9. **A.** Los certificados emitidos por la GNMA representan una participación en una canasta de hipotecas con respaldo gubernamental de corredores hipotecarios que garantizan un flujo de caja mensual, pero quien realmente respalda los certificados de transferencia de la GNMA es el gobierno de Estados Unidos. Estos certificados se emiten en una denominación mínima de $25,000 y todos los intereses que generan causan impuestos sobre la renta federales. (Página 43)

10. **A.** Las obligaciones con garantía hipotecaria están garantizadas por bienes raíces, pero esto no significa que otorguen el derecho de propiedad de esos bienes, pues no se consideran respaldadas por ellos. (Página 44)

11. **C.** Las obligaciones con garantía hipotecaria se dividen en clases llamadas *tramos*. Cada tramo se caracteriza por su plazo de vencimiento y su nivel de riesgo. (Página 45)

12. **B.** En general, se considera que los títulos corporativos son más riesgosos que los emitidos por organismos gubernamentales. Las emisiones de agencia implican un riesgo mínimo dado que tienen el respaldo de ingresos por impuestos, derechos e intereses. Este tipo de emisiones incluye los GNMA, que están respaldados por la solvencia moral y económica del gobierno. Algunas están exentas de impuestos estatales y municipales pero no de los federales. El Congreso autoriza a estos organismos a emitir títulos de deuda. (Página 42)

Bonos municipales

1. ¿Cuál de las siguientes fuentes de recursos respaldan los bonos de ingresos?

   I. Participación de ingresos federales
   II. Impuestos especiales al tabaco y al alcohol
   III. Pagos de rentas por retroarriendo
   IV. Peajes y comisiones

   A. I y II únicamente
   B. II, III y IV únicamente
   C. III y IV únicamente
   D. I, II, III y IV

2. ¿Cuál(es) de los siguientes enunciados se aplica(n) a los bonos de desarrollo industrial?

   I. Representan una obligación primaria de la sociedad.
   II. Los emiten los municipios para financiar a las industrias locales.
   III. La calificación de crédito de los bonos es la misma que la de los municipios.

   A. I y II
   B. II
   C. II y III
   D. III

3. De los siguientes enunciados, ¿cuáles NO se aplican a los bonos de ingresos?

   I. Se garantizan con la pignoración de un bien específico.
   II. Son un tipo de bonos generales.
   III. En general, no están sujetos a las restricciones reglamentarias de la jurisdicción de emisión en materia de deudas.
   IV. Se analizan principalmente con base en la capacidad de generar utilidades del proyecto en cuestión.

   A. I y II
   B. I, II y IV
   C. II y III
   D. III y IV

4. La doctrina de la exclusión mutua respecto a los bonos municipales se originó en

   A. las resoluciones de la Suprema Corte de Estados Unidos
   B. la legislación estatal
   C. la legislación federal
   D. las interpretaciones del IRS

5. Todas las entidades siguientes pueden emitir
    bonos municipales, EXCEPTO

    A. la Autoridad Portuaria de Nueva York/
        Nueva Jersey
    B. la catedral de Holy Name de Chicago
    C. el territorio de Puerto Rico
    D. la ciudad de Little Rock

6. Un contribuyente que paga un impuesto del 28
    por ciento percibiría un ingreso máximo des-
    pués de impuestos de un

    A. bono municipal al 5 por ciento
    B. pagaré T a corto plazo al $5^{1/2}$ por ciento
    C. bono de ingresos al 6 por ciento
    D. bono empresarial al $6^{1/2}$ por ciento

Respuestas y justificaciones

1. **B.** Las fuentes de financiamiento típicas de los bonos de ingresos incluyen cargos por uso, impuestos especiales, pagos de rentas por retroarriendo, ingresos de arrendamiento, peajes y otros derechos derivados de la operación de servicios. La participación de ingresos federales no constituye una fuente de financiamiento de este tipo de bonos.

(Página 48)

2. **A.** Aunque los gobiernos municipales emiten los IDB para financiar a las industrias locales, estos instrumentos representan obligaciones primarias de sociedades, no de los municipios. El municipio meramente sirve como canal para la emisión de los bonos; por lo tanto, la calificación crediticia de éstos depende de la calificación de la sociedad emisora y no del municipio.

(Página 48)

3. **A.** Los bonos de ingresos no están garantizados por la pignoración de un bien específico ni representan ningún tipo de bono general   (Página 48)

4. **A.** La doctrina de la reciprocidad o exclusión mutua se estableció en el caso *McCulloch vs. Maryland* presentado ante la Suprema Corte de Estados Unidos.

(Página 45)

5. **B.** Únicamente en las posesiones territoriales de Estados Unidos, las autoridades públicas y fiscales legalmente constituidas pueden emitir títulos de deuda municipales. Las iglesias pueden emitir bonos, pero éstos no ofrecen las ventajas tributarias de los bonos municipales.

(Página 48)

6. **A.** Los bonos municipales están exentos de los impuestos federales y, en la mayoría de los casos, de los impuestos del estado en que se emitieron. Este inversionista en particular pagaría un impuesto del 28 por ciento. El rendimiento equivalente de un bono empresarial tendría que ser de 6.94 por ciento (5 por ciento ÷ 72 por ciento).   (Página 46)

Mercado de dinero

1. Las sociedades emiten papel comercial con vencimientos que van desde un día hasta

   A. 7 días
   B. 90 días
   C. 270 días
   D. 365 días

2. ¿Cuáles de las siguientes características se aplican a los CD negociables?

   I. Se emiten en montos de $100,000 a $1 millón.
   II. Están totalmente garantizados por la FDIC.
   III. Su plazo de vencimiento máximo es de 270 días.
   IV. Se negocian en el mercado secundario.

   A. I, II y III
   B. I y IV
   C. II, III y IV
   D. III y IV

3. ¿Cuáles de las siguientes características se aplican al papel comercial?

   I. Está respaldado por depósitos en el mercado de dinero.
   II. Su vencimiento y su rendimiento son negociados.
   III. Lo emiten los bancos comerciales.
   IV. Está exento de registro.

   A. I y II
   B. I, II y III
   C. II y IV
   D. III y IV

4. ¿Cuál de los siguientes instrumentos se utilizan normalmente para liquidar operaciones de importación y exportación?

   A. Los ADR
   B. Aceptaciones bancarias
   C. Eurodólares
   D. Divisas

5. ¿Cuál de los siguientes es un instrumento del mercado de dinero?

   A. Deuda a corto plazo
   B. Deuda a largo plazo
   C. Capital social a corto plazo
   D. Capital social a largo plazo

6. El papel comercial es

    A. un pagaré asegurado con garantía
        emitido por una sociedad
    B. un pagaré garantizado emitido por una
        sociedad
    C. un pagaré emitido por una sociedad
    D. un pagaré emitido por un intermediario-
        agente

Respuestas y justificaciones

1. **C.** Una sociedad emite papel comercial con un vencimiento máximo de 270 días con la finalidad de evitar algunos requisitos de registro de la Ley de 1933.   (Página 50)

2. **B.** Los CD negociables se emiten en denominaciones de $100,000 a $1 millón y, como instrumentos del mercado de dinero, normalmente se negocian en el mercado secundario. La mayoría se emiten con vencimientos de menos de un año, pero se pueden negociar vencimientos iniciales de tres a cinco años. La FDIC asegura los CD no negociables de hasta $100,000 cada uno.   (Página 50)

3. **C.** El papel comercial representa una obligación de deuda sin garantía de una sociedad que necesita financiamiento a corto plazo. Tanto su rendimiento como su vencimiento son negociables. Puesto que su plazo de vencimiento máximo es de 270 días, está exento de registro conforme a la Ley de 1933.   (Página 50)

4. **B.** Las sociedades utilizan las aceptaciones bancarias para liquidar operaciones de importación y exportación de mercancías.   (Página 49)

5. **A.** Un instrumento del mercado de dinero es una deuda a corto plazo con vencimiento en un año o menos.   (Página 49)

6. **C.** Una sociedad emite papel comercial en forma de pagaré a corto plazo.   (Página 50)

Proceso de colocación

1. De los siguientes enunciados, ¿cuál NO es una responsabilidad básica de un banco de inversión?

   A. Distribuir grandes bloques de acciones al público y a instituciones
   B. Proporcionar un mercado secundario para los títulos que se han emitido
   C. Asesorar a las empresas sobre la mejor manera de reunir capital a largo plazo
   D. Comprar a una entidad emisora valores no emitidos con anterioridad y venderlos al público

2. This Can´t Be Sushi (TCB) desea poner a la venta $7 millones de sus acciones ordinarias en su estado y en otros tres más. Para que la SEC autorice la venta, TCB tiene que presentar un(a)

   A. circular de oferta
   B. declaración de registro
   C. carta de notificación
   D. prospecto preliminar

Respuestas y justificaciones

1. **B.** Las principales funciones de un banco de inversión son captar capital a mediano y largo plazo para las empresas mediante la distribución de valores, comprar títulos a un emisor y venderlos al público, distribuir grandes lotes de acciones y asesorar a las empresas sobre la mejor manera de reunir capital a largo plazo. El banco de inversión no tiene la responsabilidad de proporcionar un mercado secundario para títulos una vez que éstos han sido emitidos. (Página 52)

2. **B.** TCB tiene que llenar una declaración de registro estándar. (Página 52)

Tipos de compromisos de colocación

1. ¿Cuáles de los siguientes términos describen los distintos tipos de colocación?

   I. En consignación
   II. Contingente
   III. En firme
   IV. Omisión de la recepción

   A. I
   B. I, II y III
   C. I y III
   D. II, III y IV

2. ALFA Securities es el colocador administrador de una nueva emisión de un millón de acciones ordinarias de Microscam. Ha acordado colocar tantas acciones como sea posible en el mercado, y Microscam, por su parte, tomar las que no se vendan. ¿Cuál de los siguientes términos se aplica a este tipo de oferta?

   A. Contingente
   B. En consignación
   C. Todo o nada
   D. En reserva

3. ALFA Securities es el colocador administrador de una nueva emisión de un millón de acciones ordinarias de Microscam. Ha acordado vender todas las acciones que se ofrecen y comprar por cuenta propia las que no compre el público. Microscam recibirá el producto de la venta de ese millón de acciones. ¿Cuál de los siguientes términos se aplica a este tipo de oferta?

   A. En firme
   B. En consignación
   C. Todo o nada
   D. Contingente

4. Microscam participa en una oferta de derechos de acciones junto con ALFA Securities como colocador administrador. ALFA ha ofrecido comprar todas las acciones que Microscam no pueda vender a sus accionistas actuales. ¿Cuál de los siguientes términos se aplica a este tipo de colocación?

   A. Especial
   B. En consignación
   C. Contingente
   D. Todo o nada

Respuestas y justificaciones

1. **B.** Una omisión de la recepción tiene lugar cuando un intermediario-agente no recibe los títulos valor que compró. Los principales tipos de colocaciones son:

- En consignación: el colocador hace todo lo posible por vender en su totalidad la nueva emisión pero no lo garantiza.
- Todo o nada: el colocador vende toda la emisión o bien, ningún título.
- En firme: el colocador garantiza vender la emisión inicial en su totalidad.
- Contingente: la sociedad intenta vender toda la emisión nueva mediante una oferta de derechos, pero si no lo logra, tiene a un colocador contingente para que coloque las acciones que no se hayan podido vender.   (Página 56)

2. **B.** Una colocación en consignación es aquella en la que cualquier acción que no se haya vendido se le devuelve a la entidad emisora.   (Página 56)

3. **A.** Un arreglo de colocación en firme requiere que el colocador venda en su totalidad una emisión de acciones o compre para su propio inventario las acciones no vendidas.   (Página 55)

4. **C.** En un acuerdo de colocación contingente, una sociedad vende a sus accionistas actuales tantas acciones de una nueva emisión como sea posible, respaldado por la promesa de un colocador de vender al público todas las acciones que no se hayan vendido.   (Página 56)

16

Mercados de valores e intermediarios-agentes

1. Una sociedad de inversión abierta le compra a un banco acciones preferentes de un servicio público a través de INSTINET. ¿En qué mercado se lleva a cabo esta operación?

   A. Primario
   B. Secundario
   C. Terciario
   D. Cuarto

2. Un cliente le comunica que su empresa generalmente cotiza sus valores en el cuarto mercado, lo que significa que la empresa opera con

   A. valores registrados en el mercado extrabursátil
   B. valores no registrados en el mercado extrabursátil
   C. valores no registrados en una bolsa
   D. todos los valores directamente en otras instituciones

3. Su empresa, Serendipity Discount Securities, recibió de uno de sus clientes la orden de comprar 300 acciones de DWQ en el mercado. Serendipity compra estas acciones en el mercado a otro intermediario-agente de valores y los entrega a la cuenta de su cliente. El papel de Serendipity en esta operación es el de un

   A. intermediario que actúa como representante para ganar una comisión
   B. agente que actúa como principal para ganar utilidades
   C. intermediario que actúa como representante para ganar utilidad
   D. agente que actúa como principal para ganar una comisión

4. Su empresa, Serendipity Discount Securities, recibió de uno de sus clientes la orden de comprar 300 acciones de DWQ en el mercado. Serendipity compra estas acciones en el mercado a otro intermediario-agente para su propio inventario. Después, las toma de su inventario y las entrega a la cuenta del cliente. El papel de Serendipity en esta operación es el de un

   A. intermediario que actúa como representante para ganar una comisión
   B. agente que actúa como principal para ganar utilidades
   C. intermediario que actúa como representante para ganar una utilidad
   D. agente que actúa como principal para ganar una comisión

5. ¿Cuál(es) de los siguientes enunciados se aplica(n) a las operaciones de los distintos mercados de valores?

   I. Los títulos registrados se operan principalmente en los mercados bursátiles.
   II. Las transacciones con títulos no registrados se llevan a cabo principalmente en el mercado extrabursátil.
   III. Se dice que las transacciones con títulos registrados del mercado extrabursátil se efectúan en el mercado terciario.
   IV. Se dice que las transacciones con títulos registrados realizadas directamente entre clientes o instituciones, sin la intervención de intermediarios-agentes, tienen lugar en el cuarto mercado.

   A. I únicamente
   B. I y II únicamente
   C. II y III únicamente
   D. I, II, III y IV

6. ¿Cuál(es) de las siguientes operaciones se lleva(n) a cabo en el mercado secundario?

   I. Un especialista compra en la NYSE acciones para su propio inventario.
   II. Un sindicato de bonos municipales vende al público nuevas emisiones.
   III. Un representante registrado compra para un cliente títulos valor no registrados.
   IV. Una compañía aseguradora compra bonos municipales directamente a otra aseguradora.

   A. I, II y III
   B. I, III y IV
   C. II y III
   D. IV

Respuestas y justificaciones

1. **D.** En el cuarto mercado se realizan las operaciones directas entre instituciones, fondos de pensión, intermediarios-agentes y otros, muchas de ellas a través de INSTINET.   (Página 57)

2. **D.** En el cuarto mercado (INSTINET) se realizan las transacciones entre compañías y otras grandes instituciones, tales como sociedades de inversión y planes de pensión, que no requieren de intermediarios.   (Página 57)

3. **A.** Su empresa actúa como representante del cliente al adquirir las 300 acciones de DWQ. La mejor manera de recordar la diferencia entre los intermediarios y los agentes es memorizar las siglas IRC/APU, que significan "los Intermediarios actúan como Representantes para ganar Comisiones/los Agentes actúan como Principales para ganar Utilidades". *Utilidad* es otra forma de decir *sobreprecio*.   (Página 59)

4. **B.** Su empresa actúa como principal al adquirir las 300 acciones de DWQ para su inventario antes de venderlas al cliente. La mejor manera de recordar la diferencia entre los intermediarios y los agentes es memorizar las siglas IRC/APU, que significan "los Intermediarios actúan como Representantes para ganar Comisiones/los Agentes actúan como Principales para ganar Utilidades". *Utilidad* es otra forma de decir *sobreprecio*.   (Página 59)

5. **D.** Los títulos registrados que cotizan en bolsa constituyen el mercado bursátil. Aquellos que no están registrados y cotizan fuera de la bolsa forman el mercado extrabursátil. Los valores registrados que se negocian en el OTC conforman el mercado terciario. Los títulos valor que se compran y venden sin recurrir a intermediarios-agentes componen el cuarto mercado. INSTINET es un servicio de reporte que muchas instituciones utilizan para localizar otras partes para realizar operaciones de capital accionario en el cuarto mercado.   (Página 57)

6. **B.** Los colocadores distribuyen las nuevas emisiones en el mercado primario. Las operaciones negociadas se llevan a cabo en el mercado secundario, ya sea en una bolsa (primer mercado); en el mercado fuera de bolsa o no registrado (segundo mercado); en el mercado extrabursátil con valores registrados (tercer mercado); o directamente entre instituciones sin recurrir a los servicios de una casa de bolsa (cuarto mercado).   (Página 57)

Procedimientos administrativos de las casas de bolsa

17

1. Conforme al Código de Prácticas Uniformes, las operaciones de plazo normal de liquidación se saldan

   A. el mismo día en que se realizan
   B. dos días hábiles después de la fecha en que se realizan
   C. tres días hábiles después de la fecha en que se realizan
   D. cinco días hábiles después de la fecha en que se realizan

2. La fecha exdividendo normal para las operaciones con acciones es el

   A. segundo día hábil anterior a la fecha de registro
   B. segundo día hábil siguiente a la fecha de registro
   C. segundo día hábil anterior a la fecha de liquidación
   D. tercer día hábil anterior a la fecha de registro

3. La liquidación de operaciones de valores tiene lugar

   A. cuando el intermediario-agente vendedor entrega los títulos en la oficina del comprador
   B. ya sea en la oficina del comprador o en la del vendedor, según determinen la partes en el momento de celebrar el contrato
   C. cuando el intermediario-agente comprador entrega el cheque en la oficina del vendedor
   D. cuando el vendedor y el comprador se reúnen en la oficina del agente de transferencias

4. Cuando la cuenta de un cliente se congela, éste

   A. tiene que depositar el precio total de compra a más tardar en la fecha de liquidación de la compra
   B. tiene que depositar el precio total de compra antes de que se ejecute la orden de compra
   C. puede vender pero no comprar títulos
   D. no puede negociar bajo ninguna circunstancia

5. Hugh Heifer quiere colocar una orden de venta de 200 acciones de COD. Actualmente, Hugh no tiene en su cuenta acciones de COD. De lo siguiente, ¿qué debe determinar un representante antes de aceptar la orden?

A. El nombre del intermediario al que se le compraron las acciones

B. Dónde se encuentran actualmente las acciones y si pueden entregarse en tres días hábiles

C. La disposición de Hugh a entregar otros valores de su cuenta en caso de no poder cumplir con la entrega de las acciones de COD

D. Si Hugh ofrece otros de sus títulos valor como colateral de un préstamo de acciones para hacer la entrega a tiempo

Respuestas y justificaciones

1. **C.** Conforme al Código de Prácticas Uniformes, las transacciones de plazo normal de liquidación se saldan tres días hábiles después de la fecha en que se realizan. (Página 60)

2. **A.** La fecha exdividendo normal es dos días hábiles antes de la fecha de registro, es decir, aquella en que al valor de las acciones se le resta el dividendo. (Página 63)

3. **A.** La liquidación de las transacciones de valores se lleva a cabo cuando el intermediario-agente vendedor entrega los títulos al comprador. (Página 61)

4. **B.** Cuando una cuenta se congela, el cliente debe depositar el precio total de compra antes de emitir cualquier orden. (Página 62)

5. **B.** El representante debe localizar las acciones y determinar si el cliente puede entregarlas dentro de los tres días hábiles siguientes, de manera que la empresa realice la entrega a tiempo. Ni el intermediario al que se le compraron las acciones ni el hecho de que el cliente posea o no otros valores tienen importancia. (Página 61)

Economía

1. Acomode las siguientes fases económicas conforme al orden en que ocurren.

   I. Contracción
   II. Expansión
   III. Cima
   IV. Valle

   A. I, II, III, IV
   B. II, III, I, IV
   C. III, II, I, IV
   D. IV, I, III, II

2. En los dos últimos trimestres, el PIB disminuyó un 3 por ciento, el desempleo aumentó .7 por ciento y el Índice de Precios al Consumidor bajó 1.3 por ciento. Esta condición económica se conoce como

   A. inflación
   B. depresión
   C. estanflación
   D. recesión

3. ¿Qué término utilizan los economistas para describir una tendencia a la baja de la economía que dura más de dos trimestres consecutivos?

   A. inflación
   B. estanflación
   C. depresión
   D. recesión

4. El FOMC compra pagarés de la Tesorería a corto plazo en el mercado abierto. De los siguientes escenarios, dos tienen mayores probabilidades de ocurrir. ¿Cuáles son?

   I. Los precios de los bonos secundarios se incrementarán.
   II. Los precios de los bonos secundarios bajarán.
   III. Las tasas de interés se incrementarán.
   IV. Las tasas de interés bajarán.

   A. I y III
   B. I y IV
   C. II y III
   D. II y IV

5. Si el Consejo de la Reserva Federal decidiera que es necesario modificar la oferta de dinero, ¿cuál de los siguientes instrumentos NO utilizaría?

   A. La reserva legal de los bancos
   B. Las operaciones del mercado abierto
   C. Las tasas de impuestos
   D. Las tasas de descuentos

6. ¿Qué organización u organismo gubernamental establece la política fiscal?

   A. Consejo de la Reserva Federal
   B. Consejo Económico Gubernamental
   C. Congreso
   D. Secretaría de la Tesorería

7. Si el Comité de Operaciones de Mercado Abierto de la Reserva Federal ha decidido que la tasa de inflación es demasiado alta, lo MÁS probable es que

   I. restrinja la oferta de dinero
   II. aumente la oferta de dinero
   III. baje la tasa de descuento
   IV. aumente la tasa de descuento

   A. I y III
   B. I y IV
   C. II y III
   D. II y IV

8. Cuando el FRB eleva la reserva legal, ¿cuál es el efecto en el total de los depósitos bancarios?

   I. de disminución
   II. de incremento
   III. multiplicador
   IV. logarítmico

   A. I y III
   B. I y IV
   C. II y III
   D. II y IV

Respuestas y justificaciones

1. **B.** Según los economistas, el ciclo económico se inicia con la expansión (recuperación) y continúa con la cima (prosperidad), la contracción (recesión o deflación) y el valle.   (Página 65)

2. **D.** Dos o más trimestres consecutivos de tendencia a la baja constituyen una *recesión*.   (Página 66)

3. **D.** Una tendencia a la baja en la economía que persiste más de dos trimestres consecutivos (seis meses) constituye una *recesión*.   (Página 66)

4. **B.** Cuando el FMOC compra pagarés T a corto plazo en el mercado abierto, paga por la operación incrementando las cuentas de reserva de los bancos miembros. El efecto neto de ello es un aumento de la oferta monetaria total y un indicio de que se inicia un periodo de relativa relajación de las condiciones crediticias. Esto último significa que las tasas de interés disminuirán y el precio de los bonos existentes aumentará.   (Página 70)

5. **C.** El Consejo de la Reserva Federal dispone de varias herramientas para modificar la oferta monetaria, entre ellas la reserva legal de los bancos, las operaciones de mercado abierto (negociación de títulos gubernamentales) y la tasa de descuento.   (Página 69)

6. **C.** El Congreso establece la política fiscal, en tanto que el FRB la monetaria.   (Página 68)

7. **B.** Si el FMOC decide que será benéfico para la economía disminuir la tasa de inflación, puede hacerlo aumentando la tasa de descuento, lo que a su vez reduce la oferta de dinero.   (Página 70)

8. **A.** Si el FRB eleva la reserva legal, el total de depósitos bancarios decrece a causa del efecto multiplicador. Entre más alta sea la reserva, habrá menos dinero disponible para créditos bancarios.   (Página 69)

19

Conozca a su cliente

1. Para abrir una nueva cuenta, el representante registrado tiene que obtener la siguiente información sobre el cliente:

   I. Necesidades financieras
   II. Objetivos de inversión
   III. Situación financiera

   A. I y II únicamente
   B. I y III únicamente
   C. II y III únicamente
   D. I, II y III

2. De las siguientes características, ¿cuál es la que mejor define el término "crecimiento"?

   A. Incremento del valor de la inversión con el tiempo
   B. Incremento del principal y acumulación de los intereses y dividendos con el tiempo
   C. Apreciación de la inversión en impuestos diferidos
   D. Todo lo anterior

3. Las decisiones de inversión de una persona deben basarse principalmente en

   I. su tolerancia al riesgo
   II. los consejos de su representado registrado
   III. sus necesidades de inversión

   A. I únicamente
   B. I y III únicamente
   C. II y III únicamente
   D. I, II y III

4. Un representante registrado tiene un nuevo cliente que acaba de recibir una herencia de $25,000. El cliente desea utilizar el dinero para comprar el $8 \frac{1}{4}$ por ciento de los bonos generales de Tallawhosits City, que ofrecen un rendimiento del 8.45 por ciento. La emisión de bonos, por $1 millón, tiene un vencimiento de 15 años y la calificación Ba. Todos los siguientes factores lo motivarían a usted a *no* recomendarle esta compra, EXCEPTO que

   A. el cliente tenga una tasa impositiva del 18 por ciento
   B. ésta vaya a ser la única inversión del cliente
   C. el cliente esté dispuesto a aceptar un riesgo moderado
   D. el cliente no tenga un empleo seguro

5. Randy Bear, quien tiene 27 de años de edad y paga una tasa impositiva baja, quiere hacer una inversión agresiva a largo plazo. Su representante registrado le recomienda un bono general municipal de alta calificación. ¿Cuál de los siguientes enunciados se aplica a este caso?

   A. El representante violó las reglas de la NASD y el MSRB relativas a la idoneidad.
   B. El representante recomendó una inversión idónea porque los GO son buenas inversiones a largo plazo.
   C. El representante cometió una infracción porque los bonos municipales resisten bien las fluctuaciones del mercado.
   D. El representante no cometió una infracción si el cliente estuvo de acuerdo con la operación.

6. Si un cliente quiere colocar una orden por 30 GNMA y su representante registrado considera que no es conveniente, tiene que expresarle su opinión y

   A. no ejecutar la orden
   B. ejecutar la orden sólo si la aprueba un socio principal de la firma
   C. ejecutar la orden sólo si la aprueba el MSRB
   D. ejecutar la orden conforme a las instrucciones del cliente

7. ¿Cuál de las siguientes actividades son responsabilidad de un representante registrado?

   I. Determinar la idoneidad del cliente para invertir
   II. Describir las características y beneficios de productos de diversos valores
   III. Ofrecer asesoría fiscal y asistencia al cliente para que llene sus declaraciones de impuestos
   IV. Conservar en su poder valores del cliente para operaciones futuras

   A. I y II
   B. I y III
   C. II y IV
   D. III y IV

Respuestas y justificaciones

1. **D.** Se considera que toda esta información es esencial antes de abrir una cuenta. (Página 72)

2. **A.** "Crecimiento" significa un incremento del valor de la inversión con el tiempo. (Página 75)

3. **B.** Entender y aceptar el riesgo, junto con las razones para invertir, determinan la conformación de la cartera de un cliente. Las recomendaciones del ejecutivo de cuentas deben ajustarse a sus necesidades, no deben ser el factor principal en sus decisiones de inversión. (Página 74)

4. **C.** La calificación Ba es congruente con la disposición del cliente a aceptar un riesgo moderado. La tasa impositiva a la que pertenece el cliente podría ser demasiado baja para aprovechar al máximo la exención del pago de impuestos sobre los bonos. Por otra parte, estos bonos no ofrecen mucha liquidez porque sólo se emitieron mil; si el cliente perdiera su empleo y necesitara efectivo, le sería difícil venderlos. (Página 74)

5. **A.** Al proponer una inversión conservadora exenta de impuestos, el corredor de bolsa no está siguiendo el principio de hacer una recomendación idónea. (Página 76)

6. **D.** Conforme a la reglas de la NASD/NYSE, el representante puede ejecutar la operación si el cliente se lo solicita, aunque considere que el título no es idóneo. (Página 76)

7. **A.** Un representante es responsable básicamente de determinar la idoneidad del cliente y explicar a los inversionistas potenciales los distintos tipos de inversión. No es responsable de ayudarles a preparar sus declaraciones de impuestos ni puede conservar en su poder fondos o valores de los clientes. (Página 76)

20

Análisis de riesgos y recompensas de carácter financiero

1. Si a un cliente le preocupa el riesgo de pérdida por concepto de intereses, ¿cuál de los siguientes enunciados NO le recomendaría su ejecutivo de cuenta?

   A. Pagarés de la Tesorería a corto plazo
   B. Pagarés de proyectos
   C. Bonos empresariales a 10 años
   D. Bonos municipales a 18 años

2. Usted dispone de un bono empresarial convertible que tiene un cupón del 8 por ciento y un rendimiento del 7.1 por ciento, pero que puede ser redimido durante el año en curso. ¿Qué característica de esta obligación sería probablemente la MENOS atractiva para su cliente?

   A. Convertibilidad
   B. Rendimiento del cupón
   C. Rendimiento actual
   D. Amortización a corto plazo

3. De lo siguiente, ¿qué incluye el riesgo de crédito?

   A. Seguridad del principal
   B. Fluctuaciones en las tasas de interés en general
   C. Peligro de no poder vender la inversión al precio justo de mercado
   D. Riesgos inflacionarios

4. Los tenedores de bonos enfrentan el riesgo de que el valor de sus bonos puede bajar si las tasas de interés aumentan. ¿Cómo se denomina este tipo de riesgo?

   A. de crédito
   B. de reinversión
   C. de bursatilidad
   D. de mercado

5. ¿Cómo se le conoce al riesgo de no poder convertir una inversión en efectivo en el momento en que se necesita?

   A. legislativo
   B. de liquidez
   C. de mercado
   D. de reinversión

Respuestas y justificaciones

1. **D.** El riesgo de pérdida por concepto de intereses es el peligro de que las tasas de interés cambien durante la vida del instrumento de deuda y afecten negativamente al precio del bono. Este riesgo es más alto en el caso de los bonos a largo plazo. (Página 77)

2. **D.** La amortización a corto plazo significa que el cliente no podrá disfrutar mucho tiempo de las demás características del bono por atractivas que sean. (Página 79)

3. **A.** El riesgo de crédito es el peligro de que una persona pierda por un incumplimiento del emisor la totalidad o parte de su capital invertido. (Página 78)

4. **D.** El riesgo de mercado es el peligro de que un inversionista pierda debido a la volatilidad de los precios del mercado la totalidad o parte de su capital invertido. Los precios de los bonos existentes pueden fluctuar conforme a los cambios en las tasas de interés. (Página 77)

5. **B.** El riesgo de liquidez es la medida de la comerciabilidad o la rapidez y facilidad con las que un valor puede convertirse en efectivo. (Página 78)

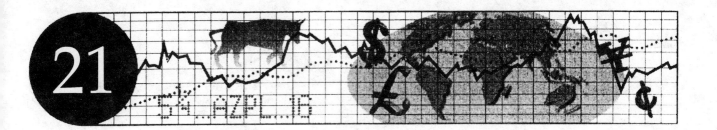

Primera lección:
Valores y mercados

1. ¿En cuáles de las siguientes formas una sociedad puede pagar dividendos?

    I. En acciones de otra sociedad
    II. En efectivo
    III. En acciones
    IV. En productos

    A. I únicamente
    B. II y III únicamente
    C. III únicamente
    D. I, II, III y IV

2. ¿Cuál(es) de las siguientes responsabilidades le corresponde(n) a los colocadores?

    I. Administrar la distribución entre el público y las instituciones de grandes bloques de acciones
    II. Vender una parte predeterminada de una oferta a sus clientes
    III. Reunir capital para empresas ayudándoles a distribuir sus nuevas ofertas
    IV. Prestar dinero a sociedades que necesitan financiarse mediante endeudamiento

    A. I, II y III únicamente
    B. I, II y IV únicamente
    C. II únicamente
    D. I, II, III y IV

3. ¿Cuáles de las siguientes actividades son características de una oferta primaria?

    I. Reunir capital adicional para la compañía
    II. Vender títulos valor emitidos previamente
    III. Incrementar el número de acciones o bonos en circulación

    A. I y II únicamente
    B. I y III únicamente
    C. II y III únicamente
    D. I, II y III

4. ¿Cuál de las siguientes acciones tiene lugar en una bolsa de valores?

    I. Prevalecen la postura de compra más alta y la postura de venta más baja
    II. Sólo se pueden negociar títulos registrados
    III. Se establecen precios mínimos

    A. I y II únicamente
    B. I y III únicamente
    C. II y III únicamente
    D. I, II y III

5. De los siguientes enunciados, ¿cuál describe las derechos de acciones, también llamados *derechos de suscripción*?

   I. Instrumentos a corto plazo que pierden su valor después de su fecha de expiración

   II. Normalmente se ofrecen con obligaciones para hacer más atractiva la oferta

   III. Son emitidos por una sociedad

   IV. Se negocian en el mercado de valores

   A. I y II
   B. I y III
   C. I, III y IV
   D. II, III y IV

6. Un propietario de acciones ordinarias tiene el derecho de

   I. determinar cuándo se emitirán dividendos

   II. votar en las asambleas de accionistas personalmente o mediante un poder

   III. recibir una participación fija predeterminada de las utilidades en efectivo de la sociedad cuando éstas se declaran

   IV. comprar valores restringidos antes de que se ofrezcan al público

   A. I, III y IV
   B. II
   C. II, III y IV
   D. II y IV

7. De los siguientes enunciados, ¿cuál describe mejor los títulos opcionales de compraventa?

   I. Instrumentos a corto plazo que pierden su valor después de su fecha de expiración

   II. Normalmente se ofrecen con obligaciones para hacer más atractiva la oferta

   III. Son emitidos por una sociedad

   IV. Se negocian en el mercado de valores

   A. I y II
   B. I y III
   C. I, III y IV
   D. II, III y IV

8. ¿Cuál de las siguientes fechas se conoce como fecha exdividendo?

   I. Fecha a partir de la cual el comprador tiene el derecho de recibir el dividendo

   II. Fecha a partir de la cual el vendedor tiene el derecho de recibir el dividendo

   III. Dos días hábiles antes de la fecha de registro

   IV. Dos días hábiles después de la fecha de registro

   A. I y III
   B. I y IV
   C. II y III
   D. II y IV

9. ¿En cuál de los siguientes casos un accionista ordinario puede ejercer sus derechos de voto?

   I. Elección del consejo de administración

   II. Declaración de dividendos

   III. Autorización o emisión de más acciones ordinarias

   A. I únicamente
   B. I y III únicamente
   C. II y III únicamente
   D. I, II y III

10. ¿Cuáles de los siguientes inversionistas en opciones son alcistas?

   I. Comprador de una opción de compra
   II. Vendedor de una opción de compra
   III. Comprador de una opción de venta
   IV. Vendedor de una opción de venta

   A. I y II
   B. I y IV
   C. II y III
   D. III y IV

11. Belle le comenta a su intermediario que cree que el precio de ALF subirá, pero en ese momento no tiene el dinero para comprar 100 acciones. ¿Cómo podría aprovechar un aumento en el precio de las acciones mediante opciones?

   I. Adquiriendo opciones de compra de ALF
   II. Vendiendo opciones de compra de ALF
   III. Adquiriendo opciones de venta de ALF
   IV. Vendiendo opciones de venta de ALF

   A. I y III
   B. I y IV
   C. II y III
   D. II y IV

12. Ordene los siguientes títulos gubernamentales conforme a su plazo de vencimiento, yendo del más largo al más corto.

   I. Pagarés
   II. Pagarés a corto plazo
   III. Bonos

   A. I, II, III
   B. II, I, III
   C. III, I, II
   D. III, II, I

13. De los siguientes enunciados, ¿cuáles son ciertos para una venta de bonos a un precio superior a su valor nominal?

   I. El rendimiento nominal es menor que el actual
   II. El rendimiento al vencimiento es menor que el nominal
   III. El rendimiento al vencimiento es menor que el actual
   IV. El rendimiento nominal permanece estable

   A. I y IV únicamente
   B. II, III y IV únicamente
   C. III únicamente
   D. I, II, III y IV

14. De los siguientes bonos, ¿cuáles están exentos del pago del impuesto sobre la renta federal?

   I. Estado de California
   II. Ciudad de Anchorage
   III. Tesorería
   IV. GNMA

   A. I y II únicamente
   B. I, II y IV únicamente
   C. III y IV únicamente
   D. I, II, III y IV

15. De los siguientes instrumentos, ¿cuáles se negocian en el mercado de dinero?

   I. Aceptaciones bancarias
   II. Pagarés de la Tesorería a corto plazo
   III. Papel comercial
   IV. Bonos de la Tesorería con vencimiento a seis meses

   A. I y II únicamente
   B. I, II y III únicamente
   C. III y IV únicamente
   D. I, II, III y IV

16. ¿Cuál(es) de los siguientes enunciados se aplica(n) a los bonos de la Tesorería?

    I.   Se venden con descuento.
    II. Pagan semestralmente una tasa fija de interés.
    III. Vencen en un año o menos.
    IV. Vencen en 10 años o más.

    A. I, II y III
    B. I y III
    C. II y IV
    D. III

17. ¿Cuáles de los siguientes instrumentos NO se consideran instrumentos del mercado de dinero?

    I.   Obligaciones con calificación Aaa
    II. Pagarés de la Tesorería
    III. Papel comercial
    IV. Bonos de la Tesorería con vencimiento a seis meses

    A. I y II únicamente
    B. I y III únicamente
    C. II, III y IV únicamente
    D. I, II, III y IV

18. ¿Cuáles de los siguientes enunciados se aplican a los bonos empresariales?

    I.   Representan una participación en la propiedad de una compañía.
    II. Por lo general implican un riesgo de mercado menor que las acciones ordinarias.
    III. Producen una renta variable.
    IV. Generalmente vencen 10 o más años después de su fecha de emisión.

    A. I y III únicamente
    B. II y III únicamente
    C. I y IV únicamente
    D. I, II, III y IV

19. ¿Cuáles de los siguientes enunciados se aplican a los bonos municipales generales?

    I.   Después de los bonos del gobierno de Estados Unidos, son los que ofrecen mayor seguridad en cuanto al principal.
    II. Están respaldados por la potestad tributaria del municipio emisor.
    III. No son comercializables.
    IV. Pagan tasas de interés más altas que los títulos de deuda empresariales.

    A. I y II
    B. I y IV
    C. II y III
    D. II, III y IV

20. Los bonos empresariales se consideran más seguros que las acciones empresariales emitidas por la misma sociedad porque

    I.   los bonos representan capital social
    II. es más probable que la sociedad respalde a sus inversionistas originarios
    III. los bonos son títulos privilegiados respecto de las acciones ordinarias
    IV. el tenedor de un bono empresarial es un deudor de la sociedad emisora

    A. I y II
    B. II, III y IV
    C. III
    D. III y IV

21. ¿Cuál de los siguientes bonos califica como bono municipal?

   I.   Bono general de la ciudad de Denver
  II.   Bono de ingresos emitido por la ciudad de Detroit para construir la Arena Joe Louis
 III.   Bono de alcantarillado emitido por el Condado de Cook, Illinois
 IV.   Bono de carreteras emitido por el estado de Nuevo México

  A. I únicamente
  B. I y III únicamente
  C. II y III únicamente
  D. I, II, III y IV

22. ¿Cuál(es) de los siguientes enunciados es(son) aplicable(s) a los STRIPS de la Tesorería?

   I.   Ofrecen una tasa de rendimiento fija.
  II.   No implican ningún riesgo de inversión.
 III.   Su interés se grava como si fuera una ganancia de capital.
 IV.   Su interés se realiza al vencimiento.

  A. I
  B. I, II y III
  C. I, II y IV
  D. IV

23. Actualmente TCBS tiene ganancias de $4 y paga un dividendo trimestral de $.50. Si el precio de mercado de TCBS es $40, ¿cuál es el rendimiento actual?

  A. 1.25 por ciento
  B. 5 por ciento
  C. 10 por ciento
  D. 15 por ciento

Respuestas y justificaciones

1. **D.** Una sociedad puede pagar un dividendo en cualquiera de las cuatro formas mencionadas. (Página 12)

2. **A.** Un colocador administra la oferta y ayuda a la sociedad a reunir capital. (Página 53)

3. **B.** Una oferta primaria implica la venta de títulos no emitidos previamente. La sociedad emisora recibe el producto de la venta. Por supuesto, una vez que se vendan los títulos, se pondrán más valores en circulación y en manos del público. (Página 54)

4. **A.** Una bolsa de valores es un mercado de subasta en el que se negocian los títulos registrados en la misma. No se establece un precio mínimo para los valores; prevalecen la postura de compra más alta y la postura de venta más baja. La Ley de Bolsas de Valores de 1934 regula la actividad comercial tanto de las bolsas de valores como del mercado extrabursátil. (Página 58)

5. **C.** Una sociedad emite derechos que permiten a los suscriptores comprar acciones en un periodo corto a un precio menor que el precio de mercado actual de esas acciones. Los derechos no se tienen que ejercer necesariamente, pero pueden ser negociados en el mercado secundario. Generalmente se utilizan los títulos opcionales de compraventa para hacer más atractivas las ofertas de obligaciones. (Página 18)

6. **B.** El accionista tiene derechos de voto y el derecho de recibir dividendos siempre y cuando sean declarados (aunque no fijos). La reventa de un título restringido está sujeta a ciertos límites y generalmente requiere registro. (Página 5)

7. **D.** Los títulos opcionales de compraventa regularmente se utilizan para hacer más atractivas las ofertas de obligaciones y prolongar su duración. Una sociedad emite derechos que permiten a los suscriptores comprar acciones en un periodo corto a un precio más bajo que el del mercado actual. Los títulos opcionales de compraventa no tienen que ejecutarse necesariamente, pero se pueden negociar en el mercado secundario. (Página 18)

8. **C.** Las acciones vendidas en la fecha exdividendo dan derecho al vendedor a recibir un dividendo. Las acciones se venden exdividendo dos días hábiles antes de la fecha de registro. (Página 63)

9. **B.** Los accionistas ordinarios pueden elegir al consejo de administración (el cual influye sólo indirectamente en la política de pago de dividendos) y votar en los asuntos relacionados con la capitalización de la compañía, por ejemplo, la emisión de más acciones ordinarias. (Página 6)

10. **C.** Los inversionistas en opciones con una posición de venta de acciones (compradores de opciones de venta y vendedores de opciones de compra) tienen una perspectiva bajista. Recordemos que las posiciones diagonales (aquellas que son totalmente opuestas, por ejemplo de vender vs. de comprar y opciones de compra vs. opciones de venta) se encuentran en el mismo lado del mercado. (Página 19)

11. **B.** Las estrategias alcistas consisten en comprar opciones de compra y vender opciones de venta. Página 21)

12. **C.** Los pagarés de la Tesorería a corto plazo tienen vencimientos menores de un año; los pagarés, de uno a diez años; y los bonos, de más de diez años. (Página 40)

13. **B.** El rendimiento nominal es fijo y permanece igual para todos los bonos. Un bono que se vende a un precio superior a su valor par se vende con premio, de manera que el rendimiento actual y el rendimiento al vencimiento son inferiores al rendimiento nominal. (Página 29)

14. **A.** Los bonos municipales están exentos del impuesto sobre la renta federal. Los bonos de la Tesorería están exentos del impuesto sobre la renta estatal. Los GNMA pagan impuestos sobre la renta federales y estatales.   (Página 45)

15. **D.** El mercado de dinero está constituido por emisiones de deuda de alto rendimiento a corto plazo. Todos los instrumentos enumerados en esta pregunta se consideran de corto plazo, incluso los bonos de la Tesorería, dado que vencen a seis meses.   (Página 49)

16. **C.** Los bonos T se venden a la par y pagan un interés semestral. Se emiten con vencimientos a diez años o más.   (Página 39)

17. **A.** El mercado de dinero está constituido por emisiones de deuda a corto plazo, por ejemplo, el papel comercial. Debido a que los bonos de la Tesorería tienen vencimientos menores a un año, se consideran instrumentos del mercado de dinero. La obligación y el pagaré de la Tesorería son instrumentos a largo plazo.   (Página 50)

18. **C.** Los bonos representan una relación de crédito; las acciones representan una participación en una propiedad. Normalmente, los bonos se emiten con una tasa de interés determinada y vencimientos a diez años o más. Puesto que sus pagos de interés son estables, los precios de los bonos tienden a fluctuar menos que los de las acciones.   (Página 21)

19. **A.** Los bonos generales están respaldados por la potestad tributaria general del emisor municipal, de tal manera que se consideran inversiones muy seguras. Las emisiones municipales son comercializables y se negocian en el mercado secundario. Dado que los intereses de las deudas municipales están exentos de impuestos federales, el rendimiento que ofrece este tipo de instrumentos es inferior al de las deudas empresariales.   (Página 47)

20. **C.** Un bono representa la obligación legal de la sociedad de pagar capital e intereses. Un tenedor de un bono empresarial es un acreditante de la sociedad emisora.   (Página 21)

21. **D.** Todo bono emitido por un estado, municipio u otro organismo gubernamental fuera del gobierno federal se considera una emisión municipal.   (Página 47)

22. **C.** Un STRIPS no implica ningún riesgo de reinversión, ya que el inversionista no recibe pagos de intereses y, por lo tanto, no necesita preocuparse por reinvertir. Dado que no existe el riesgo de reinversión, la tasa de rendimiento total se fija o se estipula al emitirse el título. El interés sobre un bono se paga al vencimiento del mismo pero se grava como si fuera un ingreso durante la vida del bono.   (Página 40)

23. **B.** El dividendo trimestral es $.50; por lo tanto, el dividendo anual es $2. Si se divide $2 entre el precio de mercado, $40, se obtiene un rendimiento anual del 5 por ciento (rendimiento actual).   (Página 12)

22

Ofertas de compañías de inversión

1. Conforme a la Ley de Compañías de Inversión de 1940, todos los títulos siguientes se consideran amortizables, EXCEPTO el que

    A. paga a cada inversionista una participación proporcional en los activos de la sociedad
    B. puede venderse en una bolsa de valores al precio justo de mercado que tanto los compradores como los vendedores hayan establecido
    C. es emitido como acción común por una compañía de inversión
    D. es emitido por una compañía de inversión abierta

2. La definición de compañía de administración se aplica a todas las organizaciones siguientes, EXCEPTO

    I. compañías de certificados con valor nominal
    II. fideicomisos de inversión en unidades
    III. compañías de inversión cerrada
    IV. compañías de inversión abierta

    A. I
    B. I y II
    C. I, II y III
    D. III y IV

3. GEM Precious Metals Fund, una compañía de inversión abierta diversificada, invirtió el 5 por ciento de sus activos en Monaghan Minerals and Mining, Inc. El mercado se disparó y, a causa de la espectacular apreciación de Monaghan, sus títulos valor ahora representan el 8 por ciento del total de activos de GEM Fund. ¿Cuál de los siguientes enunciados se aplica a este caso?

    A. GEM Fund tiene que vender suficientes títulos de Monaghan para reducir sus tenencias en esta empresa al 5 por ciento de su total de activos.
    B. GEM Fund tiene que vender todas sus tenencias en Monaghan.
    C. GEM Fund tiene que vender sus acciones de Monaghan sólo en el caso de que su inversión del 8 por ciento represente más del 10 por ciento de los títulos en circulación con derechos de voto de dicha empresa.
    D. GEM Fund no tiene que vender sus acciones de Monaghan, pero tampoco puede adquirir más y seguir anunciándose como una compañía de inversión diversificada.

4. Una compañía de certificados con valor nominal puede incluir en su contrato todas las condiciones siguientes, EXCEPTO

   A. requerir que el emisor pague una suma determinada en una fecha específica
   B. requerir que el comprador pague una suma determinada a intervalos fijos
   C. ofrecer un rendimiento variable diariamente conforme a las fluctuaciones del mercado
   D. ofrecer una tasa de rendimiento fija en periodos prolongados de tendencia a la baja en el mercado

5. ¿Cuál de las siguientes características es propia de un fideicomiso de inversión en unidades típico?

   A. No cuenta con un asesor en inversiones.
   B. Tiene títulos registrados.
   C. Sus valores representan una participación dividida sobre una unidad de títulos valor específicos.
   D. Tiene un consejo de administración.

6. Una compañía de inversión que no se clasifica ni como fideicomiso de inversión en unidades ni como compañía de certificados con valor nominal se clasificaría como una

   A. sociedad de inversión
   B. compañía administradora
   C. compañía abierta
   D. compañía cerrada

7. Una compañía de inversión diversificada tiene que invertir por lo menos el _____ de sus activos de tal forma que no más del _____ de sus activos estén en una empresa y cada inversión represente no más del _____ de los títulos con derechos de voto de las empresas meta.

   A. 50 por ciento; 10 por ciento; 5 por ciento
   B. 75 por ciento; 5 por ciento; 10 por ciento
   C. 75 por ciento; 10 por ciento; 5 por ciento
   D. 100 por ciento; 5 por ciento; 15 por ciento

8. ¿Cuál de los siguientes enunciados es falso acerca de un fideicomiso de inversión en unidades?

   A. Invierte conforme a sus objetivos establecidos.
   B. No cobra ninguna tarifa por administración.
   C. En el consejo de administración recae la responsabilidad general de los recursos.
   D. El agente de transferencias puede limitar las ventas a los tenedores actuales de unidades.

9. ¿Cuáles de los siguientes enunciados se aplican a las compañías de inversión abiertas?

   I. Pueden emitir constantemente nuevas acciones.
   II. Pueden amortizar las acciones en cualquier momento.
   III. Pueden apalancar las acciones. ordinarias emitiendo bonos.

   A. I y II únicamente
   B. I y III únicamente
   C. II y III únicamente
   D. I, II y III

10. Conforme a la Ley de Compañías de Inversión de 1940, ¿qué porcentaje máximo de títulos con derechos de voto en una sociedad puede tener una sociedad de inversión diversificada?

    A. 5 por ciento
    B. 10 por ciento
    C. 50 por ciento
    D. 75 por ciento

11. Fondo ArGood, una compañía de inversión diversificada, tiene un valor de activo neto de $225 millones y quiere invertir en General Gizmonics, Inc. Cada acción de GIZ se vende a $30 y esta empresa tiene cien mil acciones en circulación. El número máximo de acciones de GIZ que ArGood puede comprar sin dejar de ser una compañía diversificada es

    A. 5,000
    B. 10,000
    C. con un valor de $11,250,000
    D. con un valor de $12,500,000

12. ¿Cuál es el porcentaje máximo de acciones en circulación de otra empresa que una compañía de inversión diversificada y regulada puede tener?

    A. 2 por ciento
    B. 5 por ciento
    C. 8 por ciento
    D. 10 por ciento

13. ¿Qué requisitos debe cumplir una empresa para que la SEC la considere como una compañía de inversión diversificada?

    A. Debe invertir como mínimo el 25 por ciento de sus activos en un sector
    B. Debe invertir sus fondos en un mínimo de 20 sectores diferentes
    C. Debe tener invertido el 75 por ciento de sus activos, no invertir más del 5 por ciento por empresa y no tener ninguna inversión que represente más del 10 por ciento del total de acciones de una sola empresa
    D. Debe invertir sus fondos tanto en acciones como en bonos

14. Las acciones de una compañía de inversión cerrada pueden comprarse y venderse

    A. en el mercado secundario
    B. a la misma compañía
    C. en el mercado primario
    D. en el mercado secundario, a la misma compañía y en el mercado primario

15. ¿Cuál(es) de los siguientes enunciados describe(n) a una compañía de inversión abierta?

    I. Puede vender nuevas acciones a cualquier cantidad y en cualquier momento.
    II. Está obligada a amortizar las acciones a cualquier cantidad durante los siete días siguientes a la solicitud.
    III. Ofrece a sus accionistas la propiedad común de los activos en cartera.

    A. I y II únicamente
    B. II únicamente
    C. III únicamente
    D. I, II y III

16. Los siguientes enunciados se aplican a las compañías de inversión, EXCEPTO

    A. Una compañía de inversión no diversificada es cualquier compañía de administración que no se clasifica como diversificada
    B. Para que a una compañía de inversión se le considere diversificada, tiene que invertir por lo menos el 75 por ciento de sus activos en efectivo o en valores.
    C. Una compañía de inversión que invierte la mayor parte de sus activos en una empresa o en un sector se le considera no diversificada.
    D. Una compañía diversificada únicamente puede ser una compañía de inversión abierta.

17. ¿Cuáles de los siguientes enunciados describe a una compañía de inversión abierta?

  I. Puede vender nuevas acciones en cualquier cantidad y en cualquier momento.

  II. Tiene que vender nuevas acciones en cualquier cantidad y en cualquier momento.

  III. Puede amortizar acciones en cualquier cantidad y en cualquier momento, pero también limitar la amortización si el consejo de administración así lo decide.

  IV. Tiene que amortizar acciones en cualquier cantidad y en cualquier momento, pero puede suspender la amortización con la aprobación de la SEC.

  A. I y II
  B. I y IV
  C. II y III
  D. II y IV

Respuestas y justificaciones

1. **B.** Un título amortizable se compra y se amortiza con la entidad emisora. Si se puede negociar en el mercado secundario, no se le considera amortizable. Las acciones de compañías abiertas son valores amortizables, las cerradas no. (Página 88)

2. **B.** Según se define en la Ley de 1940, las compañías de inversión abiertas y las cerradas son subclasificaciones de las compañías de administración (manejo activo de carteras). Las compañías de certificados con valor nominal y los fideicomisos de inversión en unidades pertenecen por ley a la categoría de compañías de inversión independientes. (Página 87)

3. **D.** Un fondo no pierde su carácter de diversificado por el movimiento del mercado. Si bien no puede comprar más acciones de Monaghan, no es necesario que venda algunas de las que ya tiene. (Página 89)

4. **C.** Una compañía de certificados con valor nominal paga rendimientos fijos. (Página 86)

5. **A.** Un fideicomiso de inversión en unidades emite valores amortizables que son operados únicamente por la entidad emisora (ésta tiene que mantener un mercado secundario); no los registra en bolsa. Las acciones (unidades) del UIT representan un interés no dividido en una cartera de valores que no se maneja activamente. Tampoco requieren un asesor de inversión ni un consejo de administración. (Página 86)

6. **B.** Las compañías de administración constituyen la tercera clasificación de las compañías de inversión de acuerdo con la Ley de 1940 que regula estas instituciones. Las compañías abiertas (sociedades de inversión) y las cerradas son subclasificaciones de las compañías de administración. (Página 87)

7. **B.** La inversión de una compañía de administración tiene que ser por lo menos del 75 por ciento y el porcentaje de diversificación de sus activos no mayor del 5 por ciento por cada empresa, y no tiene que representar más del 10 por ciento de los títulos con derecho de voto de otra empresa. (Página 89)

8. **C.** Un fideicomiso de inversión en unidades no tiene un consejo de administración. Las respuestas A y B son ciertas: un UIT tiene que respetar un objetivo de inversión establecido, como cualquier compañía de inversión, y no cobra ninguna tarifa por administración ya que no es una cartera administrada. (Página 86)

9. **A.** Una compañía abierta tiene que estar dispuesta a amortizar las acciones en los siete días posteriores a la recepción de la solicitud del cliente y ofrecer continuamente sus acciones para venta. Si bien esta sociedad puede invertir en casi todo tipo de valores, sólo puede emitir una clase de acciones con derecho de voto y ningún tipo de instrumentos de deuda. (Página 88)

10. **B.** Para que una compañía de inversión sea considerada una compañía de inversión diversificada, no puede tener más del 10 por ciento de los títulos con derecho de voto de la sociedad objeto. Por otra parte, ninguna sociedad de inversión diversificada puede invertir más del 5 por ciento de su cartera en títulos de una sola empresa. (Página 89)

11. **B.** Una compañía de inversión diversificada invierte por lo menos el 75 por ciento de sus activos de tal manera que el 5 por ciento no represente el 10 por ciento de las acciones de una empresa. Con base en esto, Fondo ArGood, con el 5 por ciento de sus activos, podría adquirir toda la empresa General Gizmonic. Por lo consiguiente, está limitada a un 10 por ciento de las acciones GIZ, es decir, diez mil acciones. (Página 89)

12. **D.** Para que la sociedad se considere diversificada, tiene que invertir por lo menos el 75 por ciento de su cartera, de tal manera que el 5 por ciento de sus *activos* no represente más del 10 por ciento de las *acciones* en circulación de una sociedad. Recuerde: 75 por ciento invertido, 5 por ciento de activos, 10 por ciento de acciones.   (Página 90)

13. **C.** Por definición, una compañía de inversión diversificada tiene que invertir por lo menos el 75 por ciento de sus activos, concentrar no más del 5 por ciento en una sola empresa y no poseer más del 10 por ciento de los valores con derecho de voto de alguna empresa.   (Página 89)

14. **A.** Las acciones de una compañía de inversión cerrada se compran y *se venden* en el mercado secundario.   (Página 88)

15. **D.** Una compañía de inversión abierta puede vender cualquier cantidad de nuevas acciones, amortizarlas en los siete días siguientes y ofrecer a los accionistas la propiedad común de los activos en cartera.   (Página 88)

16. **D.** Una compañía de inversión diversificada podría ser tanto una compañía de inversión cerrada como una abierta.   (Página 90)

17. **B.** Conforme a la Ley de Compañías de Inversión de 1940, una compañía de inversión vendedora de sociedades de inversión no necesita seguir ofreciendo nuevas acciones a la venta; de hecho, un fondo con frecuencia suspende la venta a nuevos inversionistas cuando crece demasiado como para cumplir adecuadamente con los objetivos de inversión. La Ley de 1940 exige que un fondo ofrezca amortizar las acciones constantemente, y este privilegio puede ser suspendido sólo durante los días no hábiles o con la autorización de la SEC.   (Página 88)

23

Registro de compañías de inversión

1. ¿En cuáles de las situaciones siguientes tienen que votar los accionistas de una compañía de inversión?

   I. Cambiar una compañía diversificada a una no diversificada
   II. Cambiar una compañía abierta a una cerrada
   III. Cambio operativo que pueda provocar que la compañía deje de operar como compañía de inversión
   IV. Cambiar los objetivos del fondo

   A. I y IV únicamente
   B. II y III únicamente
   C. II, III y IV únicamente
   D. I, II, III y IV

2. Para llevar a cabo una oferta pública, una compañía de inversión registrada debe tener un capital contable de

   A. $100,000
   B. $1 millón
   C. $10 millones
   D. $100 millones

3. Las siguientes compañías son consideradas de inversión, EXCEPTO

   A. Compañía de certificados con valor nominal
   B. Compañía que invirtió en títulos el 65 por ciento de sus activos
   C. Cuenta de asesoramiento en inversiones bancarias
   D. Sociedad que emite títulos valor amortizables

4. Una compañía de inversión tiene que registrarse con la SEC y, una vez que lo hace, proporcionar la siguiente información, EXCEPTO su(s)

   A. intención de pedir dinero prestado
   B. prácticas comerciales futuras
   C. planes presentes o futuros para emitir valores prioritarios
   D. intención de concentrar sus inversiones en una sola industria

5. Los reglamentos y reglas de la SEC que se refieren a los valores emitidos por compañías de inversión prohíben que

    I. las compañías de inversión cerradas emitan acciones preferentes
    II. las compañías de inversión abiertas emitan acciones preferentes
    III. las compañías de inversión cerradas emitan bonos
    IV. las compañías de inversión abiertas emitan bonos

    A. I y III
    B. I y IV
    C. II y III
    D. II y IV

6. Una compañía de inversión abierta puede hacer todo lo que se enuncia a continuación, EXCEPTO

    A. ofrecer acciones continuamente
    B. solicitar préstamos
    C. prestar dinero
    D. emitir bonos

7. ¿Qué es lo que necesita una compañía de inversión abierta que quiere modificar sus objetivos de inversión?

    A. La mayoría de votos de las acciones en circulación
    B. La mayoría de votos de los accionistas en circulación
    C. Las dos terceras partes de los votos de los accionistas en circulación
    D. La unanimidad de votos del consejo de administración

8. ¿Qué porcentaje de sus activos netos para deuda tiene que mantener una compañía de inversión abierta?

    A. 33 ¹/₃ por ciento
    B. 50 por ciento
    C. 100 por ciento
    D. 300 por ciento

9. Conforme a la Ley de Compañías de Inversión de 1940, una sociedad de inversión debe

    I. emitir una declaración del régimen de inversión
    II. tener una capitalización mínima de $100,000
    III. asegurar que el 40 por ciento de sus consejeros no sean ni funcionarios ni asesores en inversiones de la compañía

    A. I únicamente
    B. II únicamente
    C. II y III únicamente
    D. I, II y III

10. ¿Cuáles de las siguientes disposiciones de la Ley de Valores de 1933 se aplican a las compañías de inversión?

    I. Presentar una declaración de registro en la SEC
    II. Entregar un prospecto a los compradores potenciales
    III. Publicar en la prensa un anuncio con el nombre de la entidad emisora y una descripción breve del giro de la misma
    IV. Obtener en la SEC una certificación de la veracidad de la información del prospecto

    A. I y II únicamente
    B. I y III únicamente
    C. II y IV únicamente
    D. I, II, III y IV

11. En el prospecto no se puede usar información financiera cuya antigüedad sobrepase los

    A. 60 días
    B. 9 meses
    C. 12 meses
    D. 16 meses

12. ¿Cuál(es) de las siguientes declaraciones puede hacer una compañía de inversión que ofrece títulos registrados conforme a la Ley de 1933?

    I. "La SEC aprobó los méritos de estos títulos como inversión."

    II. "La SEC aprobó la suficiencia de la información en nuestro prospecto."

    III. "La SEC aprobó la veracidad de la información de nuestro prospecto."

    IV. "La SEC aprobó estos títulos para cuentas para el retiro y clientes institucionales."

    A. I
    B. I y II
    C. II, III y IV
    D. Ninguna

13. Una empresa miembro puede ser demandada por daños y perjuicios si un inversionista compra una compañía de inversión abierta y

    I. no se le entrega ningún prospecto

    II. la empresa miembro o una persona asociada con la misma hace una declaración falsa

    III. se le entrega un prospecto que omita información sustancial

    IV. pierde el 20 por ciento o más de su inversión dentro de los 30 días siguientes a la fecha de compra inicial

    A. I
    B. I, II y III
    C. II y III
    D. II, III y IV

14. Al comprador de un fideicomiso de inversión en unidades se le debe entregar un prospecto

    A. antes de la compra
    B. con la primera confirmación
    C. con cada confirmación
    D. entre 45 días y 18 meses antes de la fecha del depósito inicial

15. Los siguientes hechos representan una violación a las reglas de la NASD, EXCEPTO

    A. enviar a un inversionista potencial un prospecto acompañado de propaganda

    B. vender una sociedad de inversión sin haber distribuido antes un prospecto

    C. vender una sociedad de inversión mediante propaganda, y no un prospecto, describiendo el desempeño del fondo durante 10 años

    D. enviar a un cliente propaganda que describe el desempeño de un fondo durante un periodo de cinco años cuando el fondo tiene 10 años de existir

16. A un inversionista se le debe entregar un estado de información adicional sobre una sociedad de inversión

    A. anualmente
    B. cada vez que recibe el prospecto
    C. a solicitud suya
    D. cuando recibe el prospecto

17. La cartera de una sociedad de inversión puede incluir todos los valores siguientes, EXCEPTO

    A. opciones de índices
    B. bonos chatarra
    C. acciones de otros fondos de inversión
    D. acciones de margen

Respuestas y justificaciones

1. **D.** Todo cambio sustantivo en la forma, la estructura, los objetivos de inversión o las operaciones de negocios de una compañía de inversión debe ser aprobado por la mayoría de votos de los tenedores de acciones en circulación.   (Página 90)

2. **A.** Ninguna compañía de inversión puede registrar en la SEC una oferta a menos que tenga un capital contable mínimo de $100,000 (o lo vaya a tener en los próximos 90 días).   (Página 90)

3. **C.** La definición de "compañía de inversión" excluye específicamente el concepto de cuenta de asesoría bancaria.   (Página 91)

4. **B.** Las compañías de inversión no están obligadas a presentar un resumen de sus prácticas operativas, pero sí una declaración de registro en la que asienten si tienen la intención de pedir dinero prestado o emitir valores prioritarios. En la descripción obligatoria de su política de inversión, una compañía debe mencionar la concentración de sus inversiones.   (Página 90)

5. **D.** Las compañías de inversión cerradas pueden emitir más de una clase de valores, por ejemplo, emisiones de deuda y acciones preferentes. Las de inversión abierta sólo pueden emitir una clase de acciones con derecho de voto y no pueden emitir valores prioritarios. Pueden solicitar préstamos a un banco, pero están restringidas por los requisitos de cobertura sobre los mismos activos, como las compañías de inversión cerrada que emiten deudas.   (Página 88)

6. **D.** Una sociedad de inversión no puede emitir ningún valor prioritario, aunque puede comprar casi cualquier tipo de títulos como inversión. Todas las acciones de una sociedad de inversión tienen que pertenecer a la misma clase.   (Página 88)

7. **A.** La Ley de Compañías de Inversión de 1940 exige que el fondo tenga un objetivo de inversión claramente definido. Sólo se podrá modificar mediante la mayoría de votos de las acciones en circulación (voto por acción, no por accionista).   (Página 88)

8. **D.** La Ley de Compañías de Inversión de 1940 prohíbe que una sociedad de inversión solicite préstamos superiores a la tercera parte del valor de su activo neto. En otras palabras, el fondo tiene que conservar una razón de al menos el 300 por ciento activo sobre deuda.   (Página 91)

9. **D.** La Ley de Compañías de Inversión de 1940 estipula que una sociedad de inversión debe tener una capitalización inicial de $ 100,000, por lo menos 100 accionistas y un objetivo de inversión claramente definido. Además, las reglas de los consejos de administración entrelazados establecen que por lo menos el 40 por ciento de los consejeros del fondo tienen que ser independientes de las operaciones del mismo.   (Página 91)

10. **A.** La Ley de Valores de 1933 estipula los requisitos de prospecto y registro para todas las sociedades que contemplen la emisión de títulos. En cuanto a la publicación de avisos informativos no existe un reglamento y la SEC no aprueba la idoneidad o la suficiencia de una oferta.   (Página 92)

11. **D.** Una compañía de inversión puede distribuir un prospecto entre los inversionistas potenciales si la información contenida no tiene ninguna antigüedad mayor a 16 meses. También tiene que enviar un estado financiero dictaminado a los accionistas actuales por lo menos anualmente y un estado sin dictamen cada seis meses.   (Página 92)

12. **D.** La SEC no aprueba una emisión ni la desaprueba; tampoco aprueba la idoneidad, exactitud ni suficiencia de la información presentada en un prospecto.   (Página 92)

13. **B.** Las leyes federales de valores estipulan que a los compradores de títulos (de nueva emisión) se les debe proporcionar información sustancial acerca de las entidades emisoras y los títulos. La opción I indica que el comprador no recibió divulgación. Las opciones II y III implican un cierto grado de fraude o una divulgación incorrecta; en cualquiera de estos dos casos el comprador puede demandar para recuperar daños y costas. Una devaluación de la inversión (opción IV) no es razón para entablar una demanda, a menos que la pérdida esté directamente relacionada con una divulgación incorrecta por parte de la sociedad. (Página 92)

14. **B.** Un comprador de títulos de nueva emisión tiene que recibir un prospecto a más tardar con la confirmación de su compra. (Página 92)

15. **A.** Toda solicitud de venta tiene que ser precedida o acompañada por un prospecto que cumpla con los lineamientos dispuestos por la Ley de Valores de 1933. (Página 92)

16. **C.** El inversionista puede obtener información adicional si lo solicita. El prospecto contiene información sobre el objetivo del fondo, políticos de inversión, cargos por venta y gastos de administración, y servicios que se ofrecen, así como datos históricos del comportamiento de cambios de capital por acción en 10 años. Además, por lo general contiene los estados financieros consolidados del fondo, como el balance general, el estado de operaciones, el estado de resultados y la lista de cartera en el momento en que el estado se elaboró. (Página 92)

17. **D.** Las sociedades de inversión no pueden comprar valores de margen porque, en caso de un aviso de margen, no pueden recurrir a los fondos de los inversionistas. Un fondo puede comprar opciones, bonos de baja calidad y otras sociedades de inversión. (Página 92)

24

Administración
de las compañías de inversión

1. Una compañía de inversión puede prestar dinero a uno de sus funcionarios conforme a su política

   A. si se lo notifica por escrito a la SEC y a la NASD
   B. si la mayoría de los accionistas con derechos de voto aprueba previamente el préstamo
   C. si el consejo de administración emite su aprobación por escrito y mantiene informados a los accionistas mediante un estado trimestral
   D. bajo ninguna circunstancia

2. Al elegir a su consejo de administración, una compañía de inversión registrada debe incluir un porcentaje máximo de personas no independientes de

   A. 10 por ciento
   B. 40 por ciento
   C. 50 por ciento
   D. 60 por ciento

3. De conformidad con la Ley de Compañías de Inversión de 1940, las compañías de inversión deben

   I. limitar el número de miembros de su consejo de administración a un máximo del 60 por ciento no independientes
   II. declarar sus objetivos de inversión y sujetarse a ellos
   III. mantenerse diversificadas de manera adecuada en cuanto a su coeficiente de deuda/capital
   IV. tener un capital mínimo de $100,000 antes de lanzar una oferta pública

   A. I
   B. I y II
   C. I, II y IV
   D. III y IV

4. ¿Cuáles de las siguientes funciones le corresponden a un banco custodio de una compañía de inversión?

   I.   Salvaguardar sus valores en cartera y su efectivo

   II. Prestarle asesoría en operaciones de cartera

   III. Llevar libros y registros de sus planes de acumulación

   IV. Salvaguardar valores de sus clientes

   A. I y III únicamente

   B. I, III y IV únicamente

   C. II y IV únicamente

   D. I, II, III y IV

5. Una compañía de administración tiene que hacer todo lo siguiente, EXCEPTO

   A. mantener todos sus valores de cartera en un banco custodio

   B. mantener todo su efectivo en un banco custodio

   C. mantener una fianza para las personas que tienen acceso al dinero o a los valores

   D. investigar los expedientes de empleo de los funcionarios del banco custodio

6. La definición de consejero independiente incluye a una persona

   A. cuyo cónyuge es el colocador principal

   B. cuya única función en la compañía es la de consejero

   C. que es el abogado del asesor en inversiones

   D. que también es director general del banco custodio

7. De conformidad con la Ley de Compañías de Inversión de 1940, los accionistas tienen que recibir informes financieros

   A. mensuales

   B. trimestrales

   C. semestrales

   D. anuales

8. CBS Investment Services cobra una cuota por administrar varios fondos mutuos. ¿Cuáles de los siguientes servicios estarían incluidos en los que presta esta compañía?

   I.   Asegurar que la cartera del fondo cumpla con los requisitos de diversificación

   II. Tratar de alcanzar los objetivos de inversión

   III. Analizar el mercado y decidir cuándo deben venderse o comprarse valores en cartera

   IV. Modificar los objetivos de inversión con el fin de optimizar las ganancias potenciales de los inversionistas

   A. I, II y III únicamente

   B. I y IV únicamente

   C. II y III únicamente

   D. I, II, III y IV

9. Generalmente, la comisión que una compañía de inversión paga a una de administración depende de

   A. los activos netos del fondo

   B. las utilidades del fondo

   C. el volumen de nuevas acciones vendidas

   D. el tipo de valores que constituyen la cartera del fondo

10. El tenedor de dinero en una cuenta de una sociedad de inversión generalmente es

   A. un banco comercial

   B. un banco de inversión

   C. una institución de ahorro y préstamo

   D. un miembro de una bolsa de valores

11. ¿Cuáles de las siguientes funciones desempeña un asesor en inversiones en una compañía de inversión abierta, diversificada y regulada?

   I. Asegurar que el fondo invierta de tal suerte que siga siendo diversificado

   II. Tratar de alcanzar el objetivo del fondo mediante inversiones cuidadosas

   III. Modificar los objetivos de inversión del fondo como considere más conveniente para los intereses de los inversionistas

   IV. Investigar el régimen fiscal al que estarían sujetas las inversiones potenciales

   A. I, II y III
   B. I, II y IV
   C. II y IV
   D. III y IV

12. Un asesor en inversiones de una sociedad de inversión puede liquidar acciones de la cartera del fondo

   A. sólo con el consentimiento por voto de la mayoría de los accionistas
   B. sólo con el consentimiento del consejo de administración
   C. en tanto la liquidación se apegue a las directrices establecidas en el objetivo del fondo
   D. sólo con el consentimiento del consejo de administración y el voto de la mayoría de los accionistas

13. Las sociedades de inversión se parecen a otras sociedades anónimas en que

   I. pueden emitir títulos de deuda y de capital
   II. su consejo de administración toma decisiones estratégicas
   III. los accionistas tienen derechos de propiedad

   A. I y III únicamente
   B. II únicamente
   C. II y III únicamente
   D. I, II y III

14. Al colocador principal de una compañía de inversión abierta también se le conoce como

   A. patrocinador
   B. agente de valores
   C. fiduciario
   D. registrador

Respuestas y justificaciones

1. **D.** Una compañía de inversión no puede otorgar ningún préstamo bajo ninguna circunstancia a personas afiliadas o no independientes. Un funcionario de una compañía de inversión es una persona afiliada. (Página 95)

2. **D.** La Ley de Compañías de Inversión de 1940 estipula que por lo menos el 40 por ciento de los miembros del consejo de administración deben ser independientes (es decir, personas sin intereses creados). Por consiguiente, conforme a esta ley, no más del 60 por ciento de los consejeros pueden ser personas con intereses creados. (Página 94)

3. **C.** De conformidad con la Ley de Compañías de Inversión de 1940, el 40 por ciento de los consejeros de una compañía deben ser independientes, la compañía debe declarar y cumplir un objetivo de inversión claro (que puede modificar sólo por mayoría de votos de las acciones en circulación) y tener un mínimo de $100,000 en activos antes de empezar sus operaciones. (Página 94)

4. **A.** El banco custodio desempeña funciones contables y administrativas y, principalmente, salvaguarda el efectivo y los valores del fondo. El asesor presta servicios de consultoría y administración de cartera. El custodio no se encarga de salvaguardar los valores de los inversionistas. (Página 95)

5. **D.** La compañía de inversión no está obligada a (y probablemente le resultaría difícil) investigar los expedientes de empleo de los funcionarios de su banco custodio. La Ley de Compañías de Inversión de 1940 exige únicamente que las compañías de este tipo depositen la totalidad de su efectivo y sus valores bajo la custodia de un banco y mantengan una fianza. (Página 95)

6. **B.** La definición de "persona con intereses creados" excluye a aquellos consejeros que no ocupan ningún otro cargo en el fondo. No obstante, a un consejero asociado con éste o empleado por él sí se le considera persona con intereses creados. La Ley de 1940 estipula que por lo menos el 40 por ciento de los consejeros deben ser independientes (es decir, personas sin intereses creados). (Página 94)

7. **C.** Los accionistas de una compañía de inversión tienen que recibir informes financieros por lo menos semestralmente (es decir, cada seis meses). (Página 97)

8. **A.** El objetivo del fondo puede modificarse únicamente por mayoría de votos de las acciones en circulación. El administrador tiene a su cargo las responsabilidades administrativas diarias del fondo, las cuales incluyen tratar de alcanzar el objetivo del mismo y comprar y vender títulos en cartera. (Página 95)

9. **A.** La comisión de la compañía de administración generalmente se basa en el activo neto anual promedio del fondo que administra. (Página 95)

10. **A.** El tenedor del dinero de una sociedad de inversión mutuo es su custodio. En la mayoría de los casos, el custodio es un banco comercial. (Página 95)

11. **B.** El asesor en inversión es responsable de hacer inversiones de acuerdo con el objetivo estipulado por el fondo y este objetivo puede modificarse exclusivamente por mayoría de votos de las acciones en circulación. (Página 95)

12. **C.** Un asesor de una sociedad de inversión está autorizado para elegir y hacer inversiones en la cartera del fondo, y éste tiene que seguir los consejos del asesor. (Página 95)

13. **C.** Las sociedades de inversión sólo pueden emitir una clase de acciones con derechos de voto. Al igual que los accionistas de una sociedad anónima, los de una sociedad de inversión tienen diversos derechos como el de elegir al consejo de administración, que es el que establece las políticas del fondo. (Página 94)

14. **A.** El término "patrocinador" es sinónimo de "colocador". (Página 97)

Características
de las sociedades de inversión

1. El Fondo de Inversión Zbest es una sociedad de inversión cuyo objetivo principal es el pago de dividendos, independientemente de la situación en que se encuentre el mercado. La preservación y el crecimiento del capital son objetivos secundarios. ¿Cuál de los siguientes sectores industriales sería conveniente incluir en la cartera del Fondo de Inversión Zbest?

   A. Aeroespacial
   B. Servicios públicos
   C. Tecnología de cómputo
   D. Aparatos de consumo

2. Los enunciados siguientes se aplican a los fondos del mercado de dinero, EXCEPTO el que

   A. los inversionistas pagan una tarifa de administración
   B. los intereses se calculan diariamente y se abonan mensualmente a la cuenta del inversionista
   C. los inversionistas pueden vender y comprar acciones rápida y fácilmente
   D. se garantizan tasas de interés elevadas

3. Las acciones de sociedades de inversión representan una participación indivisa en el fondo, lo que significa que

   A. los inversionistas pueden comprar únicamente acciones completas
   B. el fondo puede tener valores únicamente de ciertas compañías
   C. el número de acciones en circulación se limita a un máximo predeterminado
   D. cada inversionista es propietario de una parte proporcional de cada valor en cartera

4. Lotta Leveridge posee 150 acciones de American Conservative Equity Fund. ¿Cuáles de los siguientes enunciados son ciertos?

   I. Cuando el fondo declare un dividendo, la señora Leveridge recibirá o reinvertirá un dividendo en efectivo por cada acción que posea.
   II. Tendrá dificultades para liquidar sus acciones.
   III. Recibirá un dividendo proporcional a su propiedad del valor de la cartera del fondo a la fecha de registro.
   IV. Recibirá dividendos únicamente de 150 acciones incluidos en la cartera del fondo.

   A. I, II y IV
   B. I y III
   C. II y III
   D. II, III y IV

5. Max Leveridge cree que el sector de la electrónica tendrá mucho éxito en los próximos diez años. Si quiere invertir en este sector, pero sin limitar sus inversiones a unas cuantas compañías, ¿en qué tipo de fondo debe invertir?

   A. De bonos
   B. Del mercado de dinero
   C. De cobertura
   D. Especializado

6. El año pasado el mercado de bonos fue muy rentable, y el Fondo de Inversión Zbest tuvo el 70 por ciento de sus activos invertidos en bonos. Los administradores del fondo esperan que el próximo año el mercado accionario tenga un buen comportamiento, así que han planeado modificar la composición de su cartera a modo de invertir el 60 por ciento en acciones. ¿Qué tipo de fondo diría usted que es Zbest?

   A. Equilibrado
   B. De cobertura
   C. Especializado
   D. De crecimiento agresivo

7. Zbest paga dividendos regulares, ofrece un alto grado de seguridad en cuanto al capital y resulta especialmente atractivo para inversionistas que buscan ventajas fiscales. Zbest es un

   A. fondo de bonos empresariales
   B. fondo del mercado de dinero
   C. fondo de crecimiento agresivo
   D. fondo de bonos municipales

8. Un cliente suyo le pregunta si debería invertir en determinada compañía de inversión. Usted le aconseja que primero analice los siguientes aspectos de esa compañía:

   I. política de inversión
   II. registros de seguimiento
   III. cartera
   IV. cargos por ventas

   A. I, II y III únicamente
   B. I y IV únicamente
   C. III únicamente
   D. I, II, III y IV

9. Un inversionista que posee acciones de una sociedad de inversión en realidad es propietario de

   A. una participación indivisa en la capitalización de deuda del fondo
   B. acciones específicas incluidas en la cartera del fondo
   C. una participación indivisa en la cartera del fondo
   D. ciertos valores no especificados entre los que posee el fondo

10. Un fondo equilibrado es aquel que en todo momento invierte

    A. una parte de su cartera en instrumentos de deuda y otra en instrumentos de capital
    B. partes iguales de su cartera en acciones ordinarias y bonos empresariales
    C. partes iguales de su cartera en acciones ordinarias y acciones preferentes
    D. una parte de su cartera en acciones ordinarias y otra en títulos gubernamentales

11. Una inversión en una sociedad de inversión ofrece todas las ventajas siguientes, EXCEPTO

    A. el inversionista conserva bajo su control personal su inversión en la cartera de la sociedad de inversión
    B. privilegios de intercambio dentro de una familia de fondos administrada por la misma compañía de administración
    C. capacidad de invertir casi cualquier cantidad en cualquier momento
    D. posibilidad de calificar para cargos por venta reducidos, basados en la acumulación de la inversión dentro del fondo

12. ¿Cuáles de las siguientes características corresponden a los fondos del mercado de dinero?

    I. Cartera de instrumentos de deuda a corto plazo
    II. Alto coeficiente beta
    III. Se ofrecen sin cargos por ventas
    IV. Un NAV fijo

    A. I
    B. I, II y IV
    C. I, III y IV
    D. II, III y IV

13. El coeficiente de gastos de una sociedad de inversión se obtiene dividiendo sus gastos entre

    A. su activo neto promedio
    B. su precio de oferta pública
    C. sus ingresos
    D. sus dividendos

14. Si bien el emisor de una sociedad de inversión tiene diversas opciones en lo que se refiere a los detalles de los procedimientos de amortización, por ley tiene que

    A. pagar las acciones dentro de los siete días siguientes a la fecha de la oferta
    B. informar al inversionista de sus pérdidas o ganancias
    C. amortizar las acciones al precio de oferta pública
    D. amortizar las acciones a su valor de activo neto menos el cargo por venta

15. Un fondo de bonos exentos de impuestos puede invertirse en

    A. bonos empresariales
    B. instrumentos del mercado de dinero a corto plazo
    C. acciones ordinarias
    D. bonos municipales

16. Un anciano viudo le explica a su representante que necesita hacer inversiones que le reporten ingresos corrientes elevados. El representante debe recomendarle

    A. un fondo de crecimiento
    B. un bono cupón cero
    C. una sociedad de inversión que cubra su objetivo de inversión
    D. el Fondo Zbest para Viudos, estructurado específicamente para este tipo de inversionista

Respuestas y justificaciones

1. **B.** Los servicios públicos pertenecen a la categoría de *sectores defensivos*, que se distinguen de los demás grupos mencionados. Producen dividendos de manera más consistente, aunque tienen posibilidades de crecimiento relativamente limitadas. (Página 101)

2. **D.** Los instrumentos del mercado de dinero producen tasas de interés altas, pero no garantizadas. Los fondos de este mercado por lo general no causan cargos ni comisiones por amortización, pero los inversionistas sí tienen que pagar tarifas de administración. Los intereses devengados sobre las acciones de un inversionista se calculan cada día y se abonan a la cuenta al final del mes. Una ventaja de los fondos del mercado de dinero es la facilidad con la que se pueden comprar y vender las acciones. (Página 103)

3. **D.** Un accionista de una sociedad de inversión posee una participación indivisa en la cartera de inversiones de la compañía. Puesto que cada acción representa una clase de acciones con derechos de voto, la participación del inversionista en la propiedad de la sociedad refleja el número de acciones que posee. (Página 98)

4. **B.** Una acción de una sociedad de inversión representa una participación indivisa de la cartera de la misma. Si se declara un dividendo, el accionista recibe uno por cada acción que posee. Los dividendos se pagan en efectivo a menos que el inversionista decida reinvertir la distribución en efectivo en la compra de más acciones de la sociedad. (Página 99)

5. **D.** Un fondo especializado o sectorial invierte todos sus activos en un tipo de valor o un sector en particular. (Página 101)

6. **A.** Este fondo está invertido tanto en acciones como en bonos; es probable que sea un fondo diversificado. El porcentaje invertido en los dos tipos de valores se ajusta para optimizar el rendimiento. Los porcentajes raras veces son fijos. (Página 102)

7. **D.** En lo que respecta a su seguridad, los títulos del gobierno de Estados Unidos ocupan el primer lugar y los bonos municipales el segundo. Por otra parte, los intereses que producen los bonos están exentos del impuesto sobre la renta federal. (Página 102)

8. **D.** Al evaluar un fondo, se deben investigar todos estos aspectos. (Página 104)

9. **C.** Cada accionista tiene una participación indivisa (mutua) en la propiedad de la cartera del fondo. (Página 98)

10. **A.** Los fondos equilibrados manejan emisiones de capital y de deuda, pero no necesariamente en cantidades iguales. (Página 102)

11. **A.** El control de la inversión pasa al administrador de la misma. Todos los demás puntos mencionados se consideran ventajas. (Página 99)

12. **C.** Las sociedades de inversión del mercado de dinero invierten en una cartera de instrumentos de deuda a corto plazo, como son los pagarés de la Tesorería a corto plazo, el papel comercial y los reportos, los cuales se ofrecen sin cargos por venta. El principal objetivo del fondo es generar ingresos por intereses corrientes, y por lo general el NAV no se aprecia. (Página 103)

13. **A.** El coeficiente de gastos de una sociedad de inversión se calcula dividiendo sus gastos entre su activo neto promedio. (Página 105)

14. **A.** La Ley de Compañías de Inversión de 1940 estipula que una compañía de inversión abierta tiene que amortizar sus acciones, si así se lo solicitan, dentro de los siete días siguientes a la fecha en que reciba tal solicitud. (Página 114)

15. **D.** El fondo distribuirá los ingresos o dividendos gravables a menos que los invierta en bonos municipales. Puesto que su objetivo de inversión declarado es proporcionar ingresos exentos de impuestos, tiene que invertir en instrumentos que le permitan lograrlo.   (Página 102)

16. **C.** Los inversionistas deben tener cuidado de no dejarse engañar por el nombre de una sociedad de inversión. Aunque el nombre de dicha sociedad puede dar una idea de su objetivo, el inversionista y su representante tienen que leer con cuidado el prospecto para asegurarse de que el objetivo del fondo corresponda al objetivo del inversionista. Por sus características, los fondos de crecimiento y los bonos cupón cero no reportan ingresos corrientes máximos.   (Página 103)

Comercialización y cotización de las sociedades de inversión

1. Un representante registrado trata de venderle a un cliente acciones de una compañía de inversión. ¿Cuál de los siguientes enunciados sería exacto y adecuado para que lo incluyera en su recomendación?

   I. "Cuando amortice sus acciones, no sabrá de inmediato cuál es su valor monetario."
   II. "Si compra acciones de dos o más fondos de la misma familia, tendrá derecho a un cargo por venta reducido."
   III. "Si invierte un poco antes de la distribución del dividendo, se beneficiará con el valor agregado de ese dividendo."

   A. I y II únicamente
   B. I y III únicamente
   C. II y III únicamente
   D. I, II y III

2. ¿Cuáles servicios debe ofrecer el patrocinador de una sociedad de inversión para que se le permita cobrar el cargo máximo permitido por la venta de acciones del fondo?

   I. Derechos de acumulación
   II. Privilegio de reinvertir las distribuciones de dividendos sin ningún cargo por venta
   III. Comisiones reducidas que ofrecen descuentos por cantidad en compras más grandes

   A. I y II únicamente
   B. I y III únicamente
   C. II y III únicamente
   D. I, II y III

3. Lotta Leveridge firmó una carta de intención en la que manifestó su voluntad de comprar durante los siguientes nueve meses una participación de $25,000 en el ACE Fund. Después de 13 meses, ha invertido únicamente $12,000. ¿Qué consecuencias tendrá esto?

A. A su inversión se le hará un cargo por venta de $8^{1/2}$ por ciento.
B. Califica sólo para el segundo descuento por cantidad y se le cargará el 8 por ciento.
C. Toda la cantidad está vencida porque se obligó a pagarla en su totalidad al firmar la carta de intención.
D. No tendrá ninguna consecuencia; se le hará el cargo por venta que le corresponde por la cantidad que invirtió realmente.

4. Minnie Leveridge le está explicando a un inversionista potencial las características de las sociedades de inversión. ¿Cuál(es) de los siguientes enunciados podría utilizar para ello?

I. "Las acciones de las sociedades de inversión son líquidas, así que puede usarlas como inversiones a corto o a largo plazo."
II. "Las sociedades de inversión siempre amortizan sus acciones a su valor de activo neto, así que existen muy pocas probabilidades de que sufra una pérdida financiera."
III. "El valor de amortización de una acción de una sociedad de inversión fluctúa con el valor de la cartera de la misma."
IV. "Como las sociedades de inversión tienen que pagar dentro de los siete días siguientes a la fecha de amortización, su inversión original siempre le reportará un rendimiento."

A. I, II y IV
B. I y III
C. III
D. III y IV

5. Una acción de una compañía de inversión que se compra a su valor de activo neto y que puede amortizarse más tarde a ese mismo valor pero actualizada es una acción emitida por una

A. compañía de inversión abierta
B. compañía de inversión cerrada
C. compañía que cobra cargos por venta anticipados
D. compañía de inversión abierta que no cobra cargos por venta

6. La NASD permite cobrar cargos por venta hasta un máximo de

A. 9 por ciento sobre sociedades de inversión y seguros de renta variable
B. 9 por ciento sobre sociedades de inversión y planes de inversión en pagos periódicos
C. $8^{1/2}$ por ciento sobre sociedades de inversión y planes de inversión en pagos periódicos
D. $8^{1/2}$ por ciento sobre sociedades de inversión y seguros de renta variable

7. En general, las Reglas de Prácticas Leales de la NASD permiten vender concesiones y descuentos

A. como contraprestación por servicios que los intermediarios-agentes no miembros prestan para captar negocios
B. a intermediarios-agentes que se dedican a negocios de banca de inversión o bursátiles
C. a cualquier persona que realiza transacciones con valores
D. dentro de ciertos límites porcentuales

8. El cargo por venta máximo se puede cobrar sobre la compra de acciones de una compañía de inversión abierta que ofrece

   I. reinversión de dividendos
   II. derechos de acumulación
   III. descuentos por cantidad
   IV. privilegios de intercambio

   A. I y II únicamente
   B. I, II y III únicamente
   C. III y IV únicamente
   D. I, II, III y IV

9. Una orden de compra o de amortización de acciones de una compañía de inversión tiene que ejecutarse a un precio basado en

   A. el siguiente valor de activo neto calculado después de la fecha en que el fondo recibe la orden
   B. el último valor de activo neto calculado antes de la fecha en que el fondo recibe la orden
   C. el valor de activo neto calculado al cierre de operaciones de la NYSE el día anterior a la fecha en que el fondo recibe la orden
   D. el mejor valor de activo neto calculado el mismo día en que el fondo recibe la orden

10. ¿Cuál de los siguientes enunciados describe a un inversionista calificado para un descuento por cantidad?

   I. Fiduciario de un plan de pensión
   II. Inversionista en una cuenta individual para el retiro
   III. Grupo de inversionistas
   IV. Marido y mujer en una cuenta mancomunada

   A. I y II únicamente
   B. I, II y IV únicamente
   C. III y IV únicamente
   D. I, II, III y IV

11. Para los efectos de los derechos de acumulación, la cantidad de valores que un inversionista posee podría basarse en

   I. el valor de activo neto actual de los valores
   II. el precio de oferta pública actual de los valores
   III. el total de compras de acciones a los precios de oferta actuales
   IV. el valor actual de todos los títulos amortizables que el inversionista posee dentro de la misma familia de fondos

   A. I y III únicamente
   B. II únicamente
   C. III únicamente
   D. I, II, III y IV

12. ¿Hasta cuántos días se pueden prefechar las cartas de intención?

   A. 30
   B. 60
   C. 90
   D. 120

13. Un miembro puede permitir que se cobren cargos por venta reducidos sobre compras por parte de no miembros bajo ciertas circunstancias, entre ellas

   I. que el cliente firme una carta de intención
   II. una compra única considerable que califica para un descuento por cantidad
   III. compras adicionales que califican para descuentos por cantidad conforme a los derechos de acumulación
   IV. cargos por acceso a un nivel especial

   A. I
   B. I, II y III
   C. I y IV
   D. II y III

14. "Cargo por venta" significa

    A. la diferencia entre el precio de oferta
       pública y el valor de activo neto
    B. las comisiones pagadas sobre la compra
       o la venta de valores
    C. la comisión que se le paga al asesor en
       inversiones
    D. las concesiones permitidas sobre la
       compra o la venta de valores

15. A la venta de acciones de una sociedad de
    inversión por una cantidad total de dólares
    inmediatamente inferior al precio señalado en
    el prospecto que calificaría a un inversionista
    para pagar un cargo por venta reducido se le
    denomina

    A. venta de descuento por cantidad
    B. orden condicional
    C. venta de dividendos
    D. aprovechamiento gratuito y retención

16. Un inversionista amortiza 200 acciones del ACE
    Fund. El POP actual es de $12.50 y el NAV de
    $11.50. El inversionista recibe

    A. $2,200
    B. $2,300
    C. $2,400
    D. $2,500

17. Si el valor de los títulos que constituyen la
    cartera de un fondo aumenta y el monto del
    pasivo permanece igual, el activo neto del fondo

    A. aumenta
    B. disminuye
    C. permanece igual
    D. se hace más líquido

18. Un cliente desea amortizar mil acciones de una
    sociedad de inversión. El NAV es de $11 y el POP
    de $11.58. Se hará un cargo por amortización de
    $1/2$ por ciento. ¿Cuánto recibirá el cliente?

    A. $10,945
    B. $11,000
    C. $11,522
    D. $11,580

19. Un cliente deposita $2,200 en una compañía de
    inversión abierta. Después de 60 días, firma una
    carta de intención por el descuento en la can-
    tidad de $10,000. Seis meses después deposita
    $11,000. ¿Cuál de los siguientes enunciados se
    aplica a este caso?

    A. Se le cobrará un cargo reducido sobre
       $1,000 de su inversión en acciones.
    B. Se le cobrará un cargo reducido sobre
       $8,800 de su inversión en acciones.
    C. Gozará del beneficio de un cargo
       reducido sobre $13,200 de su inversión
       en acciones.
    D. No gozará de ninguna reducción en el
       cargo por venta.

20. El privilegio de intercambio que ofrecen las
    compañías de inversión abiertas permite a los
    inversionistas

    A. intercambiar títulos personales por
       acciones de la compañía de inversión
    B. intercambiar acciones de una compañía
       abierta por las de otra sociedad de la
       misma compañía a su valor de activo
       neto
    C. comprar con dividendos nuevas acciones
       del fondo
    D. retrasar el pago de impuestos

21. ¿Cuál de las siguientes disposiciones no contiene una carta de intención de una sociedad de inversión?

    A. El plazo límite es de 13 meses.
    B. La carta se puede prefechar a 90 días para incluir un depósito previo.
    C. El fondo puede interrumpir la amortización durante el plazo de vigencia de la carta.
    D. El fondo puede conservar algunas de las acciones de nueva emisión en una cuenta de fideicomiso para asegurar el pago de la diferencia total.

22. Las acciones Clase A de una sociedad de inversión causan

    A. un cargo por venta diferido
    B. un cargo por venta anual fijo
    C. un cargo por venta anticipado
    D. una comisión basada en activos

23. Si una sociedad de inversión cobra comisiones basadas en activos 12b-1, ¿cuál de los siguientes enunciados se aplica a este caso?

    I. El fondo puede emplear el dinero para pagar el envío de propaganda por correo.
    II. En su material publicitario, el fondo puede señalar que no cobra ninguna comisión.
    III. El fondo puede emplear el dinero para pagar comisiones sobre operaciones bursátiles.
    IV. El fondo debe indicar la comisión en el prospecto.

    A. I y II únicamente
    B. I y IV únicamente
    C. II y III únicamente
    D. I, II, III y IV

24. De acuerdo con los términos de una carta de intención, el cargo por venta se deduce de las compras de acciones del fondo de inversión

    A. mensualmente
    B. anualmente
    C. cada vez que se efectúa una compra
    D. cuando se concluye cada carta de intención

Respuestas y justificaciones

1. **A.** Mediante la compra de dos fondos de la misma familia, un inversionista puede hacerse acreedor a privilegios de combinación. A la amortización, recibirá el siguiente precio calculado (cotización adelantada), todavía desconocido. La compra de una sociedad de inversión poco antes de la distribución de un dividendo representa una desventaja para él: la distribución próxima a pagarse se incluye en el precio de compra y, cuando el inversionista la recibe, se trata como si fuera un ingreso ordinario, a pesar de que en esencia lo que se le está devolviendo es una parte de su inversión.

(Página 114)

2. **D.** Las reglas de la NASD prohíben hacer cargos por venta superiores al $8\frac{1}{2}$ por ciento sobre compras de sociedades de inversión por el público. A menos que una sociedad conceda a sus accionistas ciertos privilegios, el monto del cargo debe ser *inferior* al $8\frac{1}{2}$ por ciento. Para que un fondo pueda cobrar el cargo por venta máximo de $8\frac{1}{2}$ por ciento, debe conceder a sus accionistas *todos* los privilegios siguientes:

- derechos de acumulación
- reinversión de dividendos a su valor de activo neto
- descuentos por cantidad

(Página 111)

3. **D.** Una LOI no es un contrato obligatorio, así que la cliente no está obligada a depositar el resto del dinero y tiene derecho a cualquier descuento por cantidad que le corresponda por su inversión de $12,000.

(Página 112)

4. **C.** Las sociedades de inversión son muy comercializables, pero debido al cargo por venta que causan se recomiendan como inversiones a largo plazo. Las acciones se amortizan a su NAV, pero éste fluctúa y, a la amortización, el inversionista puede tener más o menos dinero del que invirtió originalmente.

(Página 108)

5. **D.** Una acción comprada a su NAV y vendida al mismo valor es un fondo sin cargo. La suma del NAV y el cargo por venta arroja como resultado el POP; si no hay cargo por venta, el NAV equivale al POP.

(Página 107)

6. **D.** Los cargos por venta máximos permitidos por la NASD son los siguientes: planes de inversión en pagos periódicos (sociedades de cartera en unidades fijas en pagos periódicos), 9 por ciento; sociedades de inversión, $8\frac{1}{2}$ por ciento; seguros de renta variable, $8\frac{1}{2}$ por ciento.

(Página 108)

7. **B.** Las Reglas de Prácticas Leales de la NASD permiten a los intermediarios-agentes miembros otorgar concesiones y descuentos sólo a otros miembros. Entre las excepciones se cuentan las negociaciones de valores exentos o con no miembros extranjeros.

(Página 110)

8. **B.** Las compañías de inversión pueden cobrar el cargo por venta máximo si ofrecen todos los beneficios siguientes: reinversión de dividendos, derechos de acumulación y descuentos por cantidad. Si un miembro no ofrece ninguno de estos servicios, no puede cobrar un cargo por venta superior a 6.25 por ciento.

(Página 111)

9. **A.** Las acciones de una sociedad de inversión se pueden comprar o amortizar a su siguiente valor de activo neto calculado después de que el fondo recibe la orden. A esto se le conoce como *cotización adelantada*.

(Página 115)

10. **B.** La NASD define a una "persona" como cualquier individuo; una cuenta mancomunada de un individuo, un cónyuge o sus hijos, en cualquier combinación; o un fiduciario que realiza una compra para una cuenta individual. Permite que se otorguen descuentos por cantidad a cualquiera de estas personas. Los grupos de inversionistas no califican conforme a esa definición, ni los grupos de individuos que constituyen una empresa o una organización con la finalidad exclusiva de invertir.

(Página 111)

11. **D.** Todos los métodos enumerados están permitidos. La compañía de inversión puede elegir el que desee, siempre y cuando lo divulgue. (Por lo general, las opciones que más se ofrecen son la I y la III.) (Página 114)

12. **C.** La vigencia de una carta de intención (LOI) es de 13 meses, pero se puede prefechar hasta 90 días contados a partir de su fecha de presentación. (Página 112)

13. **B.** Se permite cobrar un cargo por venta reducido sobre las compras que se realizan conforme a una carta de intención, las compras de alto volumen que alcanzan el nivel de descuento por cantidad y las compras amparadas por los derechos de acumulación del cliente. (Página 112)

14. **A.** Un cargo por venta es la diferencia entre el precio de oferta pública y la cantidad que realmente se agrega a la cartera de la compañía de inversión del NAV actual. Forman parte del cargo por venta las comisiones, las concesiones y las retribuciones. (Página 109)

15. **A.** El término "venta de descuento por cantidad" se refiere a una venta que se realiza exactamente por debajo del punto en el que un inversionista calificaría para un descuento por volumen con el único propósito de ganar una comisión más alta. (Página 112)

16. **B.** Las acciones se amortizan a su NAV. Si el inversionista amortiza 200 acciones a un NAV de $11.50, recibe $2,300 (200 x $11.50).   (Página 114)

17. **A.** Una apreciación de los activos del fondo sin un incremento concurrente en el pasivo provoca un aumento del valor de activo neto del fondo (activo – pasivo = NAV). (Página 98)

18. **A.** Siempre se amortizan al NAV (postura de compra): 1,000 acciones multiplicadas por 11 dan un resultado de $11,000. Después, determine el cargo por amortización: $11,000 por .005 (un cargo por amortización de $1/2$ por ciento) es igual a $55. Por último, reste el cargo al producto bruto de la amortización: $11,000 menos $55 es igual a $10,945. Una manera de saltarse los dos últimos pasos

consiste en multiplicar el producto de rescate bruto por el complemento del cargo por amortización: $11,000 por .995 equivale a $10,945.   (Página 88)

19. **C.** Un inversionista que firma una carta de intención tiene 13 meses para aportar fondos con el fin de hacerse acreedor al cargo reducido. El inversionista también puede prefechar la carta a 90 días para incluir una cantidad previamente depositada. (Página 112)

20. **B.** Los privilegios de intercambio permiten a los inversionistas pasar de un fondo a otro de una misma familia sin pagar un cargo por venta adicional. (Página 114)

21. **C.** Una carta de intención no obliga al cliente de ninguna manera. Si el cliente decide liquidar la cuenta antes de que la carta surta sus efectos, la compañía puede reducir la amortización sólo proporcionalmente al monto de las acciones en fideicomiso. (Página 112)

22. **C.** Las acciones Clase A causan un cargo por venta anticipado; las Clase B, un cargo por venta diferido; y las Clase C, un cargo por venta anual fijo basado en activos. (Página 110)

23. **B.** Las comisiones basadas en activos 12b-1 se pueden usar sólo para cubrir gastos de promoción de fondos que distribuyen sus propias acciones. El fondo tiene que indicar el monto de la comisión en el prospecto y no puede emplear la expresión "sin cargo" en ninguna comunicación con el público. (Página 109)

24. **C.** Cuando un cliente hace su primera inversión conforme a una carta de intención, se aplica de inmediato el cargo por venta reducido. Cada vez que realiza una inversión adicional, se deduce el mismo cargo. Si no invierte la cantidad señalada en la carta, el cargo por venta total se aplica retroactivamente al monto total de la inversión. (Página 112)

Distribuciones y régimen fiscal de las sociedades de inversión

1. Las compañías de inversión sólo pueden distribuir ganancias de capital a sus accionistas

   A. mensualmente
   B. trimestralmente
   C. semestralmente
   D. anualmente

2. Cuando una compañía de inversión calcula su ingreso neto por inversiones, considera

   A. sólo los dividendos
   B. sólo los intereses
   C. los dividendos y los intereses
   D. los dividendos y los intereses menos los gastos de operación

3. Tres meses después de que usted compró 100 acciones de una compañía de inversión abierta, ésta paga una distribución de ganancias de capital de $.32 por acción. De lo siguiente, ¿qué aplicaría usted a su declaración de impuestos?

   A. Presentar la distribución como un ingreso ordinario
   B. Presentar la distribución como una ganancia de capital
   C. Presentar la distribución bajo el rubro de exclusión de dividendos de $200 si hace un desglose
   D. Reportar a su agente de valores por vender dividendos

4. ¿Cuál de los siguientes enunciados está permitido de acuerdo con las Reglas de Prácticas Leales?

   I. "Este fondo distribuyó un dividendo de $.30 de sus ingresos de inversiones y de $.70 de las utilidades realizadas sobre los títulos, lo que significa un rendimiento total de 7 por ciento sobre su precio actual de $13.58."

   II. "Este fondo distribuyó un dividendo de $.30 de sus ingresos de inversiones y de $.70 de las utilidades realizadas sobre los títulos, lo que significa un rendimiento de 5.1 por ciento sobre su precio actual de $13.58."

   III. "Este fondo distribuyó un dividendo de $.30 de sus ingresos de inversiones y de $.70 de las utilidades realizadas sobre los títulos, lo que significa un rendimiento de 2.2 por ciento sobre su precio actual de $13.58."

   IV. "Le convendría comprar de inmediato este fondo para aprovechar la distribución de ganancias de capital que ya anunciamos y que entregaremos próximamente."

   A. I y II
   B. I y III
   C. III
   D. IV

5. Un inversionista compró 200 acciones de ACE Fund cuando su POP era de $11.60 y su NAV $10.60. El POP actual de ACE Fund es $12.50 y el NAV actual, $11.50. Si el inversionista liquida sus 200 acciones en este momento, tendrá una

   A. pérdida de $200
   B. pérdida de $20
   C. ganancia de $20
   D. ganancia de $200

6. Hace tres años, Bea Kuhl compró 300 acciones de ACE Fund y el 15 de agosto las vendió con una pérdida de $400. El 4 de septiembre del mismo año recompró esas acciones. ¿Cómo debería registrarse esa pérdida para efectos fiscales?

   A. El 40 por ciento de la pérdida es deducible.
   B. El 50 por ciento de la pérdida es deducible.
   C. El 60 por ciento de la pérdida es deducible.
   D. La pérdida no es deducible.

7. Si usted invierte en una compañía de inversión regulada, cualquier dividendo que reciba de esa inversión se gravará como

   A. ganancia de capital a largo plazo
   B. ganancia de capital a largo o corto plazo, según el tiempo que usted haya sido inversionista
   C. un ingreso ordinario para usted, mas no para el fondo
   D. una ganancia de capital para usted, mas no para la compañía

8. ¿Cuáles de las siguientes comisiones u honorarios no se pueden deducir como gastos de los ingresos por inversiones de una compañía de inversión abierta?

   A. De custodia
   B. De auditoría
   C. De publicidad
   D. De contabilidad

9. Como titular de acciones de una sociedad de inversión, usted no tiene que pagar impuestos sobre

   A. los dividendos que reinvierta en el fondo
   B. las ganancias de capital no realizadas
   C. las ganancias de capital emitidas como acciones adicionales
   D. los dividendos que no califiquen para la exclusión de dividendos por $100

10. Randy Bear compra el Fondo de Crecimiento ACE y obtiene una considerable ganancia de capital considerable en libros. Cuando Randy cree que el mercado ha llegado a su cima, cambia a otro fondo de la misma familia, el Fondo de Ingresos ACE, y paga un pequeño cargo por servicio, pero no se le cobra ningún cargo por venta. ¿Cuál es el efecto fiscal de esto?

A. Cualquier ganancia o pérdida se difiere hasta que liquida el Fondo de Ingresos ACE.
B. La base impositiva del Fondo de Ingresos ACE se ajusta conforme a la ganancia que obtuvo en el Fondo de Crecimiento ACE.
C. Este cambio está exento de impuestos.
D. Cualquier ganancia en el Fondo de Crecimiento ACE es gravable porque el cambio se considera una compraventa.

11. Su cliente ha preguntado acerca de la reinversión automática de dividendos que el Fondo ACE ofrece. Al describir las diferencias entre la reinversión de dividendos y la recepción de distribuciones en efectivo, ¿cuáles de los siguientes enunciados incluiría usted?

I. "Un beneficio de la reinversión de dividendos es que los impuestos sobre las distribuciones reinvertidas se difieren, mientras que los dividendos recibidos en efectivo se gravan en el año en que se reciben."
II. "El que usted elija reinvertir o recibir los dividendos en efectivo no afecta al régimen fiscal de las distribuciones de dividendos."
III. "Su participación proporcional en la propiedad del Fondo ACE se reducirá si decide recibir las distribuciones de dividendos en efectivo."
IV. "El aumento de su participación proporcional en la propiedad del Fondo ACE está garantizado si decide reinvertir sus dividendos."

A. I y III
B. I y IV
C. II y III
D. II y IV

Respuestas y justificaciones

1. **D.** De conformidad con la Ley de 1940, las compañías de inversión no pueden distribuir ganancias de capital más que una vez por año; no están obligadas a su distribución, dado que pueden retenerlas para reinvertirlas. (Página 115)

2. **D.** El ingreso neto por inversiones es igual al ingreso bruto por inversiones menos los gastos de operación. El ingreso bruto por inversiones es igual a los intereses y dividendos recibidos de los valores en cartera de la compañía de inversión. Las ganancias de capital no se incluyen en los ingresos por inversiones. (Página 116)

3. **B.** Si un fondo distribuye una ganancia de capital, los accionistas tienen que presentarla en sus propias declaraciones de impuestos como una ganancia de capital (la compañía de inversión entrega tanto a los inversionistas como al ISR formas 1099B en las que se registra la distribución). (Página 116)

4. **C.** Si bien un fondo puede anunciar tanto sus ganancias de capital como sus distribuciones de dividendos, no puede presentar ambos conceptos en una sola cifra como si fuera su rendimiento. El rendimiento se obtiene dividiendo la distribución de $.30 entre $13.58. La opción IV describe la práctica de la venta de dividendos, que también representa una violación a las Reglas de Prácticas Leales. (Página 115)

5. **B.** El costo base de las acciones para el inversionista es de $11.60. Si liquida, recibirá un valor de activo neto de $11.50, lo que le causará una pérdida de $.10 por acción. Por consiguiente, la liquidación de 200 acciones le significará una pérdida total de $20 (200 x $.10). (Página 118)

6. **D.** La cliente recompró las acciones dentro de los 30 días siguientes a la fecha de la operación en la que incurrió en una pérdida, con lo que anuló ésta (realizó una venta ficticia). (Página 120)

7. **C.** Una sociedad de inversión que califica como una compañía de inversión regulada distribuye como dividendo para sus accionistas por lo menos el 90 por ciento de su ingreso neto por inversiones, y no paga ningún impuesto sobre el ingreso distribuido. Sin embargo, la distribución sí se les grava a los accionistas como un ingreso ordinario. (Página 116)

8. **C.** Los costos de publicidad se consideran dentro de los costos de colocación y se cubren con los cargos por venta de acciones de las compañías de inversión. (Página 115)

9. **B.** Una ganancia no es gravable sino hasta que se realiza o se vende. (Página 116)

10. **D.** El intercambio se trata como una venta independientemente del periodo de tenencia y del hecho de que no causa un nuevo cargo por venta. La ganancia o la pérdida sobre el Fondo de Crecimiento ACE se determina comparando el costo base con el valor de activo neto de las acciones al momento del intercambio. Cualquier diferencia es una pérdida o una ganancia de capital. (Página 120)

11. **C.** Con la reinversión de los dividendos no se difiere el impuesto sobre la distribución. Independientemente de que el dividendo se reciba en efectivo o se reinvierta, la distribución se grava en el año en que se paga. Cuando un inversionista decide recibir sus distribuciones en efectivo, su participación en la propiedad del fondo se reduce si otros reinvierten. No obstante, la reinversión de las distribuciones no garantiza el incremento de la participación proporcional del inversionista en la propiedad del fondo. (Página 116)

28

Cuentas nuevas

1. Joe Kuhl quiere abrir una cuenta en efectivo con usted. Para abrirla, tiene que hacer lo siguiente, EXCEPTO

   A. Pedir a Joe que firme la forma de la cuenta nueva
   B. Verificar que Joe sea mayor de edad
   C. Preguntar a Joe su número del Seguro Social
   D. Preguntar a Joe a qué se dedica

2. Debido a que un cliente suyo actualmente reside en el Cercano Oriente, éste otorga a un abogado un poder para que maneje sus cuentas. El abogado le pide que le envíe a su oficina todos los estados de cuenta y las confirmaciones de operaciones. ¿Cuál de los siguientes enunciados se aplica a este caso?

   A. El abogado necesita que la NYSE apruebe este tipo de cuenta discrecional.
   B. Usted debe seguir enviando los estados de cuenta y las confirmaciones de operaciones al domicilio permanente del cliente.
   C. Usted tiene que seguir las instrucciones del abogado porque él es el apoderado.
   D. El cliente tiene que aprobar cada operación, independientemente de su domicilio actual.

3. August Polar desea abrir con usted una cuenta en efectivo. Usted es el ejecutivo de cuentas y el señor Kuhl es el gerente de su sucursal. ¿Quién tiene que firmar la forma para abrir esta nueva cuenta?

   A. Únicamente el señor Polar
   B. Únicamente usted
   C. El señor Kuhl y usted únicamente
   D. El señor Polar, el señor Kuhl y usted

4. Un ejecutivo de cuentas tiene que seguir reglas especiales cuando abre una cuenta para

   A. el hijo de seis años de un empleado administrativo de una casa de bolsa competidora
   B. la esposa de un gerente de operaciones de una casa de bolsa competidora
   C. un ejecutivo de cuentas de una casa de bolsa afiliada que pertenece a la misma sociedad financiera controladora
   D. cualquiera de las personas anteriormente mencionadas

5. Un cliente desea abrir una cuenta nueva, pero se niega a proporcionar toda la información financiera que la empresa miembro le solicita. En este caso, la empresa puede

    I.   no abrir la cuenta
   II. abrir la cuenta si determina por otros medios que el cliente tiene los recursos financieros para mantener la cuenta y que la operación es adecuada
  III. no recomendar ninguna operación a menos que sea idónea para el cliente

    A. I
    B. II
    C. II y III
    D. III

6. ¿En cuál de los siguientes datos debe indicarse un cambio en el expediente de un cliente?

    I.   Nombre o domicilio
   II. Estado civil
  III. Objetivos

    A. I únicamente
    B. I y II únicamente
    C. III únicamente
    D. I, II y III

7. ¿Cuál(es) de los siguientes enunciados se aplica(n) cuando un socio de una empresa miembro de la NASD desea abrir una cuenta con otra empresa miembro?

    I.   La cuenta no se puede abrir bajo ninguna circunstancia por la información privilegiada a la que el socio tiene acceso.
   II. La cuenta puede abrirse, pero el socio no podrá participar en ninguna operación bursátil que su propia empresa recomiende.
  III. La empresa miembro que abre la cuenta tiene que enviarle a la empresa miembro empleadora duplicados de las confirmaciones o los estados si ésta se lo solicita.
  IV. La empresa miembro que abre la cuenta tiene que notificárselo a la empresa miembro empleadora.

    A. I
    B. II y III
    C. II y IV
    D. III y IV

8. Una persona autoriza a un intermediario a tomar decisiones de inversión por ella

    A. entregándole una carta poder
    B. entregándole una carta poder que le otorgue facultades discrecionales
    C. llamándolo cada vez que quiere colocar una orden
    D. llamándolo una vez para decirle que aplique su propio juicio cuando tome decisiones de inversión

9. Una mujer desea abrir una cuenta en efectivo a su nombre, en la que su marido pueda efectuar compras y recibir cheques a su propio nombre. Entonces, tiene que darle a su intermediario-agente la instrucción de que abra una

    A. cuenta de margen
    B. cuenta de caja con poder limitado
    C. cuenta de caja con poder amplio
    D. cuenta de caja

10. ¿Cuál(es) de las siguientes órdenes es(son) discrecional(es) conforme a las Reglas de Prácticas Leales?

   I. Un cliente le envía un cheque por $25,000 a un ejecutivo de cuentas y le da la instrucción de que compre acciones bancarias y de seguros cuando su precio le parezca favorable.

  II. Un cliente le da a un ejecutivo de cuentas la instrucción de que compre mil acciones de Acme Sweatsocks en el momento y al precio que éste decida.

 III. Un cliente le da a un ejecutivo de cuentas la instrucción de que compre todas las acciones de Quantum Rapid Search que éste considere conveniente adquirir.

 IV. Un cliente le da a un ejecutivo de cuentas la instrucción de que venda en el momento y al precio que considere convenientes 300 acciones de Greater Health, Inc. en que tiene una posición larga.

  A. I y III únicamente
  B. II y IV únicamente
  C. III únicamente
  D. I, II, III y IV

11. ¿Para cuáles de las siguientes parejas de clientes podría un ejecutivo de cuentas abrir una cuenta mancomunada?

   I. Max Leveridge y su hijo Tiny, que tiene 13 años

  II. Bea Kuhl y June Polar, dos estudiantes universitarios que comparten el dormitorio

 III. Randy Bear y Adam Grizzly, amigos y socios desde hace más de 20 años

 IV. Belle Charolais y su pequeño sobrino Klaus Bruin, del cual es tutora

  A. I y III únicamente
  B. II y III únicamente
  C. II y IV únicamente
  D. I, II, III y IV

12. Una mujer desea donar ciertos valores a la cuenta de una sobrina conforme a la Ley Uniforme de Donaciones a Menores. El tutor de la sobrina se opone a la donación. Ante esto, la mujer puede donar los valores

  A. sólo si su sobrina acepta
  B. si ella lo decide
  C. sólo con la aprobación por escrito del tutor
  D. sólo con el permiso de un tribunal

13. De conformidad con la Ley Uniforme de Donaciones a Menores, ¿cuál de los siguientes actos está permitido?

  A. Una donación de una persona a un menor nombrando custodios a sus dos padres
  B. Una donación de dos personas a varios menores en forma conjunta
  C. Una donación de una persona a varios menores en forma conjunta
  D. Una donación de una persona a un menor

14. De lo siguiente, ¿qué puede hacer una persona según la Ley Uniforme de Donaciones a Menores?

   I. Donar una cantidad ilimitada de efectivo
  II. Donar valores
 III. Donar hasta $10,000 en efectivo
 IV. Revocar una donación

  A. I
  B. I y II
  C. I, II y IV
  D. II y III

15. De acuerdo con la UGMA, una donación puede revocarse

  A. en cualquier momento antes de que el menor cumpla la mayoría de edad
  B. si el menor fallece antes de cumplir la mayoría de edad
  C. si el custodio muere antes de que el menor cumpla la mayoría de edad
  D. bajo ninguna circunstancia

16. De conformidad con la Ley Uniforme de Donaciones a Menores, un custodio puede invertir en todo lo siguiente, EXCEPTO

    A. seguros de renta variable
    B. futuros de productos básicos
    C. acciones de alta calidad
    D. bonos empresariales

17. Una mujer que actúa como depositario donó valores a una sobrina de 10 años de edad conforme a la Ley Uniforme de Donaciones a Menores. ¿Cuál de los siguientes actos puede realizar?

    I. Cubrir con esos fondos la manutención y la educación de su sobrina
    II. Donar a la cuenta valores al portador
    III. Comprar y vender valores en la cuenta en custodia
    IV. Retener por concepto de reembolso de gastos una cantidad razonable de dividendos e intereses devengados por la cuenta

    A. I y II
    B. I, II y III
    C. II y III
    D. III y IV

Respuestas y justificaciones

1.   **A.** Para abrir una cuenta en efectivo, usted no necesita la firma del cliente. Sin embargo, sí necesita saber si es mayor de edad y obtener más información, como su número de Seguro Social o su ocupación.   (Página 123)

2.   **B.** El ejecutivo de cuentas debe seguir enviando los estados de cuenta y las confirmaciones al domicilio permanente del cliente, a menos que éste le indique lo contrario por escrito.   (Página 123)

3.   **C.** Para abrir una cuenta en efectivo no se necesita la firma del cliente, pero ésta sí debe aparecer en el contrato de apertura de una cuenta de margen. Para cualquier otra cuenta, el ejecutivo de cuentas tiene que firmar la forma e indicar que la información que contiene es veraz y está completa. El gerente de sucursal hace las veces de principal y tiene que revisar y aceptar la nueva cuenta firmando la forma previamente.   (Página 123)

4.   **D.** Tanto la NYSE como la NASD y el MSRB tienen reglas que requieren que los intermediarios-agentes den atención especial a las cuentas que abren determinados individuos. Esta atención especial generalmente incluye obtener el permiso de apertura de otro intermediario-agente o notificarlo por escrito a su apertura.   (Página 125)

5.   **C.** Si un cliente se niega a proporcionar información financiera, la empresa miembro tiene que echar mano de la información de la que disponga para decidir si abre la cuenta o no. Toda recomendación que se haga a un cliente tiene que ser idónea, es decir, considerar los objetivos de inversión y la situación financiera del cliente y cualquier otra información pertinente sobre el mismo.   (Página 123)

6.   **D.** Toda la información que pueda influir en las recomendaciones o que se relacione con la situación financiera de un cliente tiene que anotarse de inmediato en el expediente.   (Página 123)

7.   **D.** La empresa miembro en la que se abre la cuenta debe notificar a la empresa empleadora, y ésta tiene que recibir copias de todas las confirmaciones de operaciones si las solicita.
(Página 125)

8.   **B.** Para que se abra una cuenta discrecional siempre se requiere la autorización por escrito del cliente a través de un poder limitado. (Página 127)

9.   **C.** Para que una persona que no sea el titular realice operaciones en una cuenta y retire activos de la misma, necesita un poder. Un poder limitado la faculta para realizar operaciones, pero no para retirar activos.   (Página 127)

10.   **A.** El ejecutivo de cuentas ejerce la discrecionalidad cuando elige las acciones, el número de las mismas o si compra o vende. La autoridad discrecional sólo se puede otorgar a una persona física. Las decisiones relativas a la oportunidad y al precio no se consideran discrecionales.   (Página 127)

11.   **B.** El titular de una cuenta es la persona que puede controlar las inversiones que se manejan dentro de la misma y solicitar que se hagan distribuciones de efectivo o en valores de esa cuenta. Una cuenta mancomunada puede ser abierta únicamente por titulares que puedan ejercer legalmente el control sobre la misma, que no es el caso de los menores de edad; por lo tanto, un menor no puede ser titular de una cuenta mancomunada.
(Página 126)

12.   **B.** Cualquier adulto puede hacer donaciones a una cuenta en custodia, sea o no pariente del menor titular, pero todas las donaciones son irrevocables.
(Página 128)

13. **D.** De conformidad con la UGMA, un donador puede donar un monto ilimitado de valores o efectivo a un *menor* con *una entidad* nombrada como *custodio*.   (Página 129)

14.   **B.** De conformidad con la UGMA, el monto de las donaciones puede ser ilimitado. Las donaciones son irrevocables y pueden constar de efectivo o de valores.   (Página 129)

15. **D.** La Ley Uniforme de Donaciones a Menores establece que todas las donaciones a menores son irrevocables.   (Página 128)

16. **B.** A través de una cuenta en custodia no se pueden adquirir futuros de productos básicos porque éstos se compran con margen. Está prohibido realizar operaciones de margen en una cuenta en custodia.   (Página 130)

17. **B.** Un custodio puede usar los bienes en custodia para pagar el sustento y la educación del menor y para que éste los use y aproveche. Un depositario está facultado para cobrar, conservar, administrar, vender, intercambiar o disponer de otra manera de los bienes bajo su custodia, según lo considere conveniente. Por otro lado, un donador no puede designarse custodio de valores al portador a menos que la donación se acompañe de una escritura. El depositario puede recibir una remuneración por los servicios que preste razonablemente y tiene derecho a que se le reembolsen los gastos necesarios siempre y cuando no sea el donador. (Página 129)

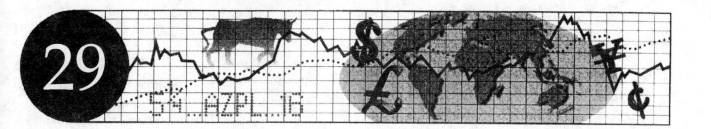

29

Compra de acciones de sociedades de inversión y planes de retiro

1. Una de las ventajas de promediar costos en dólares en un mercado alcista es que se obtiene un costo promedio por acción *inferior* al de cualquier día determinado, suponiendo que

    I.   el precio de las acciones de referencia fluctúe
    II. se compre regularmente un número determinado de acciones
    III. se invierta regularmente una cantidad fija de dólares
    IV. se mantenga una cantidad fija de inversiones en dólares

    A. I y II
    B. I y III
    C. II y III
    D. III y IV

2. De conformidad con la disposición relativa al plan de cargos por venta decrecientes de las reformas de 1970 a la Ley de Compañías de Inversiones de 1940, un inversionista puede deducir de cualquier pago un porcentaje no mayor del

    A. $8^{1/2}$ por ciento
    B. 9 por ciento
    C. 16 por ciento
    D. 20 por ciento

3. A un inversionista que cancela un plan de inversión en pagos periódicos se le reembolsan todos sus cargos por venta si efectúa la cancelación dentro de

    A. los 15 días siguientes a la fecha en que reciba la notificación del banco custodio
    B. los 30 días siguientes a la fecha en que el banco custodio envíe por correo la notificación
    C. los 45 días siguientes a la fecha en que el banco custodio envíe por correo la notificación
    D. los 18 meses siguientes a la fecha en que reciba la notificación del banco custodio

4. El cargo por venta promedio sobre un plan de inversión en pagos periódicos con cargos por venta decrecientes durante los primeros cuatro años del plan no puede ser mayor del

    A. 9 por ciento
    B. 16 por ciento
    C. 20 por ciento
    D. 50 por ciento

5. El año pasado, un cliente compró un plan de inversión en pagos periódicos con cargos por venta anticipados y después de seis meses dejó de hacer depósitos a la compañía de inversión. Como ésta no ha sabido nada del cliente en los últimos cuatro meses, ¿qué puede hacer de lo siguiente?

   A. Vuelve a calcular los depósitos, retiene un cargo por venta del 50 por ciento y devuelve el saldo de la cuenta de depósito en fideicomiso.
   B. Le envía al cliente una notificación en la que le informa del valor de la cuenta y del reembolso al que tiene derecho si decide cancelar el plan.
   C. Le reembolsa al cliente el total de cargos por venta que exceden del 15 por ciento de los depósitos y le devuelve el valor de activo neto de su inversión.
   D. Demanda al cliente por el o los pagos vencidos.

6. Se espera que un suscriptor de un plan de inversión en pagos periódicos con cargos por venta anticipados a un plazo de 10 años realice pagos por un total de $12,000 durante este plazo. Pero el suscriptor cancela el plan después del décimo mes y gasta la cantidad remanente en una inscripción a un club deportivo. ¿Cuánto se le reembolsará de los cargos por venta que ya se le cobraron?

   A. $0
   B. $350
   C. $425
   D. $500

7. ¿Qué tipo de derechos representan en los títulos de referencia los certificados de un plan de inversión en pagos periódicos?

   A. Divisos
   B. Indivisos
   C. Personales
   D. Fraccionarios

8. El cargo por venta máximo sobre un fideicomiso de inversión en unidades que emplea fondos mutuos para su inversión subyacente es del

   A. 7 por ciento
   B. 8 por ciento
   C. $8^{1/2}$ por ciento
   D. 9 por ciento

9. Uno de los riesgos de un plan de retiros es que el

   A. cargo por venta del servicio es alto
   B. costo base de las acciones es alto
   C. plan es ilegal en muchos estados
   D. valor del principal fluctúa

10. June Polar firma un plan de inversión en pagos periódicos en una sociedad de inversión con un cargo por venta anticipado del 50 por ciento y pagos mensuales de $300. Decide cancelar el plan después de su segundo pago, pero dentro de 45 días. Si su NAV actual es $340, ¿cuánto recuperará del plan?

   A. $340
   B. $550
   C. $600
   D. $640

11. Una persona que invierte en un plan con cargos por venta decrecientes quiere retirarse del plan después de haber invertido $150 mensuales durante ocho meses. El plan le ha cobrado $240 por concepto de cargos por venta. Si el NAV no ha cambiado, ¿cuánto se le reembolsará al inversionista?

   A. $600
   B. $960
   C. $1,020
   D. $1,200

12. June Polar acaba de hacer una inversión por una cantidad única y considerable en el Fondo ACE. Si desea comprar acciones adicionales reinvirtiendo todos sus dividendos y ganancias de capital, ¿qué tipo de plan puede contratar?

    A. De acumulación
    B. Regular
    C. De reducción del costo medio en dólares
    D. Por una cantidad única y considerable

13. ¿Cuál de las siguientes características describe al titular de un plan de inversión en pagos periódicos?

    I. Recibe un certificado del plan.
    II. Es propietario de una parte específica de las acciones de referencia de la sociedad de inversión.
    III. Es propietario de determinadas acciones de la cartera de referencia.
    IV. Tiene que cumplir cabalmente con el plan de inversión en pagos periódicos.

    A. I y II
    B. I y III
    C. II y IV
    D. III y IV

14. Klaus Bruin ha tomado la decisión de dar por terminado su plan de inversión en pagos periódicos un mes después de haberlo contratado. En el momento en que abrió la cuenta, el NAV era de $11.50 y ahora es de $11.80. Ha adquirido 212 acciones y pagado $930 en cargos por venta. ¿Cuánto se le reembolsará?

    A. El NAV total de sus acciones en el momento de su compra más el 50 por ciento de los cargos por venta
    B. El NAV actual de sus acciones más el total de los cargos por venta
    C. Únicamente el NAV actual de sus acciones
    D. El NAV actual de sus acciones más los cargos por venta que excedan del 15 por ciento de los pagos brutos

15. Un inversionista ha solicitado un plan de retiros de su sociedad de inversión y actualmente recibe $600 al mes. ¿Es un ejemplo de qué tipo de plan?

    A. De inversión en pagos periódicos
    B. De retiros periódicos de montos fijos de acciones
    C. De retiros periódicos de montos fijos de dólares
    D. De retiros de porcentajes fijos

16. June Polar tiene $24,000 invertidos en acciones del Fondo de Inversión Zbest y decide que le devuelva su dinero mediante un retiro a un plazo fijo de 10 años. ¿Qué recibirá de lo siguiente?

    A. Una cantidad fija de dólares durante un plazo variable
    B. Una cantidad variable de dólares durante un plazo fijo
    C. Una cantidad fija de dólares durante un plazo fijo
    D. Una cantidad variable de dólares durante un plazo variable

17. Un cliente contrata un plan de inversión en pagos periódicos. Su hija cursa la universidad y necesita dinero para sus gastos. El cliente ha estado invirtiendo en el plan $150 por mes. ¿Usted que le recomendaría que hiciera para cubrir los gastos de su hija?

    A. Darle a su hija $100 mensuales e invertir cada mes en el plan $50 en vez de $150
    B. Liquidar el plan
    C. Continuar invirtiendo y hacer retiros periódicos del plan
    D. Establecer un plan de retiros sistemáticos y continuar invirtiendo

18. Un cliente tiene contratado un plan de inversión en pagos periódicos con un cargo por venta anticipado. Si cancela el plan, ¿en cuántos meses se le devolverá este cargo?

   A. 8
   B. 18
   C. 28
   D. 38

Respuestas y justificaciones

1. **B.** El sistema para reducir el costo medio en dólares abatirá el costo promedio por acción siempre y cuando el precio de las acciones fluctúe, la tendencia general del precio de las acciones sea a la alza y durante cada intervalo se invierta la misma cantidad de dinero. (Página 132)

2. **D.** De conformidad con las Reformas de 1970 a la Ley de Compañías de Inversión, un plan con cargos por venta decrecientes durante el primer año no puede deducir de ningún pago más del 20 por ciento como cargo por venta. Por lo tanto, el total de cargos por venta no puede sobrepasar el 20 por ciento durante el primer año ni promediar más del 16 por ciento durante los primeros cuatro años del plan. El cargo por venta máximo permitido durante la vida del plan es de 9 por ciento. El $8 1/2$ por ciento es el cargo por venta máximo que la NASD permite en el caso de las cuentas abiertas por un fideicomiso de inversión en unidades de pago único y compañías de inversión. (Página 134)

3. **C.** De conformidad con la Ley de Compañías de Inversión de 1940, el titular de un plan de inversión en pagos periódicos tiene derecho al reembolso de la cantidad total invertida si devuelve las acciones dentro de los 45 días siguientes a la fecha en que el banco custodio envíe por correo la notificación. (Página 135)

4. **B.** Las Reformas de 1970 a la Ley de Compañías de Inversión disponen que un plan con cargos por venta decrecientes no puede tomar más del 20 por ciento de ningún pago como cargo por venta, y que en promedio éste no puede sobrepasar el 16 por ciento durante los primeros cuatro años de la inversión. (Página 134)

5. **B.** La compra de un plan con cargo por venta anticipado otorga al titular el derecho de renuncia dentro de los 18 meses siguientes a la fecha de la inversión inicial. Si el comprador omite tres pagos dentro de los 15 primeros meses o uno o más pagos entre los meses 15 y 18, tiene que notificársele

oficialmente ese derecho, el cual lo faculta para que se le reembolse parte (pero no todo) del cargo por venta y el valor actual de la cuenta. (Página 134)

6. **B.** Según la Ley de 1940, el suscriptor recibiría el cargo por venta de $500 (la mitad de los $1,000 que ya pagó en primas) menos el 15 por ciento de $1,000 ($150). Por lo tanto, $500 menos $150 es igual a $350. (Página 134)

7. **B.** Los certificados de un plan de inversión en pagos periódicos representan una participación indivisa en una canasta de títulos de referencia. Por lo general, una canasta está compuesta por acciones de compañías de inversión abiertas. (Página 133)

8. **D.** Un fideicomiso de inversión en unidades que invierte en acciones de una sociedad de inversión generalmente es un plan de inversión en pagos periódicos que opera conforme a la Ley de Compañías de Inversión de 1940 o a las Reformas de 1970 a esta ley. El cargo por venta máximo permitido en cualquiera de estos tipos de planes (cargo por venta anticipado o cargo por venta decrecientes) es del 9 por ciento durante la vida del plan. (Página 134)

9. **D.** Los planes de retiros no ofrecen ninguna garantía de pago. El valor de la cuenta del inversionista está a merced de las fluctuaciones del mercado. (Página 136)

10. **D.** De conformidad con la Ley de Compañías de Inversión de 1940, un inversionista que da por terminado un plan dentro de los 45 días siguientes a la fecha de su inversión inicial tiene el derecho de que se le reembolsen en su totalidad los cargos por venta más el valor actual de la cuenta. Puesto que el cliente realizó dos pagos de $300, invirtió en total $600, el 50 por ciento de los cuales ($300) se le dedujo como cargo por venta. El valor actual de su cuenta es de $340, así que se le reembolsarán $640. (Página 135)

11. **B.** Si se cancela un plan con cargos por venta decrecientes que ha estado vigente durante más de 45 días, el reembolso se limita exclusivamente al valor de activo neto. El inversionista recibe la

diferencia entre la cantidad invertida (el NAV sigue igual) y los cargos por venta deducidos. En este caso, una inversión total de $1,200 menos el cargo por venta de $240 es igual a un reembolso de $960. (Página 135)

12. **A.** El cliente puede decidir reinvertir las distribuciones del fondo mediante un plan de acumulación. (Página 133)

13. **A.** El titular de un plan de inversión en pagos periódicos recibe un certificado que hace constar su propiedad de acciones que la compañía de planes mantiene afectadas en fideicomiso. No olvide que las compañías de planes son fideicomisos de inversión en unidades que invierten en acciones de sociedades de inversión. El participante en el plan posee unidades del fideicomiso, no acciones específicas de sociedades de inversión. (Página 133)

14. **B.** Cuando el titular de un plan de inversión en pagos periódicos da por terminado el plan dentro de los 45 días siguientes a la fecha de su inversión inicial, se le reembolsan todos los cargos por venta más el valor actual de la cuenta. (Página 135)

15. **C.** Si el inversionista recibe $600 al mes, el monto del retiro en dólares es fijo; debe tratarse de un plan de retiro en montos fijos de dólares. (Página 135)

16. **B.** En un plan de retiros a plazo fijo, lo único que es fijo es el periodo de distribución. La cantidad de dinero que se recibe cada mes y el número de acciones liquidadas varían. (Página 135)

17. **A.** La mejor opción es que reduzca los pagos periódicos a $50 mensuales y le dé a la hija $100 al mes (la mayoría de los planes permiten hacer esto). Con ello, el plan permanecerá intacto, aunque se requerirá más tiempo para que se acumule la inversión propuesta. Si el cliente liquida o cancela el plan, podrá hacer uso de dinero que ha estado sujeto a fuertes cargos por venta (de 50 ó 20 por ciento). Pero a todas luces al cliente no le conviene usar dinero al que ya se le descontaron fuertes cargos por venta. (Página 133)

18. **B.** Los compradores de planes con cargos por venta anticipados tienen el derecho de retirarse dentro de los 18 meses siguientes a la fecha de su inversión inicial. Conforme a la Ley de Compañías de Inversión de 1940, un inversionista que da por terminado un plan dentro de esos 18 meses tiene derecho de que se le reembolse la totalidad de los cargos por venta que sobrepasen el 15 por ciento del total de pagos (brutos) que haya efectuado a la fecha, más el valor actual de su inversión, que se liquida a su NAV actual y puede arrojar pérdida o ganancia. (Página 134)

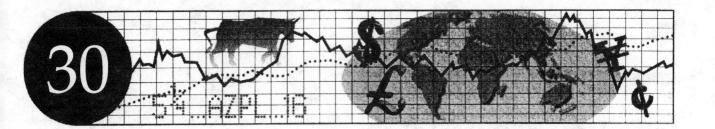

30

Seguimiento de los títulos de compañías de inversión

1. El Fondo ATF tiene un NAV de $5.84 y un POP de $6.05. Es MÁS probable que sea un(a)

   A. compañía de inversión cerrada
   B. compañía de certificados con valor nominal
   C. compañía de inversión abierta
   D. fondo libre de cargos

2. El Fondo GEM tiene un NAV de $8.50 y un POP de $8.20. Es MÁS probable que sea un(a)

   A. compañía de inversión cerrada
   B. compañía de certificados con valor nominal
   C. compañía de inversión abierta
   D. fondo libre de cargos

3. El Fondo ACE tiene un NAV de $10.10 y un POP de $10.10. Es MÁS probable que sea un(a)

   A. compañía de inversión cerrada
   B. compañía de certificados con valor nominal
   C. compañía de inversión abierta
   D. fondo libre de cargos

Respuestas y justificaciones

1.   **C.** Es más probable que el Fondo ATF sea una compañía de inversión abierta debido a que el precio de oferta es más alto que el NAV.   (Página 136)

2.   **A.** El Fondo GEM tiene que ser una compañía de inversión cerrada debido a que el precio de oferta es inferior al NAV. El fondo vende con descuento respecto a su NAV.   (Página 136)

3.   **D.** El Fondo ACE es un fondo libre de cargos debido a que el NAV y el precio de oferta son iguales, lo que significa que no se aplica un cargo por venta.   (Página 136)

31

Segunda lección: Compañías de inversión

1. ¿Cuál de los siguientes enunciados se aplica a una compañía de inversión abierta?

    I. Puede emitir nuevas acciones constantemente.
    II. Amortiza acciones en cualquier momento.
    III. Puede apalancar acciones ordinarias mediante la emisión de bonos.

    A. I y II únicamente
    B. I y III únicamente
    C. II y III únicamente
    D. I, II y III

2. Lotta Leveridge tiene 150 acciones de la Sociedad de Inversión ArGood. ¿Cuál de los siguientes enunciados se aplica?

    I. Cuando el fondo declare un dividendo, recibirá un dividendo en efectivo por cada acción que tenga.
    II. Tendrá dificultades para liquidar sus acciones.
    III. El monto de su dividendo reflejará su participación proporcional en el valor de la cartera de la sociedad en la fecha de registro.
    IV. Recibirá dividendos únicamente por las 150 de las acciones incluidas en la cartera del fondo.

    A. I, II y IV
    B. I y III
    C. II y III
    D. II, III y IV

3. Las sociedades de inversión se parecen a otros tipos de sociedades en que

   I. pueden emitir instrumentos de capital y de deuda
   II. sus consejos de administración toman las decisiones respecto a su política
   III. los accionistas tienen derechos de propiedad

   A. I y III únicamente
   B. II únicamente
   C. II y III únicamente
   D. I, II y III

4. ALFA Financial Services cobra una comisión por administrar una sociedad de inversión. ¿Cuál de los siguientes servicios se incluirían en los que proporciona ALFA?

   I. Asegurar que la cartera de la sociedad cumpla con los requisitos de diversificación
   II. Intentar cumplir con los objetivos de inversión de la sociedad
   III. Analizar el mercado y decidir cuándo se pueden comprar o vender valores de la cartera
   IV. Cambiar los objetivos de inversión para maximizar la ganancia potencial de los accionistas

   A. I, II y III únicamente
   B. I y III únicamente
   C. II y III únicamente
   D. I, II, III y IV

5. June Polar le está explicando a un inversionista potencial en qué consisten las sociedades de inversión. ¿Cuáles de los siguientes enunciados podría utilizar en su conversación con el cliente?

   I. "Las acciones de una sociedad de inversión son líquidas, por lo que un inversionista puede utilizarlas ya sea como inversiones a corto o largo plazo."
   II. "Las sociedades de inversión siempre amortizan sus acciones al NAV, por lo que tiene un riesgo mínimo de pérdida financiera."
   III. "El valor de amortización de las acciones de una sociedad de inversión fluctúa conforme al valor de la cartera de la sociedad."
   IV. "Dado que las sociedades de inversión tienen que pagar dentro de los siguientes siete días a la amortización, siempre podrá recibir un rendimiento de su inversión original."

   A. I, II y IV
   B. I y III
   C. III
   D. III y IV

6. ¿Cuál(es) de los siguientes instrumentos PROBABLEMENTE incluiría una cartera de un fondo del mercado de dinero?

   I. Pagarés T a corto plazo
   II. Bonos T con un vencimiento a corto plazo
   III. Certificados bancarios de depósito
   IV. Acciones ordinarias

   A. I
   B. I y II
   C. I, II y III
   D. II, III y IV

7. ¿Cuál(es) de las siguientes sociedades se clasificaría(n) como una compañía de inversión?

   I. Compañía cerrada
   II. Compañía abierta
   III. Compañía de planes calificados
   IV. Compañía de seguros de renta fija

   A. I y II
   B. I, II y IV
   C. II
   D. III y IV

8. Conforme a la Ley de Compañías de Inversión de 1940, ¿cuáles de los siguientes requisitos deben cumplir las compañías de inversión?

   I. El estado de registro de la compañía de inversión ante la SEC
   II. Capital contable mínimo de $100,000 antes de la oferta de las acciones al público
   III. Estado de las políticas de inversión y nivel de diversificación

   A. I y II únicamente
   B. I y III únicamente
   C. II y III únicamente
   D. I, II y III

9. Si Joe Kuhl incumple con el pago de las acciones de la Sociedad de Inversión XYZ, el intermediario-agente podría

   I. cancelar la orden
   II. cobrar a Joe un recargo con base en el monto de la venta
   III. vender los valores y cobrarle a Joe cualquier pérdida

   A. I y II únicamente
   B. I y III únicamente
   C. III únicamente
   D. I, II y III

10. ¿Cuáles de los siguientes enunciados se aplican a una garantía no realizada en una cartera de una sociedad de inversión?

    I. Afecta el valor de las acciones del fondo mutualista.
    II. Es el crecimiento del valor de mercado de los títulos de la cartera.
    III. Es realizada sólo cuando los accionistas amortizan sus acciones.

    A. I y II únicamente
    B. I y III únicamente
    C. II y III únicamente
    D. I, II y III

11. Conforme a la teoría tributaria del conducto, ¿cuáles de los siguientes enunciados son verdaderos?

    I. Un fondo no paga impuestos sobre las ganancias que distribuye.
    II. Las utilidades retenidas son gravadas como ingresos empresariales regulares.
    III. Las ganancias distribuidas por una sociedad de inversión regulada se gravan dos veces.

    A. I y II únicamente
    B. I y III únicamente
    C. II y III únicamente
    D. I, II y III

12. ¿Cuáles de los siguientes enunciados se aplican a una distribución de dividendos en una sociedad de inversión?

  I.   El fondo paga dividendos del ingreso neto.
  II. Un contribuyente individual puede excluir $100 del total de ingresos por dividendos del impuesto anual.
  III. La distribución causa impuestos para el inversionista, ya sea que se haya realizado en efectivo o se haya reinvertido.
  IV. La distribución causa impuestos para el inversionista solamente si se recibe en efectivo.

  A. I y II
  B. I, II y III
  C. I y III
  D. II y IV

13. Clara Bullock y Klaus Bruin tienen por separado una cuenta abierta en la Sociedad de Inversión ArGood. Clara decidió recibir todas sus distribuciones en efectivo, en tanto que Klaus las reinvirtió automáticamente. ¿De qué manera sus decisiones afectan sus inversiones?

  I.   Las distribuciones en efectivo pueden reducir la participación proporcional de Clara en el fondo.
  II. Clara puede utilizar las distribuciones en efectivo para comprar posteriormente acciones al NAV.
  III. Las reinversiones de Klaus compran acciones adicionales al NAV y no al precio de oferta.

  A. I y II únicamente
  B. I y III únicamente
  C. II y III únicamente
  D. I, II y III

14. ¿Cuáles de los siguientes enunciados describen a los planes de inversión en pagos periódicos?

  I.   En algunos estados no pueden venderse.
  II. El titular no está obligado a completar el número de pagos contratado.
  III. Tienen programas fijos predeterminados de cargos por ventas.

  A. I y II únicamente
  B. I y III únicamente
  C. II y III únicamente
  D. I, II y III

15. Si una sociedad de inversión ofrece un plan de retiros a plazos fijos, ¿cuál(es) de los siguientes enunciados es(son) cierto(s)?

  I.   El monto que el cliente recibe mensualmente puede variar.
  II. Un número fijo de acciones se liquidan mensualmente.
  III. No todos los fondos ofrecen este tipo de retiros.
  IV. Este plan se agota por sí sólo.

  A. I
  B. I y II
  C. I, III y IV
  D. II, III y IV

16. ¿Cuál(es) de los siguientes planes de retiros que ofrece la Sociedad de Inversión ArGood paga(n) al cliente una cantidad mensual fija?

  I.   Retiro en dólares fijo
  II. Retiro de porcentaje fijo
  III. Retiro en acciones fijo
  IV. Amortización durante un plazo fijo

  A. I únicamente
  B. II y III únicamente
  C. II, III y IV únicamente
  D. I, II, III y IV

17. En una sociedad de inversión, un accionista que elige no recibir títulos por acción puede liquidar todas o una parte de sus tenencias y recibir el pago del fondo, sólo si presenta

    I. solicitud por escrito
    II. poder firmado para transmitir acciones
    III. garantía de firma

    A. I
    B. I y II
    C. I y III
    D. II y III

18. ¿Cuáles de las siguientes características pertenecen a un plan de acumulación voluntaria de una sociedad de inversión?

    I. Compra inicial mínima
    II. Compras adicionales opcionales mínimas
    III. Cargos por ventas decrecientes sobre nuevas inversiones conforme se acumula el dinero
    IV. Objetivo de compra obligatorio

    A. I y II únicamente
    B. I, II y III únicamente
    C. II y IV únicamente
    D. I, II, III y IV

19. ¿Cuál(es) de las siguientes características describe(n) al titular de un plan de inversión en pagos periódicos?

    I. Recibe certificados de fideicomiso de inversión en unidades.
    II. Posee una participación indivisa en la propiedad de las acciones de referencia del fondo de inversión.
    III. Posee una participación indivisa en la cartera de la sociedad de inversión subyacente.

    A. I y II
    B. I y III
    C. II y III
    D. III

20. Un cliente abre una nueva cuenta de caja. ¿De quiénes de las siguientes personas se requiere su firma antes de que la orden sea ejecutada?

    I. Cliente
    II. Ejecutivo de cuenta
    III. Principal registrado

    A. I únicamente
    B. I y II únicamente
    C. II y III únicamente
    D. I, II y III

21. ¿Cuál(es) de los siguientes cambios sería(n) señalado(s) en el archivo del cliente?

    I. Nombre o dirección
    II. Estado civil
    III. Objetivos

    A. I únicamente
    B. I y II únicamente
    C. III únicamente
    D. I, II y III

22. ¿Cuáles de las siguientes funciones le corresponden a un asesor en inversiones en una compañía de inversión abierta diversificada regulada?

    I. Asegurarse que el fondo invierta de tal manera que siga siendo diversificado
    II. Tratar de cumplir con los objetivos de inversión del fondo de manera precavida
    III. Modificar los objetivos de inversión cuando considere que es lo mejor para el inversionista
    IV. Investigar el tratamiento fiscal de las inversiones potenciales

    A. I, II y III
    B. I, II y IV
    C. II y IV
    D. III y IV

23. June Polar quiere comprar acciones en una compañía de inversión abierta con un valor de $1,000. Puede comprarlas a través de

    I.   el patrocinador del fondo
    II. una casa de bolsa
    III. el custodio del fondo
    IV. un banco actuando como agente de valores

    A. I y II
    B. I, II y IV
    C. II
    D. III y IV

24. El fondo ACE experimentó una pérdida no realizada el mes pasado que

    I.   resultará en un NAV inferior por acción
    II. significará pagos de dividendos inferiores para los accionistas
    III. reducirá el producto pagadero a los accionistas que liquidan sus acciones

    A. I y II únicamente
    B. I y III únicamente
    C. II y III únicamente
    D. I, II y III

25. Usted se da cuenta que el total de activos de ALFA, una compañía de inversión abierta regulada, bajó un 28 por ciento el año pasado. También observó que las acciones en las que ALFA depositó su capital tuvieron un desempeño positivo. Recientemente, se enteró que ALFA guarda un gran número de bonos. De los siguientes casos, ¿cuáles serían los que más probablemente ocurrieron?

    I.   ALFA guardaba demasiado efectivo
    II. Las tasas de interés subieron
    III. ALFA pagó altas comisiones a los agentes por sus esfuerzos de venta extras
    IV. Se amortizaron un gran número de acciones de ALFA

    A. I y II
    B. I y III
    C. II y III
    D. II y IV

26. ¿Cuál(es) de los siguientes enunciados sobre cargos por venta es(son) cierto(s)?

    I.   Conforme a las reglas de la NASD, los cargos por venta de una sociedad de inversión no pueden exceder el 8.5 por ciento del precio de oferta.
    II. Conforme a las reglas de la NASD, los cargos por venta de una sociedad de inversión no pueden exceder el 8.5 por ciento del valor de activo neto de las acciones.
    III. Una compañía de inversión tiene que ofrecer derechos de acumulación, descuentos por cantidad y reinversión de dividendos al NAV para cobrar un cargo por venta de 8.5 por ciento.
    IV. Conforme a la Ley de Compañías de Inversión de 1940, el 9 por ciento constituye el cargo máximo por venta en la compra de acciones de sociedades de inversión de acuerdo con un plan de inversión en pagos periódicos.

    A. I
    B. I y III
    C. I, III y IV
    D. II, III y IV

27. El precio de oferta del Fondo ACE es de $9 y su valor del activo neto es de $9.40. El precio de oferta del Fondo GEM es de $23.80 y su valor de activo neto es de $19.45. De acuerdo con estas cotizaciones usted deduce que

    I.   ACE es una compañía de inversión abierta
    II. ACE es una compañía de inversión cerrada
    III. GEM es una compañía de inversión abierta
    IV. GEM es una compañía de inversión cerrada

    A. I y III
    B. I y IV
    C. II y III
    D. II y IV

28. ¿Cuál(es) de los siguientes enunciados se aplica(n) al valor de activo neto de una compañía de inversión abierta?

    I.   Se calcula los siete días de la semana.
    II. Se calcula según lo dispuesto en el prospecto.
    III. Toma en cuenta el efectivo que posee el fondo y que no ha invertido.
    IV. Se divide entre el número de acciones en circulación para obtener el valor de activo neto por acción.

    A. I y IV
    B. II, III y IV
    C. II y IV
    D. III

29. ¿Cuáles de las siguientes características describen el valor de activo neto por acción?

    I.   Aumenta si los activos del fondo suben de valor
    II. Disminuye si el fondo distribuye dividendos a los accionistas
    III. Disminuye cuando se amortizan las acciones
    IV. Aumenta si los accionistas reinvierten las distribuciones de utilidades de capital y de dividendos

    A. I y II
    B. I y III
    C. II y III
    D. II y IV

30. ¿Bajo qué circunstancias una sociedad de inversión podría temporalmente suspender la amortización?

    I.   Si la Bolsa de Valores de Nueva York cierra un día que no sea día festivo y/o fin de semana
    II. Si la SEC lo autoriza
    III. Si se da una condición de emergencia y sólo con la aprobación de la SEC
    IV. A discreción de la administración de la compañía de inversión

    A. I, II y III únicamente
    B. II y III únicamente
    C. II, III y IV únicamente
    D. I, II, III y IV

31. Para que una sociedad de inversión registrada implemente un plan 12b-1, tiene que ser aprobado por la mayoría de

    I.   las acciones con derecho de voto en circulación de la empresa
    II. el consejo de administración
    III. los consejeros independientes
    IV. el consejo consultivo en inversión

    A. I
    B. I y II
    C. I, II y III
    D. II, III y IV

32. Para hacerse acreedor a un descuento por cantidad, ¿cuál(es) de las siguientes personas NO podría(n) unirse conforme a la definición de "cualquier persona"?

    I. El padre y su hijo de 35 años que invierten en cuentas separadas
    II. El esposo y la esposa que invierten en una cuenta mancomunada
    III. El esposo y la esposa que invierten en una cuenta separada
    IV. Funcionario fiduciario que trabaja en representación de una cuenta de fideicomiso

    A. I
    B. II, III y IV
    C. II y IV
    D. III y IV

33. Un fondo busca un alto rendimiento actual acompañado de un riesgo razonable. Invierte la mayoría de su cartera en bonos empresariales que tienen una de las tres calificaciones más altas de acuerdo con Moody's y Standard & Poor's. Busca reducir el riesgo relacionado con las fluctuaciones de las tasas de interés invirtiendo una parte de sus activos en un instrumento de deuda empresarial a corto plazo. ¿A qué tipo de sociedad de inversión describe la información anterior?

    A. Fondo de ingresos gubernamentales Zbest
    B. Fondo de Bonos Municipales Exentos de Impuestos NavCo
    C. Fondo de bonos con Calidad de Inversión ArGood
    D. Fondo Equilibrado ArGood

34. Un fondo busca preservar el capital, generar ingresos corrientes y proporcionar un crecimiento a largo plazo. Su estrategia es invertir el 60 por ciento de su cartera en acciones ordinarias y el 40 por ciento en bonos y valores de renta fija. Mediante la diversificación, el fondo trata de brindar protección contra las tendencias bajistas del mercado. En su esfuerzo por producir rendimientos positivos durante el decrecimiento del mercado, el fondo puede no participar plenamente en los mercados accionarios crecientes. ¿A qué tipo de sociedad de inversión describe la información anterior?

    A. Fondo de Apreciación de Capital ATF
    B. Fondo de Oportunidades en el Extranjero ATF
    C. Fondo de Biotecnología ATF
    D. Fondo Equilibrado ArGood

35. Un fondo tiene como objetivo un rendimiento total consistente. La administración está autorizada a dividir los activos entre acciones, bonos y títulos de renta fija a corto plazo, de acuerdo con sus proyecciones de las condiciones futuras del mercado. Dada su capacidad de diversificación entre muchos instrumentos de inversión, el fondo tiene el potencial para dar máximos rendimientos al mismo tiempo que reduce la volatilidad. ¿A qué tipo de sociedad de inversión describe la información anterior?

    A. Fondo de Ingresos Gubernamentales Zbest
    B. Fondo para Asignar Activos Zbest
    C. Fondo de Índices de Acciones ArGood
    D. Fondo de Apreciación de Capital ATF

36. En primer lugar, un fondo busca ingresos
    corrientes; en segundo, crecimiento de capital
    y de ingresos. Su cartera está compuesta de
    acciones ordinarias, acciones preferentes y va-
    lores convertibles de compañías grandes y bien
    establecidas que tradicionalmente han pagado
    dividendos altos. Su concentración de capital
    social puede ayudar a protegerse contra la
    pérdida del poder adquisitivo causada por la
    inflación. ¿A qué tipo de fondo de inversión
    describe la información anterior?

    A. Fondo de Ingresos de Capital ACE
    B. Fondo de Reservas en Efectivo del
        Mercado de Dinero NavCo
    C. Fondo de Bonos Municipales Exentos de
        Impuestos NavCo
    D. Fondo de Ingresos Gubernamentales
        Zbest

Respuestas y justificaciones

1. **A.** Una compañía de inversión abierta tiene que estar dispuesta a amortizar las acciones dentro de los siguientes siete días de haber recibido la solicitud de un cliente y puede ofrecer sus acciones de manera continua. Aunque puede invertir en casi todo tipo de valores, sólo puede emitir una clase de acciones con derecho a voto. La sociedad no puede emitir ningún tipo de instrumento de deuda.
(Página 88)

2. **B.** Una acción de una sociedad de inversión representa una participación indivisa en la cartera del mismo. Si se declara un dividendo, el accionista recibe un dividendo por cada acción del fondo que tenga. Los dividendos se pagan en efectivo a menos que el accionista elija reinvertir la distribución en efectivo para comprar más acciones del fondo.
(Página 115)

3. **C.** Las sociedades de inversión pueden emitir solamente una clase de acciones con derecho de voto. Como los accionistas empresariales, los accionistas de la sociedad tienen varios derechos, entre ellos el derecho a designar el consejo de administración, el cual establece las políticas para el fondo.
(Página 98)

4. **A.** El objetivo de la sociedad de inversión puede cambiarse solamente mediante la mayoría de votos de las acciones en circulación. El administrador del fondo es responsable del manejo diario del fondo. Entre sus funciones están el intentar cumplir con los objetivos señalados por el fondo y la compra y venta de valores de la cartera.
(Página 95)

5. **C.** Las sociedades de inversión son muy comercializables, pero a causa de los cargos por venta, son recomendables para inversiones a largo plazo. Se amortizan las acciones al NAV; sin embargo, el NAV fluctúa, y tras la amortización el inversionista puede tener más o menos dinero que el invertido inicialmente.
(Página 108)

6. **C.** Los instrumentos del mercado de dinero se consideran instrumentos de deuda muy líquidos a corto plazo. Debido a que las acciones ordinarias constituyen el capital, un fondo de mercado de dinero no las incluiría.
(Página 103)

7. **A.** Tanto las compañías abierta como la cerrada se clasifican como compañías de inversión. Las compañías de planes ofrecen planes en los que una compañía de inversión puede incluirse como un vehículo de inversión, pero no son por sí mismas compañías de inversión. Únicamente las compañías de inversión ofrecen seguros de renta fija.
(Página 88)

8. **D.** La Ley de Compañías de Inversión de 1940 requiere el registro de los fondos, un capital contable inicial mínimo de $100,000, por lo menos 100 accionistas y un objetivo de inversión claramente definido.
(Página 90)

9. **C.** Si Joe no paga las acciones en los siguientes cinco días hábiles, el intermediario-agente tiene que vender las acciones para pagar la operación. La ganancia o la pérdida se liquida entre el intermediario-agente y Joe. La orden se ha llevado a cabo y no puede ser cancelada.
(Página 99)

10. **D.** Ganancias no realizadas en valores de cartera resulta de la apreciación del valor de los activos, la cual se refleja en la apreciación de las acciones mismas de la sociedad de inversión. Un accionista que quiere realizar esta apreciación sólo puede hacerlo vendiendo las acciones y obteniendo la utilidad.
(Página 116)

11. **D.** Al calificar como una compañía de inversión regulada (la teoría tributaria del conducto), el fondo genera impuestos únicamente sobre los ingresos retenidos. El inversionista se beneficia porque el ingreso es gravado sólo dos veces (a nivel empresarial e individual) y no tres veces (a nivel de fondo).
(Página 116)

12. **C.** Los dividendos del fondo vienen del ingreso neto y causan impuestos al inversionista. La exclusión anual de $100 ya no es válida a partir del nuevo código fiscal.
(Página 118)

13. **B.** Clara disminuye su participación proporcional en el fondo al elegir recibir las distribuciones en efectivo mientras que otros compran acciones para reinversión. La mayoría de los fondos permiten la reinversión de los dividendos al valor de activo neto. El efectivo invertido se considera una nueva compra, y las acciones se compran al precio de oferta pública, no al valor de activo neto. (Página 117)

14. **D.** El plan de inversión en pagos periódicos no es legal en varios estados; el contrato es unilateral (únicamente la sociedad está obligada); y el prospecto detalla los cargos específicos a deducirse de cada pago durante la vida del plan. (Página 133)

15. **C.** A un plan de retiros a plazos fijos se le considera de autoliquidación. Solamente el plazo es fijo; tanto el número de acciones liquidadas como la cantidad de dinero recibido y el porcentaje de la cuenta liquidada varían de un plazo a otro. Si lo hacen, los prospectos contienen información referente a los planes. (Página 135)

16. **A.** En un plan de retiros, si una variable es fija, como el monto, el resto de los factores varían. Si un cliente recibe un pago en dólares fijo, el plan tiene que ser de retiros en dólares fijos. (Página 135)

17. **C.** Una orden de amortización sin un certificado que se haya emitido necesita una solicitud por escrito y una garantía de firma. (Página 114)

18. **B.** Como su nombre lo indica, un plan de acumulación voluntaria no es obligatorio. La sociedad puede estipular que la inversión inicial cumpla con una cierta cantidad mínima en dólares. También puede especificar que cualquier compra adicional cumpla con el mínimo (por ejemplo, $50). Los cargos por venta están al nivel y el plan puede calificar para descuento por cantidad con base en el valor acumulado. (Página 132)

19. **A.** Un plan de inversión en pagos periódicos compra acciones de una sociedad de inversión para afectarlos en fideicomiso. Entonces el titular posee una participación indivisa en la propiedad de las acciones de la sociedad de inversión, como lo señalan el(los) certificado(s) del fideicomiso de inversión en unidades. (Página 133)

20. **C.** Cuando un cliente abre una nueva cuenta, la tarjeta es firmada por el ejecutivo de cuenta, quien lo introduce en la compañía y el principal lo acepta. No es necesario que el cliente firme la tarjeta de la nueva cuenta; esto sólo es necesario en una cuenta de margen. (Página 123)

21. **D.** Toda información que afecte las recomendaciones del ejecutivo de cuenta o la condición financiera del cliente tiene que ser anotada inmediatamente en el archivo. (Página 123)

22. **B.** El asesor en inversiones tiene la responsabilidad de realizar inversiones de acuerdo con los objetivos determinados por el fondo. El objetivo del fondo puede modificarse sólo con la mayoría de votos de las acciones en circulación. (Página 95)

23. **A.** El custodio no vende las acciones, pero las guarda por seguridad. Un banco no puede ser miembro de la NASD y, por lo tanto, no puede actuar como agente de valores (aunque las subsidiarias independientes al banco pueden ser intermediarios-agentes). (Página 95)

24. **B.** Una pérdida no realizada es lo mismo que una depreciación del valor del activo, que resulta en un NAV inferior por acción. Un accionista recibe menos de la amortización de lo que hubiera recibido si ésta se hubiera llevado a cabo antes de la depreciación del activo. (Página 107)

25. **D.** Debido a que ALFA tiene una cartera formada por bonos, si las tasas de interés aumentan, el valor del bono decrece. Si las acciones son amortizables, el valor de la cartera decrece conforme se paga el dinero. Las comisiones se pagan de los cargos por venta acumulados; no son un gasto del fondo. (Página 108)

26. **C.** La NASD restringe los cargos por venta al 8.5 por ciento del precio de oferta pública como máximo. Si el fondo no permite los descuentos por cantidad, la reinversión de los dividendos al NAV o los derechos de acumulación, el máximo es infe-

rior al 8.5 por ciento. Conforme a la Ley de Compañías de Inversión de 1940, el cargo por venta máximo en las sociedades de inversión es diferido a las reglas de la NASD, si bien un plan de inversión en plazos periódicos puede cobrar específicamente un cargo del 9 por ciento durante la vida del plan.

(Página 111)

27. **D.** El Fondo ACE vende por debajo de su valor del activo neto, por lo que tiene que ser una compañía de inversión cerrada. GEM vende más del $8^{1}/_{2}$ por ciento del cargo por venta autorizado por arriba de su NAV, por lo que también tiene que ser una compañía de inversión cerrada.   (Página 88)

28. **B.** El NAV tiene que calcularse por lo menos cada día hábil, pero no los días festivos y fines de semana. Considera todos los activos del fondo y se obtiene dividiendo el total de activos entre el número de acciones en circulación.   (Página 108)

29. **A.** El precio de la acción aumenta cuando los activos de la cartera incrementan su valor. El precio de la acción decrece cuando el fondo distribuye un dividendo, ya sea que los accionistas reciban en efectivo o en acciones adicionales. Amortizar o comprar acciones no afecta su precio, solamente el total de activos. Reinvertir los dividendos o las ganancias de capital tampoco lo afecta. (Página 108)

30. **A.** La norma de amortización en siete días es obligatorio por ley y puede suspenderse solamente con el permiso de la SEC o si la NYSE cierra un día que no sea día festivo o fin de semana.

(Página 114)

31. **C.** Un plan 12b-1 tiene que ser aprobado por la mayoría de votos de los accionistas, el consejo de administración y los consejeros independientes. La comisión tiene que aprobarse anualmente.

(Página 109)

32. **A.** Con el fin de calificar para descuento por cantidad, la definición de "persona" incluye unidades familiares —pero solamente a menores de edad, no a alguien de 35 años de edad.

(Página 111)

33. **C.** Los fondos de bonos con calidad de inversión invierten en bonos empresariales que tengan una de las tres calificaciones más altas de acuerdo con Moody's y Standard & Poor's.

(Página 102)

34. **D.** Un fondo equilibrado invierte tanto en acciones ordinarias como en bonos para preservar el capital, generar ingresos corrientes y proporcionar crecimiento a largo plazo.   (Página 102)

35. **B.** Los fondos para asignar activos dividen los activos entre acciones, bonos y títulos de renta fija a corto plazo de acuerdo con sus expectativas sobre las condiciones del mercado.   (Página 102)

36. **A.** Los fondos de ingresos de capital social invierten en acciones ordinarias, acciones preferentes y valores convertibles para obtener un crecimiento de capital y de ingresos corrientes.

(Página 101)

32

Planes de seguro de renta

1. ¿Cuáles de los siguientes derechos corresponden a los inversionistas que compraron
seguros de renta variable?

   I. Derecho de voto respecto a las
modificaciones a la política de inversión
propuestas

   II. Derecho de aprobación de cambios en la
cartera del plan

   III. Derecho de voto para elegir a los
asesores de inversión

   IV. Derecho para hacer compras adicionales
sin cargo por ventas

   A. I y III
   B. I y IV
   C. II y III
   D. II y IV

2. La señora Charolais invierte en un seguro de
renta variable. A los 65 años, elige cambiar a la
fase de distribución. De acuerdo con esto, ¿cuáles
de los siguientes enunciados son ciertos?

   I. Recibirá el valor total del seguro en un
pago único.

   II. Podrá recibir los pagos mensualmente
por el resto de sus días.

   III. El valor de la unidad de acumulación se
utiliza para calcular el número total de
las unidades de seguro de renta.

   IV. El valor de la unidad de acumulación se
utiliza para calcular el valor de las
unidades de seguro de renta.

   A. I y III
   B. I y IV
   C. II y III
   D. II y IV

3. Para un inversionista que está a punto de retirarse, ¿cuál de los siguientes factores es el MÁS importante para determinar la idoneidad de la inversión en un seguro de renta variable?

   A. El hecho de que el pago del seguro de renta pueda subir o bajar
   B. Si el inversionista es casado
   C. Si al inversionista le preocupan los impuestos
   D. El hecho de que los pagos periódicos estipulados en el contrato suban y bajen

4. La señora Charolais compra un seguro de renta no calificado a los 60 años. Antes de cambiar a la fase de distribución, retira una parte de sus fondos. ¿Cuáles son las consecuencias de este acto?

   A. El 10 por ciento de penalización más el pago de impuestos ordinarios sobre el total de retiro de los fondos
   B. El 10 por ciento de penalización más el pago de impuestos ordinarios sobre el total de retiro de los fondos excedentes
   C. Impuesto de ganancias de capital sobre las utilidades que exceden la base
   D. Impuesto sobre la renta ordinario sobre las utilidades que exceden la base

5. Una vez que se ha empezado la fase de distribución de un seguro de renta variable, ¿cuál de los siguientes enunciados se aplica?

   A. El valor de cada unidad de seguros de renta varía, pero el número de las unidades es fijo
   B. El valor de cada unidad de seguros de renta es fijo, pero el número de las unidades varía
   C. El número de unidades de acumulación es fijo, pero el valor por unidad varía
   D. Tanto el valor de cada unidad de seguros de renta como el número de las unidades varían

6. Conforme a la Ley de Reformas Fiscales de 1986, todas las inversiones siguientes ofrecen aportaciones deducibles de impuestos, ya sea total o parcialmente a las personas que cumplan con los requisitos necesarios para gozar de esta prestación, EXCEPTO

   A. los IRA
   B. los planes Keogh
   C. los seguros de renta variable
   D. los planes de aportaciones definidas

7. ¿Con cuál de las siguientes opciones de pago los titulares de los seguros de renta reciben mayores pagos mensuales?

   A. Renta vitalicia
   B. Renta vitalicia por cierto periodo
   C. Seguro de vida mancomunado con renta reversible
   D. Todas las opciones anteriores incluidas en la misma opción de pago

8. Las modificaciones en los pagos del seguro de renta variable tienen una relación MÁS estrecha con las fluctuaciones en el(la)

   A. costo de la vida
   B. Promedio Industrial Dow Jones
   C. valor de los títulos de referencia guardados en la cuenta separada
   D. tasa preferencial

9. La diferencia entre un seguro de renta fija y uno de renta variable es que este último

   I. ofrece un rendimiento garantizado
   II. ofrece un pago cuyo monto puede variar
   III. siempre paga más que el seguro de renta fija
   IV. intenta ofrecer al rentista protección contra la inflación

   A. I y III
   B. I y IV
   C. II y III
   D. II y IV

10. Cuando un inversionista comienza a recibir el pago de un seguro de renta variable, ¿cuál de los siguientes enunciados es cierto?

    A. Las unidades de acumulación se convierten a unidades de seguros de renta
    B. Las unidades de seguros de renta se convierten a unidades de acumulación
    C. El valor de la unidad de seguros de renta es fijo
    D. El monto de cada pago es fijo

11. ¿Cuáles de los siguientes enunciados describen a un seguro de vida mancomunado con renta reversible?

    I. Ampara a más de una persona
    II. Los pagos de renta continúan en tanto uno de los asegurados siga vivo
    III. Los pagos de renta continúan en tanto todos los asegurados sigan vivos
    IV. Garantiza los pagos por un cierto periodo

    A. I y II
    B. I y III
    C. I y IV
    D. II y IV

12. ¿Cuál de los siguientes enunciados es FALSO con respecto a los seguros de renta variable?

    A. El valor de la cartera subyacente determina la tasa de rendimiento
    B. Este tipo de seguros se diseñaron para combatir el riesgo por inflación
    C. La AIR garantiza una tasa mínima de rendimiento
    D. El número de unidades de seguros de renta se fija cuando el contrato empiece su fase de distribución

13. ¿A cuál de las siguientes formas de tributación están sujetas las distribuciones tanto de un IRA como de un seguro de renta variable?

    A. Ganancias de capital a corto plazo
    B. Ganancias de capital a largo plazo
    C. Ingreso ordinario
    D. Ningún impuesto es causado

Respuestas y justificaciones

1.   **A.** Así como los propietarios de acciones de una sociedad de inversión, los propietarios de los seguros de renta variable tienen el derecho de voto respecto a las modificaciones en la política de inversión y para elegir a los asesores de inversiones cada dos años. También se benefician de la reducción de cargos por venta en compras importantes. (Página 147)

2.   **C.** Cuando un contrato variable cambia a fase de distribución, el número de unidades de acumulación se multiplica por el valor de la unidad para obtener el valor total actual. De la tabla de anualidades, que considera entre otros el sexo y la edad del inversionista, se toma un factor, el cual se utiliza para establecer el monto en dólares del primer pago del seguro de renta. Los pagos futuros variarán de acuerdo con el valor de la cuenta separada. (Página 153)

3.   **A.** La consideración más importante para comprar un seguro de renta variable radica en que los pagos de indemnización fluctúan conforme al desempeño de la inversión de la cuenta separada. La opción D no es una consideración porque generalmente los pagos de un seguro de renta son constantes o globales. (Página 148)

4.   **D.** Las aportaciones a un seguro de renta variable no calificado se hacen con ingresos después de impuestos, a diferencia de los instrumentos calificados para el retiro gravables como las IRA y los Keoghs, en los que las aportaciones se hacen con ingresos antes de impuestos. Se considera que las distribuciones de un plan gravable son el 100 por ciento gravable como ingreso ordinario (Página 155)

5.   **A.** La fase de distribución de un seguro de renta variable tiene lugar después de que el contrato ha comenzado a pagar las distribuciones. Los pagos se basan en un número fijo de unidades de seguros de renta determinado al momento en que el contrato cambia de fase. Este número se multiplica por el valor de la unidad del seguro de renta (el cual puede variar) para obtener el pago correspondiente al periodo. Las unidades de acumulación se refieren a la etapa de acumulación de un seguro de renta variable, cuando los titulares realizan los pagos respectivos al contrato. (Página 154)

6.   **C.** Las aportaciones a un seguro de renta variable no son deducibles de impuestos. En cambio las que se hacen a la IRA o a un plan Keogh si pueden serlo, dependiendo de las percepciones personales y de su acceso a planes para el retiro patrocinados por compañías. (Página 153)

7.   **A.** Una renta vitalicia única proporciona al inversionista mayores pagos cuando el contrato cambia a fase de distribución. (Página 153)

8.   **C.** Los pagos de un seguro de renta variable dependen del valor de los títulos en cartera de inversión subyacente de una cuenta separada. (Página 148)

9.   **D.** Los seguros de renta variable se diferencian de los de renta fija porque los pagos varían y están diseñados para ofrecer protección a los rentistas contra la inflación. (Página 148)

10.   **A.** Para determinar el monto del pago, las unidades de acumulación se convierten a unidades de seguros de renta. En un seguro de renta variable, ni el valor de la unidad del seguro ni el monto de los pagos mensuales pueden ser fijos. (Página 152)

11.   **A.** Un seguro de vida mancomunado con renta reversible ampara a varios rentistas y cesa los pagos a la muerte del último de ellos. Un contrato por periodo fijo garantiza pagos por un plazo determinado. (Página 152)

12.   **C.** La tasa de interés supuesta proporciona un objetivo de utilidades para un contrato de seguro de renta, no una garantía. A su vez, un seguro de renta variable da una tasa de rendimiento basada en el comportamiento de la cuenta separada, que por lo general invierte en instrumentos de crecimiento con el fin de evitar un rezago contra la inflación. En el momento en que el inversionista comienza a recibir los pagos, las unidades de acumulación se convierten en unidades de seguro de renta. (Página 153)

13. **C.** Todas las aportaciones de una cuenta para el retiro que exceden la base de costo están sujetas al impuesto según la tasa tributaria ordinaria vigente del propietario.　　　(Página 155)

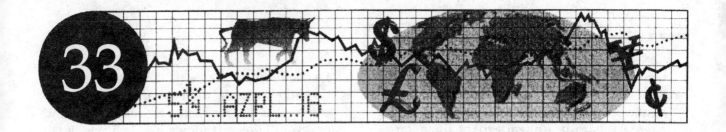

Seguro de vida variable

1. Se conoce como póliza de seguro de vida variable a toda póliza que proporcione una indemnización por muerte, que varía según el(la)

   A. historial de inversión de la cuenta general de la aseguradora
   B. monto de la prima invertida en la cuenta general de la aseguradora
   C. historial de inversión de la cuenta separada de la aseguradora
   D. historial de inversión del seguro de renta variable creado para proporcionar indemnizaciones por retiro

2. ¿Cuál de los siguientes enunciados puede utilizar un agente para describir el producto del seguro de vida variable con pagos de prima programada que su compañía de seguros ofrece?

   A. "La póliza de seguro de vida variable es una póliza de seguro que ofrece una indemnización variable por muerte, valores en efectivo y pagos de la prima que dependen del comportamiento de las inversiones de la cuenta separada de la compañía de seguros".
   B. "La póliza de seguro de vida variable es una póliza de prima fija que ofrece una indemnización variable por muerte y valor en efectivo que dependen del comportamiento de las inversiones de la cuenta separada de la compañía de seguros".
   C. "La póliza de seguro de vida variable es una póliza de prima fija que ofrece una indemnización fija por muerte y valor en efectivo que fluctúan dependiendo del comportamiento de las inversiones de la cuenta separada de la compañía de seguros".
   D. El agente no puede utilizar ninguno de ellos.

3. Una característica distintiva de los seguros de vida variable de pagos de prima programada es que un aumento o descenso en el valor de la cuenta separada utilizada para financiar el contrato determina el aumento o descenso de

   I. la prima anual por pagar
   II. la indemnización por muerte por pagar independientemente del mínimo garantizado en el contrato
   III. el valor en efectivo
   IV. el número de las personas que el asegurado pueda nombrar como beneficiarios en el contrato

   A. I, II y III únicamente
   B. I y IV únicamente
   C. II y III únicamente
   D. I, II, III y IV

4. El monto máximo que puede ser deducido en un contrato de seguro de vida variable por mortalidad y comisión por gastos es

   A. .5 por ciento
   B. .75 por ciento
   C. la cantidad máxima estipulada en el contrato
   D. depende del historial de mortalidad de la compañía de seguros

5. De las siguientes comisiones y gastos, ¿cuáles pueden deducirse de la prima bruta pagada en un contrato de seguro de vida variable?

   I. Comisión por riesgo de mortalidad
   II. Comisión por administración
   III. Seguro de mortalidad
   IV. Gastos por venta, incluyendo las comisiones de los agentes

   A. I y II
   B. II y III
   C. II y IV
   D. III y IV

6. La cuenta separada de un contrato de seguros de vida variable tiene una tasa de interés estimada del 4 por ciento. Su comportamiento en los últimos seis meses fue de 3 por ciento. En la actualidad tiene un rendimiento del 8 por ciento. Con base en esta información, ¿cuál de los siguientes enunciados es válido?

   A. La indemnización por muerte aumentará inmediatamente.
   B. La indemnización por muerte aumentará en la próxima valoración.
   C. La indemnización por muerte aumentará únicamente si el rendimiento compensa el comportamiento negativo de los meses anteriores.
   D. La indemnización por muerte se fija a la tasa garantizada.

7. Si la tasa de interés supuesta de la póliza de seguros de vida variable es de 4 por ciento y la cuenta separada gana el 6 por ciento, el titular esperaría que

   I. el valor en efectivo aumente
   II. el valor en efectivo disminuya
   III. la indemnización por muerte aumente
   IV. la indemnización por muerte disminuya

   A. I y III
   B. I y IV
   C. II y III
   D. II y IV

8. Una persona compra una póliza de prima flexible y la cuenta separada gana el 3 por ciento. Suponiendo que la persona haya pagado el número de primas suficientes para cubrir los gastos y el valor nominal del contrato, el valor en efectivo de éste

   A. aumentaría
   B. disminuiría
   C. seguiría siendo el mismo
   D. no se vería afectado por el comportamiento de la cuenta separada

9. Después de tres años, el asegurador tiene que ofrecer una cláusula de préstamo sobre póliza al tenedor de un contrato de seguro de vida. ¿Cuál sería el porcentaje mínimo del valor en efectivo que el asegurado podría solicitar?

    A. 75 por ciento
    B. 90 por ciento
    C. 100 por ciento
    D. Un contrato de seguro de vida variable no permite un préstamo sobre póliza.

10. Klaus Bruin compró un seguro de vida variable el 3 de julio de 1992. El 29 de julio de 1995, Klaus decide cambiar su contrato por una póliza de indemnización fija que ofrece la misma compañía de seguros. Como su agente, usted le dice que

    A. su nueva póliza tendrá la misma fecha y antigüedad que su seguro de vida variable
    B. su nueva póliza contemplará los mismos suplementos que su seguro de vida variable
    C. no necesitará comprobar nuevamente su asegurabilidad
    D. nada de lo anterior es aplicable

11. Conforme a las leyes federales, ¿qué plazo tiene un titular de un seguro de vida variable para cambiar su póliza en un contrato de vida completo?

    A. 45 días
    B. 12 meses
    C. 18 meses
    D. 24 meses

12. El cargo por venta máximo que puede deducirse en un contrato de vida variable se limita al 9 por ciento de

    A. la prima del primer año
    B. cada prima cobrada
    C. los pagos a realizarse durante la vida del contrato
    D. la expectativa de vida del titular

13. Un inversionista compra un seguro de vida variable de prima fija el primero de julio. Cuatro días después de que recibe la notificación de su derecho de vista sin cargo, cancela la póliza. De lo siguiente, ¿qué es lo que recibe?

    A. El reembolso de todo el dinero pagado a la fecha
    B. Todo el dinero invertido en la cuenta separada y el 30 por ciento de los cargos por venta
    C. El 30 por ciento del dinero invertido en la cuenta separada más todos los cargos por venta
    D. Ningún reembolso de la prima pagada

14. Si, en dos años, el titular del seguro de vida variable cancela la póliza, tiene que recibir en forma de reembolso el valor en efectivo del contrato y

    A. nada más
    B. el 10 por ciento de los cargos por venta deducidos
    C. el 30 por ciento de los cargos por venta deducidos
    D. todos los cargos por venta deducidos que excedan el 30 por ciento de la prima del primer año y el 10 por ciento de la prima del segundo año

Respuestas y justificaciones

1. **C.** Una póliza de seguro de vida variable es cualquiera que proporcione una protección de seguro que varía según el comportamiento de las inversiones de una o más cuentas separadas.
(Página 159)

2. **B.** Un seguro de vida variable de pagos de prima programada es un contrato de prima fija que ofrece una indemnización por muerte mínima garantizada. Los valores en efectivo y la indemnización por muerte pueden aumentar o disminuir dependiendo del comportamiento de las inversiones de la cuenta separada. Los valores en efectivo pueden llegar hasta cero, en cambio la indemnización por muerte nunca será menor al mínimo garantizado.
(Página 158)

3. **C.** El comportamiento de la cuenta separada afecta el valor en efectivo o la indemnización por muerte únicamente. Las primas son fijas y estables.
(Página 159)

4. **C.** El contrato estipula la máxima comisión que puede cobrarse por gastos y costos de mortalidad. La comisión cobrada puede ser mayor o inferior a los costos actuales en que incurra la compañía aseguradora durante la vigencia del contrato.
(Página 159)

5. **C.** Los cargos por venta, las comisiones por administración y un cargo por los impuestos sobre prima declarada se deducen de la prima bruta; los gastos y comisiones por riesgo de mortalidad, las comisiones por administración de inversiones y el costo de seguro se deducen de la cuenta separada.
(Página 159)

6. **C.** La cuenta tiene que ganar lo suficiente para compensar las ganancias negativas previas antes de que se pueda aumentar la indemnización por muerte.
(Página 159)

7. **A.** Si la cuenta separada gana una tasa mayor que la tasa supuesta, la ganancias excedentes pueden hacer que el valor en efectivo y la indemnización por muerte aumenten.
(Página 159)

8. **A.** Con una póliza de prima flexible, el comportamiento de la cuenta afecta directamente al contrato. El valor en efectivo es equivalente a la prima neta invertida, aumenta o disminuye por el movimiento de gastos, los cargos menores y los activos de la cuenta separada. El valor en efectivo refleja el comportamiento real de la cuenta separada. Si la cuenta rindió el 3 por ciento, el valor en efectivo sería mayor, aunque por muy poco.
(Página 160)

9. **A.** El porcentaje mínimo obligatorio en un contrato de seguro de vida variable es el 75 por ciento del valor en efectivo.
(Página 159)

10. **D.** El inversionista tuvo el contrato del seguro de vida variable por más de 24 meses; el privilegio de cambiarlo ha expirado. De tal manera que sería necesario que adquiriera un nuevo contrato si desea una nueva póliza, aunque no es recomendable.
(Página 161)

11. **D.** Aunque la ley estatal permita plazos mayores de 24 meses, las leyes federales estipulan 2 años para tener el privilegio de conversión.
(Página 161)

12. **C.** El cargo por venta máximo se limita al 9 por ciento de la vida del contrato (expectativa de vida actual o 20 años, la que sea menor).
(Página 161)

13. **A.** Conforme a la ley de 1940, si el inversionista cancela el plan dentro del periodo de vista sin cargo, recibirá todo lo que haya pagado.
(Página 161)

14. **D.** Por ley, la aseguradora debe otorgar un reembolso total del valor en efectivo más un rendimiento de cargos por venta que excedan el 30 por ciento en el primer año y el 10 por ciento en el segundo año. Después de los dos años, solamente se reembolsará el valor en efectivo.
(Página 161)

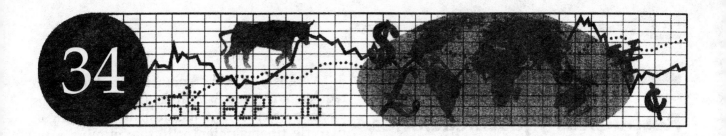

Planes para el retiro empresariales no calificados

1. Los siguientes planes se consideran planes para el retiro calificado, EXCEPTO el(la)

   A. plan de remuneración diferida
   B. cuenta individual para el retiro
   C. plan de pensión y participación de utilidades
   D. plan de prestaciones definidas

2. ¿Cuál(es) de los siguientes enunciados se aplica(n) al plan de remuneración diferida?

   I. Sólo un número limitado de trabajadores selectos tienen derecho a él.
   II. No pueden ser discriminatorios.
   III. Los ejecutivos no pueden incluirse en él.
   IV. Los miembros del consejo administrativo no pueden incluirse en él.

   A. I
   B. I y IV
   C. II
   D. III y IV

3. Los planes de remuneración diferida requieren la aprobación previa del

   A. patrón
   B. fiduciario del plan
   C. IRS
   D. comité Keogh

4. Acme Zootech establece un plan para el retiro no calificado. ¿Cuál de los siguientes enunciados se aplica?

   A. Las aportaciones del trabajador son deducibles de impuestos.
   B. Las aportaciones del patrón son deducibles de impuestos.
   C. Las aportaciones del trabajador se acumulan con impuestos diferidos si éstas se invierten en un seguro de renta.
   D. El patrón tiene que cumplir con todos los requisitos de ERISA.

Respuestas y justificaciones

1. **A.** Se considera que un plan de remuneración diferida es un plan no calificado porque no se necesita la aprobación del IRS para poner en marcha este plan para trabajadores. Solamente los planes para el retiro calificados requieren de la aprobación del IRS. (Página 164)

2. **B.** Los planes de remuneración diferida pueden ofrecerse a trabajadores selectos; sin embargo, a los consejeros no se les considera trabajadores. (Página 164)

3. **A.** Los planes de remuneración diferida no requieren de la aprobación del IRS (solamente los planes para el retiro calificados); no existe ningún plan de financiamiento (lo que elimina a un fiduciario del plan); y tampoco existe un comité Keogh. Los planes de remuneración diferida son un convenio entre el patrón y el trabajador. (Página 164)

4. **C.** Las ganancias se acumulan con impuestos di-feridos si el plan es financiado por un instrumento de inversión que ofrezca diferimiento en el pago de impuestos, por ejemplo, un contrato de seguro de renta. Los impuestos se pagan sobre todas las aportaciones al plan que hacen tanto los trabajadores como el patrón. Los planes no calificados no tienen que cumplir con todos los requisitos de ERISA. (Página 164)

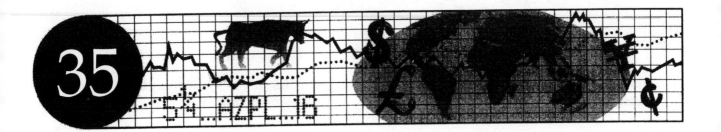

Cuentas individuales
para el retiro

1. De las siguientes inversiones, ¿cuál sería la más aconsejable para una cuenta individual para el retiro de una joven pareja con ingreso anual mancomunado de $42,000?

    A. Acciones en un fondo de crecimiento
    B. Ofertas públicas iniciales de pequeñas compañías
    C. Opciones en acciones ordinarias de alta calidad
    D. Participaciones en un programa de perforación de pozos de petróleo y gas

2. Lotta Leveridge gana $65,000 por año como ejecutiva de publicidad, y su esposo Tiny produce anualmente $40,000 como asistente de Lotta. ¿Cuánto pueden aportar a sus IRA?

    A. No pueden aportar porque sus ingresos mancomunados son demasiado altos.
    B. Pueden aportar más de $2,250 divididos entre las dos cuentas, sin rebasar los $2,000 en cada una.
    C. Puede cada uno aportar $2,000 a una IRA.
    D. Puede cada uno aportar $2,500 a una IRA.

3. Lotta y Tiny Leveridge, ambos veintiañeros, tienen pocos años de casados. Al preguntarle sobre su recomendación para invertir sus IRA, usted les sugiere

    A. sociedades de inversión orientadas al crecimiento
    B. acciones de metales preciosos con un valor inferior a un dólar
    C. sociedad en comandita simple de petróleo y gas
    D. opciones sobre índice

4. Su cliente, quien tiene 50 años, quiere retirar los fondos de su IRA y le pregunta sobre las implicaciones fiscales de un retiro prematuro. Su respuesta es que el retiro puede gravarse como

    A. ingreso ordinario
    B. ingreso ordinario más una multa del 10 por ciento
    C. ganancia de capital
    D. ganancia de capital más una multa del 10 por ciento

5. Una cliente acaba de abrir una IRA. Tendrá propiedad incondicional de los fondos

   A. inmediatamente
   B. en dos años
   C. en cinco años
   D. a la edad de 70 años y medio

6. Conforme a las reglas del IRS, las distribuciones después de la jubilación de IRA pueden ir al

   I. trabajador únicamente
   II. trabajador y su esposa
   III. trabajador y, a su muerte, al beneficiario designado
   IV. al beneficiario designado

   A. I únicamente
   B. I, II y III únicamente
   C. IV únicamente
   D. I, II, III y IV

7. El exceso de aportaciones a la IRA está sujeto a una multa a menos que se utilicen o se retiren. ¿Cuál es el porcentaje de la multa?

   A. 6 por ciento
   B. 10 por ciento
   C. 12 por ciento
   D. 15 por ciento

8. Un trabajador que no está protegido en el plan de pensión de la compañía ha hecho aportaciones durante 5 años a su IRA. Ahora deja de trabajar en esa compañía y entra a otra, en donde sí lo integran al plan de pensión. Con base en estos datos, ¿cuál de los siguientes enunciados se aplica?

   A. Su IRA tiene que cerrarse.
   B. Las aportaciones no deducibles a su IRA pueden continuar.
   C. El dinero de su IRA tiene que sumarse al dinero que recibirá del plan de pensión.
   D. Las aportaciones a su IRA tienen que dejar de hacerse, la cuenta será congelada, pero los intereses y dividendos pueden acumularse libres de impuestos hasta que se retire.

9. ¿Cuáles de los siguientes planes pueden refinanciarse en una IRA?

   I. Otra IRA
   II. Plan de pensión
   III. Plan de participación de utilidades
   IV. Plan Keogh

   A. I y IV únicamente
   B. II y III únicamente
   C. II, III y IV únicamente
   D. I, II, III y IV

10. La aportación máxima permitida en una IRA es el 100 por ciento de los ingresos anuales

   A. antes de impuestos o $2,000, el que sea mayor
   B. antes de impuestos o $2,000, el que sea menor
   C. después de impuestos o $2,000, el que sea mayor
   D. después de impuestos o $2,000, el que sea menor

11. Una trabajadora efectúa un retiro de su IRA cuando tiene 52 años. No pagará una multa fiscal si

   A. se ha pensionado
   B. está discapacitada
   C. no tiene un ingreso ganado ese año
   D. transfirió su cuenta a otro custodio

12. Usted trabaja para Tippecanoe Ferry Co. y participa en su plan 401(k). ¿Cuánto podrá invertir en su IRA?

   A. $0
   B. $2,000
   C. $2,500
   D. Hasta el 25 por ciento de la remuneración anual

13. ¿Cuáles de los siguientes instrumentos recomendaría un ejecutivo de cuenta a un cliente
que desea abrir una IRA?

    A. Acciones de un fondo de bonos
       municipales
    B. Contrato de seguro a plazo
    C. Acciones de crecimiento
    D. Opciones de venta

14. Chip Bullock recibió una distribución única de
un plan 401(k) cuando dejó su trabajo. De lo
siguiente, ¿qué podría hacer ahora?

    I. Refinanciar su cuenta dentro de 60 días
    II. Traspasar su cuenta sin tomar posesión
        del dinero
    III. Guardar los fondos y pagar impuestos
         sobre ingresos ordinarios
    IV. Invertir en un fondo de bonos
        municipales exentos de impuestos para
        evitar pagar impuestos

    A. I y II
    B. I y III
    C. II y IV
    D. III y IV

15. ¿Cuál de los siguientes enunciados se aplica a
un SEP-IRA?

    A. Básicamente los utilizan las grandes
       empresas.
    B. Básicamente los utilizan las pequeñas
       empresas.
    C. Los establecen los trabajadores.
    D. No pueden ser establecidos por personas
       que trabajan por su cuenta.

16. De los siguientes enunciados, ¿cuál es un
requisito para establecer un SEP?

    A. El 50 por ciento de los trabajadores
       calificados tiene que contar con una IRA.
    B. El 75 por ciento de los trabajadores
       calificados tiene que contar con una IRA.
    C. El 100 por ciento de los trabajadores
       calificados tiene que contar con una IRA.
    D. El patrón tiene que establecer una IRA
       separada para cada trabajador calificado.

17. June Polar trabaja para una pequeña empresa y
le gustaría participar en un SEP. ¿Cuál de los
siguientes enunciados se aplica?

    A. June no puede participar en un SEP
       porque ha trabajado para esta compañía
       sólo por cinco años.
    B. La aportación máxima de SEP es mayor
       que la de una IRA.
    C. El patrón de June tiene que aportar un
       monto igual a sus aportaciones.
    D. Las aportaciones que excedan $2,000 no
       son deducibles de impuestos.

18. ¿Cuál de los siguientes enunciados se aplica
tanto a las IRA tradicionales como a las IRA
Roth?

    A. Las aportaciones son deducibles.
    B. Los retiros después de la jubilación son
       libres de impuestos.
    C. Las ganancias sobre inversiones no son
       gravadas.
    D. Las distribuciones tienen que hacerse al
       año siguiente al año en que el titular
       cumple 70 años y medio.

19. ¿Cuál es la cantidad máxima que puede
invertirse en una IRA de educación anualmente?

    A. $500 por padre
    B. $500 por niño
    C. $500 por pareja
    D. $2,000 por pareja

Respuestas y justificaciones

1. **A.** La IRA de esta pareja debería consolidarse con vista al futuro. Las opciones B y C son riesgosas y por lo general no se consideran apropiadas para las IRA. La opción D es inadecuada dado que las pérdidas fiscales en una IRA no pueden utilizarse para compensar ganancias.   (Página 168)

2. **C.** No importa la cantidad que una persona o una pareja aporte a sus IRA. Cada cónyuge está autorizado para aportar el 100 por ciento de su ingreso ganado hasta de $2,000 (si ambos trabajan).   (Página 167)

3. **A.** Un fondo de crecimiento es adecuado para la IRA de una joven pareja. El resto de las respuestas tienen un alto riesgo que no es conveniente para una cuenta de retiro.   (Página 168)

4. **B.** Un retiro prematuro de una IRA se grava como ingreso ordinario más una multa del 10 por ciento.   (Página 155)

5. **A.** Un inversionista siempre tiene propiedad incondicional de su IRA de manera inmediata.   (Página 167)

6. **D.** Conforme a las reglas del IRS, cuando un trabajador se jubila, los pagos del IRA podrán hacerse a él o a él junto con su esposa. En caso de que el titular de la cuenta muera, los pagos se harán al beneficiario designado; los derechos de una persona a las indemnizaciones acumuladas de una IRA no dejan de surtir efecto con su muerte.   (Página 169)

7. **A.** El exceso de aportaciones a la IRA está sujeto a una multa anual del 6 por ciento hasta el momento en que se retiran o se aplican al límite de las aportaciones del año siguiente.   (Página 168)

8. **B.** Un trabajador amparado por un plan para el retiro calificado puede seguir teniendo una IRA y hacer aportaciones. Estas últimas no pueden ser totalmente deducibles de impuestos dependiendo del monto de la remuneración ganada, pero el trabajador se beneficia de la deducción de impuestos de las ganancias de la IRA.
(Página 167)

9. **D.** Los activos de cualquier plan calificado o de otra IRA pueden refinanciarse en una IRA.
(Página 170)

10. **B.** La aportación máxima anual a una IRA es del 100 por ciento de las ganancias antes de impuestos o $2,000, el que sea menor.   (Página 167)

11. **B.** El titular de una IRA puede retirar dinero antes de cumplir 59 años y medio sin incurrir en una multa fiscal sólo en caso de incapacidad o muerte. Un cambio de custodio no constituirá un retiro de la cuenta.   (Página 166)

12. **B.** La aportación máxima anual a una IRA es de $2,000 , ya sea que el titular de la cuenta participe o no en un plan para el retiro calificado. El monto total de la aportación no puede ser deducible de impuestos, pero todas las ganancias de la cuenta pagan impuestos diferidos.   (Página 167)

13. **C.** Aunque un fondo de bonos municipales sea permisible, las ganancias de las IRA siempre pagan impuestos diferidos, de modo que las ventajas fiscales de estos bonos no representa un beneficio. Los contratos de seguros no son inversiones viables para la IRA, y las inversiones en opciones por lo general son inadecuadas para las cuentas para el retiro a causa de su alto riesgo.   (Página 167)

14. **B.** Si el inversionista no ha refinanciado el dinero con una IRA, se gravará como un ingreso ordinario. Dado que ya ha recibido el pago único, no puede traspasar la cuenta a un nuevo custodio. Cualquier monto que no haya refinanciado será gravado como ingreso aunque haya invertido en bonos exentos de impuestos.   (Página 170)

15. **B.** Básicamente, las pequeñas empresas y las personas que trabajan por su cuenta ocupan SEP-IRA porque su establecimiento y administración son mucho más fáciles y baratos para el patrón.
(Página 170)

16. **C.** Para que una pequeña empresa establezca un SEP, cada trabajador calificado tiene que contar con una IRA. Si un trabajador rechaza crear una IRA, el patrón *tiene* que abrir una IRA a nombre de ese trabajador. (Página 170)

17. **B.** La aportación máxima para un SEP es del 15 por ciento del ingreso ganado superior a $30,000 para un SEP, en comparación a $2,000 para una IRA de tipo normal, y el monto total es deducible de impuestos. Los trabajadores de tiempo completo que hayan laborado por lo menos tres de los últimos cinco años son calificados para participar. El monto total de la aportación del patrón superior a la máxima es deducible de impuestos. (Página 171)

18. **C.** El factor común a las IRA tradicionales y a las Roths es que las ganancias sobre inversiones no son gravadas al percibirse. Las tradicionales ofrecen aportaciones deducibles de impuestos, pero los retiros son gravados. Por el contrario, las Roth no ofrecen aportaciones deducibles de impuestos, pero los retiros calificados son libres de impuestos. Las tradicionales IRA estipulan que las distribuciones deben hacerse al año siguiente al año en que el titular cumple 70 años y medio, pero las Roth no. (Página 166)

19. **B.** Solamente se pueden invertir anualmente $500 para la IRA de educación de cada niño. Si una pareja tiene tres hijos, podrán invertir $1,500 en total, o $500 por cada uno. (Página 166)

Planes Keogh (HR-10)

1. Un cliente suyo, que tiene 40 años, quiere retirar fondos de su plan Keogh y le pregunta sobre las implicaciones fiscales de un retiro anticipado. Usted debe decirle que tal retiro se gravará como

   A. ingreso ordinario
   B. ingreso ordinario más una penalidad del 10 por ciento
   C. ganancia de capital
   D. ganancia de capital más una penalidad del 10 por ciento

2. Hugh Heifer tiene un empleo asalariado de tiempo completo, pero su patrón no ofrece ningún plan para el retiro. Hugh también tiene una relojería propia, en la que gana menos que en su empleo, y quiere hacer una inversión para su retiro. ¿Cuál de las siguientes opciones es adecuada para él?

   A. Una IRA, si no tiene ya un plan Keogh
   B. Un plan Keogh, si no tiene ya una IRA
   C. Una IRA y un plan Keogh
   D. Una IRA, pero no un plan Keogh porque su negocio propio no es su fuente principal de ingresos

3. En un plan Keogh, ¿cuál(es) de las siguientes inversiones es(son) aceptable(s)?

   A. Un fideicomiso de inversión en unidades
   B. Un seguro de renta variable
   C. Un bono del gobierno de Estados Unidos
   D. Todos los anteriores

4. Un empleado que contrata un plan Keogh adquiere todos los derechos

   A. según el programa de adquisición de derechos que haya elegido su patrón
   B. después de un año
   C. después de dos años
   D. después de tres años

5. ¿Cuál de las siguientes personas NO es calificada para contratar por su cuenta un plan Keogh, pero SÍ para abrir una IRA?

   A. Un profesor universitario que gana $10,000 con la venta de un libro y varios artículos
   B. Un funcionario de una compañía que gana $40,000 más $10,000 como conferencista de medio tiempo
   C. Un médico que recibe $10,000 de un restaurante de su propiedad
   D. Un funcionario de una compañía que recibe una gratificación de $5,000

6. ¿Cuál(es) de las siguientes personas tiene(n) derecho de participar en un plan Keogh?

    I. Un médico
   II. Un analista bursátil que gana $2,000 dando conferencias
  III. Un ingeniero de una empresa que gana $5,000 dando discursos en público
  IV. Un ejecutivo que recibe $5,000 en opciones de acciones de su empresa

    A. I
    B. I y II
    C. I, II y III
    D. IV

7. Un individuo ganó $75,000 por concepto de regalías de obras suyas; $5,000 en intereses y dividendos; $2,000 en ganancias de capital a largo plazo en el mercado accionario; y $3,000 por rentas de dos búngalos. Podría aportar a su plan Keogh

    A. $12,570
    B. $12,750
    C. $15,000
    D. $18,750

8. Una enfermera ha estado participando en el plan Keogh de su patrón. Cuando deje la clínica puede refinanciar sus activos distribuidos del plan Keogh en una IRA y difiera los impuestos sobre estos activos si realiza la operación dentro de

    A. 30 días
    B. 60 días
    C. 90 días
    D. 6 meses

9. Max Leveridge ganó $100,000 este año y le gustaría invertir una cantidad considerable en un plan para su retiro. Como es un trabajador independiente, usted le recomendaría que invirtiera en un(a)

    A. IRA
    B. cuenta Keogh
    C. plan 401(k)
    D. TSA

Respuestas y justificaciones

1. **B.** Un retiro anticipado de un plan Keogh se grava igual que un retiro anticipado de una IRA: como ingreso ordinario, más una penalidad del 10 por ciento.   (Página 173)

2. **C.** El inversionista puede abrir una IRA, suponiendo que tenga menos de 70 años y medio. La parte que puede deducir de sus aportaciones a la IRA depende de su nivel de ingresos. También puede invertir en un plan Keogh porque a la vez es un trabajador independiente, y no importa cuánto gane como tal o cuál es la proporción de sus percepciones con respecto a su salario. Su inversión en una IRA no le impide invertir en un plan Keogh.   (Página 170)

3. **D.** Las únicas inversiones que no se permiten en un plan Keogh son en productos básicos, seguros de vida a plazo, artículos de colección y antigüedades, metales preciosos (aparte de monedas de oro o plata emitidas por el gobierno de Estados Unidos) y opciones no cubiertas.   (Página 174)

4. **A.** El empleado adquiere derechos según el programa que elija su patrón, generalmente a los cinco o siete años.   (Página 171)

5. **D.** Cualquiera de ellas puede abrir una IRA; la deducibilidad de impuestos de las aportaciones de una persona depende de que su empleador patrocine un plan para el retiro calificado y de sus propios ingresos. Todas las personas enumeradas obtienen ingresos como trabajadores independientes, excepto el funcionario de una empresa que recibe una gratificación.   (Página 170)

6. **C.** Las opciones de acciones, los dividendos, las ganancias de capital y los intereses no se consideran ingresos de trabajadores independientes.   (Página 170)

7. **C.** Sólo las regalías se consideran ingresos de trabajadores independientes; por lo tanto, el 20 por ciento de $75,000 es igual a $15,000.   (Página 170)

8. **B.** Los refinanciamientos se pueden hacer una vez al año dentro de un periodo de 60 días. Las transferencias directas de activos para el retiro no están sujetas a restricciones.   (Página 173)

9. **B.** Los planes Keogh permiten aportaciones del 25 por ciento de ingresos devengados hasta por $30,000 en un mismo ejercicio fiscal, mientras que las aportaciones a las IRAs están limitadas a $2,000. Tanto los TSAs como los planes 401(k) son administrados por las compañías empleadoras, así que este inversionista no podría participar.   (Página 171)

Seguros de renta con impuestos diferidos

1. Adam Grizzly invierte en un seguro de renta variable gravable. ¿Qué régimen fiscal se aplica a las distribuciones que recibe?

   A. Parcialmente exentas de impuestos; parcialmente ingresos ordinarios
   B. Parcialmente exentas de impuestos; parcialmente ganancias de capital
   C. Totalmente ingresos ordinarios
   D. Totalmente ganancias de capital

2. ¿Cuál de las siguientes personas no es elegible para contratar un seguro de renta con protección fiscal 403(b)?

   A. Profesor de una universidad pública
   B. Guardián de una escuela pública municipal
   C. Estudiante de una universidad privada
   D. Empleado de una secundaria pública

3. Un cliente suyo trabaja como enfermero en una escuela pública y está interesado en saber más sobre cómo participar en el plan TSA de su escuela. De la siguiente información, ¿cuál(es) le daría usted?

   I. Las aportaciones se hacen con ingresos antes de impuestos
   II. Él no es elegible para participar en ese plan
   III. Las distribuciones que se reciben antes de la edad de 59 años y medio normalmente causan recargos fiscales
   IV. Se puede invertir en sociedades de inversión y CDs

   A. I, II y III
   B. I y III
   C. I, III y IV
   D. II

4. De los siguientes enunciados que describen a las IRA, ¿cuál NO se aplica a los planes TSA calificados?

    A. Puede participar cualquier trabajador independiente

    B. Se difieren los impuestos sobre las aportaciones

    C. Las distribuciones tienen que empezar a la edad de 70 años y medio

    D. Las distribuciones posteriores a la edad de 59 años y medio se gravan como si fueran ingresos ordinarios

Respuestas y justificaciones

1. **C.** En un seguro de renta gravable, el rentista no tiene ninguna base a menos de que haga aportaciones voluntarias después de impuestos. Tales aportaciones son la excepción y no se mencionan en esta pregunta. Puesto que el rentista no tiene ninguna base, todos los pagos se consideran ingresos ordinarios. En un seguro de renta no calificado, las aportaciones se hacen con ingresos después de impuestos, que constituyen la base del rentista. Los pagos de renta de los seguros no calificados se tratan como ingresos ordinarios en la medida en que excedan de la base.

(Página 176)

2. **C.** Todas las personas enumeradas, excepto el estudiante, cubren el requisito de ser empleados de un sistema escolar.   (Página 174)

3. **C.** Puesto que es empleado de una escuela pública, su cliente es elegible para participar en el plan de seguro de renta con impuestos diferidos. Las aportaciones de los empleados a un plan TSA se excluyen de los ingresos brutos en el año en que se efectúan. Como en otros planes para el retiro, las distribuciones recibidas antes de los 59 años y medio causan recargos fiscales. Un plan TSA puede invertir en diversos instrumentos, entre ellos fondos mutuos, acciones, bonos y los CD, además de contratos de seguros de renta.   (Página 174)

4. **A.** Sólo los empleados de escuelas, de organizaciones religiosas y sin fines de lucro son elegibles para participar en los planes TSA 403(b). Las disposiciones relativas a las aportaciones y las distribuciones son las mismas para las IRA que para los planes TSA calificados.   (Página 174)

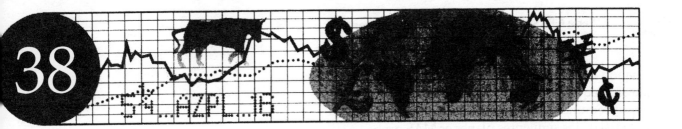

Planes para el retiro empresariales

1. ¿Cuál de los siguientes enunciados se aplica a un plan de prestaciones definidas?

A. Todos los empleados reciben las mismas prestaciones al jubilarse.
B. Todos los empleados participantes empiezan a adquirir derechos inmediatamente.
C. Los que más se benefician son los empleados de altos ingresos que están a punto de jubilarse.
D. Todo empleado calificado tiene que contribuir con la misma cantidad.

2. Las características siguientes son propias de un plan de participación de utilidades calificado, EXCEPTO que

A. el empleado puede deducir de impuestos su aportación
B. el empleado declara su aportación
C. la contribución que el empleado recibe una vez que se jubila es gravable
D. el beneficiario puede calcular el ingreso promedio que recibirá una vez que se jubile

3. El monto de los pagos a un plan de aportaciones definidas están determinados por

A. los requisitos de ERISA relativos a las aportaciones definidas
B. el contrato de fideicomiso
C. la edad del patrón
D. las utilidades del patrón

4. ¿Cuál de los siguientes enunciados se aplica a una aportación que se le distribuye al empleado y que éste hizo voluntariamente al plan para el retiro calificado patrocinado por el patrón?

A. Se declara libre de impuestos.
B. Se grava a una tasa de impuestos reducida.
C. Se grava a la tasa de impuestos ordinaria del beneficiario.
D. Se grava a la tasa aplicable a las ganancias de capital corrientes.

5. Cuando Angus Bullwether se retire, recibirá una
    pensión equivalente a un porcentaje promedio
    de sus remuneraciones de los tres últimos años.
    ¿En cuál de los siguientes planes es MÁS proba-
    ble que Angus esté participando?

    A. Keogh
    B. De aportaciones definidas
    C. De prestaciones definidas
    D. TSA

Respuestas y justificaciones

1. **C.** Las reglas referentes al monto máximo de las aportaciones difieren según se trate de un plan de aportaciones definidas o de un plan de prestaciones definidas. Este último estipula el monto de las prestaciones que el jubilado recibirá como un porcentaje de sus remuneraciones de los últimos años. En el caso de una persona con altos ingresos que está a punto de jubilarse, el plan de prestaciones definidas le permite hacer aportaciones más altas en un corto plazo. La opción D describe más un plan de aportaciones definidas que un plan de prestaciones definidas.

(Página 177)

2. **A.** Los planes para el retiro calificado son deducibles de impuestos para el patrón, no para el empleado. (Página 177)

3. **B.** El contrato de fideicomiso de un plan de aportaciones definidas incluye una sección en la que explica la(s) fórmula(s) utilizada(s) para determinar las aportaciones. (Página 177)

4. **A.** A todas las aportaciones voluntarias del empleado a un plan para el retiro calificado se les descuentan los impuestos; por consiguiente, se declaran libres de impuestos. En el momento de la distribución, cualquier ganancia atribuible a las aportaciones del empleado, así como las del patrón, se gravan, como si fueran un ingreso ordinario.

(Página 177)

5. **C.** Un plan de prestaciones definidas especifica cuánto dinero se va a pagar a los empleados jubilados. La prestación máxima es del 100 por ciento del promedio de remuneraciones que el empleado haya recibido durante los tres últimos años de servicio. Los planes Keogh, los planes de aportaciones definidas y los planes de seguros de renta con impuestos diferidos especifican el monto de las aportaciones. (Página 177)

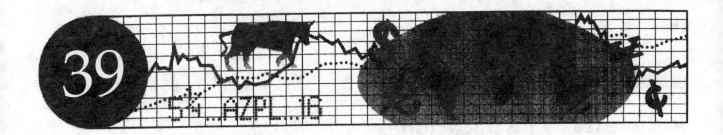

Ley de Seguridad de los Ingresos de Retiro de los Empleados

1. ¿Cuál fue el propósito principal de la promulgación de la ERISA?

   A. Establecer un fondo para el retiro de los empleados del gobierno de Estados Unidos
   B. Establecer un medio para que los trabajadores independientes financiaran su retiro
   C. Proteger a los empleados contra los malos manejos de los fondos para el retiro por parte de las empresas y los sindicatos
   D. Facilitar a todos los empleados, tanto gubernamentales como no guber-namentales, una fuente adicional de ingresos para el retiro en el caso de que el sistema de Seguridad Social no pueda cumplir

2. ¿Las disposiciones de la Ley de Seguridad de los Ingresos de Retiro de los Empleados se aplican a los planes de pensión establecidos para cuáles de las siguientes personas?

   A. Trabajadores independientes no asalariados
   B. Sólo entidades públicas, como la ciudad de Nueva York
   C. Sólo organizaciones privadas, como Exxon
   D. Organizaciones tanto públicas como privadas

3. ¿Los reglamentos relativos a la manera de hacer aportaciones a planes gravables se relacionan con cuál de los siguientes requisitos de la ERISA?

   A. Adquisición de derechos
   B. Financiamiento
   C. No discriminación
   D. Presentación de informes y divulgación

Respuestas y justificaciones

1. **C.** La ERISA se creó originalmente con la finalidad de proteger los fondos para el retiro de los trabajadores y empleados sindicalizados de las grandes compañías. Conforme a esta ley, todos los planes de retiro calificados deben formularse por escrito, no deben ser discriminatorios, tienen que separar los fondos de los activos de las empresas o de los sindicatos, deben hacer inversiones prudentes y presentar informes anuales a los participantes. Todas estas actividades deben auditarse de conformidad con la ERISA.   (Página 179)

2. **C.** La ERISA se promulgó con el objeto de proteger los fondos para el retiro de los empleados del sector privado exclusivamente; no es aplicable ni a los trabajadores independientes ni a las organizaciones públicas.   (Página 179)

3. **B.** El término "adquisición de derechos" se refiere a la rapidez con la que un empleado va adquiriendo los derechos relacionados con una cuenta para el retiro. "No discriminación" se refiere a la cobertura del empleado por el plan. Todos los planes para el retiro tienen que cumplir los requisitos de presentación de informes fiduciarios y divulgación de la ERISA. Sólo el término "financiamiento" alude a la manera en que el empleador hace aportaciones a un plan o lo financía.   (Página 179)

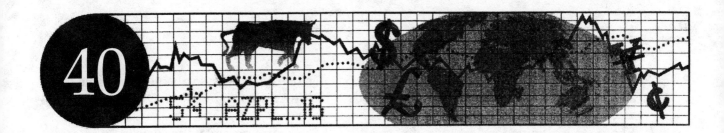

Tercera lección:
Contratos de seguros de renta variable y planes para el retiro

1. De la siguiente información, ¿cuál tiene que incluirse en un prospecto que describe a los clientes los seguros de vida de renta variable?

   I. Explicación resumida, expresada en términos no técnicos, de las características principales de la póliza
   II. Estado de la póliza de inversión de la cuenta separada
   III. Estado del rendimiento neto de la inversión de la cuenta separada durante los últimos 10 años
   IV. Estado de las deducciones y cargos contra la prima bruta, incluidas todas las comisiones pagadas a los agentes por cada año que se tienen que pagar comisiones conforme a la póliza

   A. I y II únicamente
   B. I, II y III únicamente
   C. III y IV únicamente
   D. I, II, III y IV

2. Si un seguro de renta variable tiene una tasa de inversión supuesta del 5 por ciento y el rendimiento de la etapa de distribución de la cuenta separada es del 4 por ciento, ¿cuál de los siguientes enunciados se aplica?

   I. El valor de la unidad de acumulación aumentará.
   II. El valor de la unidad de seguro de renta aumentará.
   III. El valor de la unidad de acumulación bajará.
   IV. El valor de la unidad de seguro de renta bajará.

   A. I y II
   B. I y IV
   C. II y III
   D. III y IV

3. ¿Cuál(es) de los siguientes enunciados se aplica(n) a un seguro de renta vitalicia variable?

I. El número de unidades de seguro de renta que el cliente amortiza nunca cambia.
II. El número de unidades de acumulación que el cliente posee nunca cambia.
III. Si el cliente muere durante el periodo de vigencia del seguro, los fondos remanentes se le distribuyen a su(s) beneficiario(s).
IV. La renta mensual se determina conforme al Índice de Precios al Consumidor.

A. I únicamente
B. I y II únicamente
C. II y III únicamente
D. I, II, III y IV

4. ¿Con base en cuál(es) de los siguientes factores se puede determinar el monto de la renta de un seguro de renta variable?

I. El historial de la compañía en materia de mortalidad
II. La edad y el sexo del rentista
III. La asegurabilidad del rentista
IV. La tasa de rentabilidad de la cuenta separada

A. I, II y IV únicamente
B. II únicamente
C. III y IV únicamente
D. I, II, III y IV

5. ¿Un seguro de renta se puede adquirir mediante cuál(es) de los siguientes métodos?

I. Seguro de renta diferida con un pago único
II. Seguro de renta inmediata con un pago único
III. Seguro de renta diferida con pagos periódicos
IV. Seguro de renta inmediata con pagos periódicos

A. I y II únicamente
B. I, II y III únicamente
C. III y IV únicamente
D. I, II, III y IV

6. June Polar compró un seguro de renta variable con un plan de renta inmediata. El primer mes recibió un pago de $328. ¿Cuál(es) de los siguientes enunciados se aplica(n) a la inversión de June?

I. Su siguiente pago seguramente será de $328.
II. Realizó una inversión de pago de suma única.
III. Le compró el seguro de renta variable a un ejecutivo de cuenta.

A. II únicamente
B. II y III únicamente
C. III únicamente
D. I, II y III

7. Joe Kuhl acaba de comprar un seguro de renta variable inmediata. ¿Cuáles de los siguientes enunciados describen la inversión de Joe?

I. Realizó una compra de pago de suma única.
II. Los dividendos se distribuyen durante el periodo de acumulación.
III. Los dividendos se acumulan y distribuyen durante el periodo de pagos.

A. I y II únicamente
B. I y III únicamente
C. II y III únicamente
D. I, II y III

8. ¿Cuáles de los siguientes enunciados acerca de los seguros de renta variable son verdaderos?

   I. Pueden adquirirse mediante el pago de una suma única o a plazos

  II. A los titulares de los contratos se les garantiza una tasa de rendimiento

 III. Las utilidades se acumulan en una cuenta del titular del contrato durante el periodo de pagos anticipados

  A. I y II únicamente
  B. I y III únicamente
  C. II y III únicamente
  D. I, II y III

9. Un contrato de seguro de renta variable garantiza

   I. una tasa de rendimiento

  II. gastos de mortalidad por muerte

 III. gastos administrativos fijos

  A. I y II únicamente
  B. I y III únicamente
  C. II y III únicamente
  D. I, II y III

10. Las cuentas separadas son similares a las sociedades de inversión en que ambos

   I. pueden tener carteras diversificadas de acciones ordinarias

  II. son administrados por profesionales de tiempo completo

 III. otorgan a los inversionistas derechos de voto

  A. I y II únicamente
  B. I y III únicamente
  C. II y III únicamente
  D. I, II y III

11. El seguro de renta de Klaus Bruin se basa en una cartera constituida en su mayor parte por acciones ordinarias. ¿Qué significa esto para Klaus?

   I. En un mercado al alza, el valor de la cuenta de Klaus puede aumentar.

  II. En un mercado al alza, el valor de una unidad de acumulación puede aumentar.

 III. Klaus está protegido contra pérdidas.

  A. I y II únicamente
  B. I y III únicamente
  C. II y III únicamente
  D. I, II y III

12. Al retirarse, Angus Bullwether decide cambiar su contrato de renta variable a la fase de distribución. Después de su último pago de compra, tiene 1,857 unidades de acumulación. ¿Qué factores se considerarán para determinar el monto de la renta que recibirá?

   I. El valor de una unidad de seguro de renta

  II. El valor de conversión que aparece en la tabla de anualidades de la compañía

 III. El valor de la participación de Angus en la cuenta separada

  A. I y II únicamente
  B. I y III únicamente
  C. II y III únicamente
  D. I, II y III

13. ¿A cuál(es) de los siguientes contratos de seguros de renta variable sería acreedor un inversionista titular de acumulación?

    I. Seguro de renta diferida en pagos periódicos

    II. Seguro de renta diferida en un pago único

    III. Seguro de renta vitalicia inmediata

    IV. Seguro de renta vitalicia inmediata con un periodo fijo de 10 años

    A. I y II únicamente
    B. I, III y IV únicamente
    C. IV únicamente
    D. I, II, III y IV

14. ¿Cuáles de los siguientes inversionistas pueden abrir una IRA?

    I. Una persona independiente económicamente cuyos únicos ingresos son $125,000 al año en dividendos e intereses

    II. Un estudiante de Leyes que ganó $1,200 en un empleo de medio tiempo

    III. Una mujer que el año pasado ganó $3,500 vendiendo cosméticos, pero cuyo esposo está protegido por un plan de participación de utilidades de una compañía

    A. I y II únicamente
    B. I y III únicamente
    C. II y III únicamente
    D. I, II y III

15. Joe Kuhl ganó $34,000 este año y su esposa Bea, $46,000. ¿Cuál(es) de los siguientes enunciados es(son) verdadero(s)?

    I. Joe puede aportar $2,250 a su IRA.
    II. Bea puede aportar $2,250 a su IRA.
    III. Bea y Joe pueden aportar $2,000 a sus IRA respectivas.
    IV. Bea y Joe pueden aportar un total de $4,000 a una IRA.

    A. I y IV únicamente
    B. II y IV únicamente
    C. III únicamente
    D. I, II, III y IV

16. ¿Cuáles de las siguientes personas pueden contratar un seguro de renta con impuestos diferidos?

    I. Un ingeniero del área de mantenimiento de una universidad estatal
    II. Un maestro de una escuela pública
    III. Un sacerdote

    A. I y II únicamente
    B. I y III únicamente
    C. II y III únicamente
    D. I, II y III

Respuestas y justificaciones

1. **D.** Toda la información aquí enumerada tiene que presentarse en el prospecto que se distribuya a los clientes. (Página 159)

2. **B.** El valor de la unidad de acumulación aumentará porque la cartera ganó un 4 por ciento. No obstante, el valor de la unidad de seguro de renta disminuirá porque el rendimiento real de la cartera fue del 4 por ciento, inferior a la tasa de interés supuesta del 5 por ciento necesaria para mantener los pagos. (Página 153)

3. **A.** Las unidades de seguros de renta son fijas; su valor actual al momento de convertirse en efectivo determina el monto de la renta. Los pagos de un seguro de renta vitalicia cesan cuando el cliente muere. La compañía retiene los pagos que no se hayan distribuido. El número y el valor de las unidades de acumulación fluctúan durante el periodo de acumulación. (Página 153)

4. **A.** Tanto el historial de mortalidad como la edad, el sexo y la tasa de rentabilidad determinan el monto de la renta. La asegurabilidad del rentista no tiene ninguna relevancia. (Página 154)

5. **B.** Un seguro de renta inmediata adquirido mediante pagos periódicos sería más difícil de proporcionar. Mientras el rentista haga aportaciones, recibirá renta. (Página 151)

6. **B.** Un seguro de renta variable no garantiza el monto de los pagos mensuales. El siguiente pago mensual de June puede ser superior, inferior o igual a su pago inicial. Puesto que empezó a pagar de inmediato, tiene que haber hecho una inversión de pago de suma única en la compañía. Por último, dado que un seguro de renta variable es un valor, el vendedor tiene que ser un ejecutivo de cuenta. (Página 154)

7. **B.** Un seguro de renta inmediata no tiene un periodo de acumulación. Se adquiere mediante una inversión de pago de suma única y los pagos comienzan de inmediato. Durante el periodo de rentas se distribuyen capital e intereses. (Página 151)

8. **B.** Un seguro de renta variable no garantiza ninguna tasa de rendimiento. Un seguro de renta diferida puede adquirirse ya sea mediante una inversión de pago de suma única o con pagos periódicos. Durante el periodo de acumulación, las utilidades o pérdidas de la cuenta separada se abonan o cargan al valor de la cuenta del titular del contrato. (Página 150)

9. **C.** Un seguro de renta variable no garantiza ninguna tasa de rendimiento, pero sí pagos vitalicios (por muerte) y, normalmente, que los gastos no rebasarán cierto límite. (Página 154)

10. **D.** Tanto las cuentas separadas como las sociedades de inversión pueden contener carteras diversificadas de valores y ser administradas por asesores en inversión profesionales. Asimismo, otorgan derechos de voto en lo que respecta a la determinación de las políticas y a la designación de la administración. (Página 150)

11. **A.** Klaus asume el riesgo de inversión del contrato, que incluye tendencias al alza y a la baja. Si el mercado sube, el valor de la cuenta separada se incrementa, lo que se refleja en un aumento del valor de la unidad de acumulación y, en última instancia, en el valor de la cuenta de Klaus. (Página 148)

12. **C.** Para calcular el valor del primer pago al cambiar un contrato a su fase de distribución, la compañía multiplica el valor de la cuenta de Angus por un factor que resume la edad, el sexo, la opción y la AIR. Después, este valor se utiliza para comprar unidades de seguros de renta, cuyo valor actual determina los pagos subsecuentes. (Página 154)

13. **A.** Las unidades de acumulación representan unidades de participación en la cuenta separada de una compañía de seguros de vida durante la etapa de diferimiento del contrato. Las unidades de seguro de renta son las unidades de la propiedad durante el periodo de pagos (fase de distribución) del contrato. Los seguros de renta inmediata

compran directamente unidades de seguros de renta.   (Página 152)

14. **C.** Una persona puede aportar el 100 por ciento de sus ingresos devengados, hasta un máximo de $2,000. Los ingresos por intereses y dividendos son ingresos pasivos, no ingresos devengados.
                                           (Página 165)

15. **C.** Tanto Joe como Bea pueden aportar $2,000, el límite máximo, a sus IRAs respectivas. El límite de $4,000 es para matrimonios en los que uno de los miembros no trabaja; sin embargo, esta cantidad tiene que dividirse a la mitad entre dos cuentas.
                                           (Página 167)

16. **D.** Los empleados de las organizaciones 501(c) 3 y 403(b), que incluyen instituciones de caridad, grupos religiosos, organizaciones deportivas y sistemas escolares, califican para contratar seguros de renta con impuestos diferidos (TDA).
                                           (Página 167)

41

Reglamentación de nuevas emisiones

1. De la siguiente información, ¿cuál NO aparece en un prospecto final?

   A. Acuerdos de colocación y remuneración de los colocadores
   B. Plan comercial
   C. Fecha y precio de oferta
   D. Declaración de que la SEC ni aprueba ni desaprueba la emisión

2. ¿Cuál de los siguientes enunciados NO se aplica a un prospecto preliminar?

   A. Se usa para detectar indicios de interés en los inversionistas.
   B. No menciona el precio de oferta final.
   C. Se le puede añadir información posteriormente.
   D. Un representante registrado puede anexarle una copia del informe de análisis de la compañía.

3. De la siguiente información, ¿cuál NO es necesario que aparezca en un prospecto preliminar?

   A. Una nota en rojo de que el prospecto está sujeto a cambios y modificaciones y que se distribuirá un prospecto definitivo
   B. Uso de los recursos captados
   C. El precio de oferta final
   D. La situación financiera y los antecedentes de la compañía

4. Si tiene la intención de ofrecer acciones, Microscam debe hacer todo lo siguiente, EXCEPTO

   A. publicar un anuncio en la prensa
   B. distribuir un prospecto
   C. entregar una declaración de registro
   D. registrar los valores en la SEC

5. Si la SEC aprueba una emisión, ¿qué significa esto?

   A. Que la SEC garantiza la emisión.
   B. Que el suscriptor ha presentado una declaración de registro estándar.
   C. Que la SEC respalda la emisión.
   D. Que la SEC garantiza la exactitud de la información contenida en el prospecto.

6. ¿A cuál de los siguientes mercados de valores regula la Ley de Valores de 1933?

   A. Primario
   B. Secundario
   C. Terciario
   D. Cuarto

7. ¿Cuál de las siguientes leyes exige que se proporcione toda información esencial sobre los valores que se ofrecen por primera vez al público?

   A. Ley de Valores de 1933
   B. Ley de Bolsas de Valores de 1934
   C. Ley de Contratos de Fideicomiso de 1939
   D. Ley de Protección a los Inversionistas en Valores de 1970

8. El término "aprovechamiento gratuito y retención" está definido en

   A. la Ley de Valores de 1933
   B. las Reglas de Prácticas Leales de la NASD
   C. la Ley de Bolsas de Valores de 1934
   D. la Declaración de Política de la SEC

9. ¿Cuál(es) de las siguientes personas NO puede(n) comprar una emisión especulativa en condiciones normales?

   I. El principal de una empresa miembro de la NASD
   II. Un funcionario, consejero o empleado de una empresa miembro de la NASD
   III. Los familiares de un empleado de una empresa miembro
   IV. Un empleado que participa en la asignación de la emisión

   A. I únicamente
   B. I y II únicamente
   C. II y III únicamente
   D. I, II, III y IV

10. Las reglas de aprovechamiento gratuito y retención se aplican a la compra de acciones de oferta pública que

   A. se negocia inmediatamente con descuento sobre el precio de oferta en el mercado secundario
   B. se negocia inmediatamente con un premio al precio de oferta pública en el mercado secundario
   C. se distribuye al público general
   D. Dichas reglas no se aplican a ninguno de los casos anteriores.

11. Si un representante registrado u otra persona asociada desea comprar una emisión especulativa para su cuenta personal, ¿cuál(es) de los siguientes enunciados se aplica(n) conforme a las Reglas de Prácticas Leales de la NASD?

   I. La orden no se puede ejecutar bajo ninguna circunstancia
   II. La orden no se puede ejecutar a favor de la cuenta personal del representante registrado, pero sí a favor de una cuenta mancomunada de éste y su esposa o un pariente que dependa económicamente del corredor
   III. La orden se puede ejecutar a favor de la cuenta del representante registrado siempre y cuando éste tenga antecedentes en compras de emisiones especulativas
   IV. La orden puede ejecutarse a favor de la cuenta del representante registrado si la cantidad de acciones que se le van a vender es insignificante y proporcional a la cantidad de acciones asignadas para la venta al público, y si el corredor tiene antecedentes en compras de emisiones especulativas

   A. I
   B. II y IV
   C. III
   D. IV

12. El aprovechamiento gratuito y la retención se aplican a

   A. emisiones nuevas que se venden con descuento
   B. emisiones nuevas que se venden con premio
   C. todos los valores no cotizados en bolsa
   D. todo lo anterior

13. El hermano de Bea Kuhl es ejecutivo de cuenta de Dewey, Cheatham & Howe, una de las empresas miembros colocadores de una emisión especulativa de valores. Bea recibe un ayuda financiera sustancial de su hermano. ¿Bajo cuál de las siguientes circunstancias puede comprar Bea acciones de esa emisión?

   A. La operación se apega a la práctica de inversión normal de Bea.
   B. Ella nunca ha comprado ningún valor de una nueva emisión.
   C. Ella no coloca la orden a través de Dewey, Cheatham & Howe.
   D. Quizá Bea no compre emisiones especulativas bajo ninguna circunstancia.

Respuestas y justificaciones

1.   **A.** Los acuerdos de colocación, también conocidos como acuerdos entre colocadores, son documentos independientes del prospecto, por lo que no se le anexan.   (Página 186)

2.   **D.** Un representante registrado no puede anexarle a un prospecto preliminar o final un informe de análisis. Durante los primeros 90 días de una nueva emisión no se puede divulgar información impresa acerca de la emisión o de la sociedad emisora.   (Página 187)

3.   **C.** El prospecto preliminar se emite antes de que establezca el precio, y no menciona ni la fecha posible de la oferta ni el margen de precio.
(Página 187)

4.   **A.** Nunca se requiere un anuncio de prensa. Este tipo de anuncio normalmente se publica en los diarios especializados para promover las nuevas emisiones.   (Página 186)

5.   **B.** La SEC no aprueba, ni respalda, ni garantiza la exactitud de ninguna declaración de registro.
(Página 188)

6.   **A.** La Ley de Valores de 1933 establece los requisitos de registro y divulgación relativos a las nuevas emisiones. Estas emisiones se negocian en el mercado primario, y la legislación que regula los mercados bursátiles es la Ley de Bolsas de Valores de 1934.   (Página 190)

7.   **A.** La Ley de Valores de 1933 regula las nuevas emisiones de títulos empresariales que se venden al público.   (Página 190)

8.   **B.** Las normas relativas al aprovechamiento gratuito y la retención en lo que se refiere a las emisiones especulativas están incluidas en las Reglas de Prácticas Leales de la NASD.   (Página 189)

9.   **D.** En condiciones normales, ninguna de las personas enumeradas puede comprar una emisión especulativa. A todas ellas se les considera personas restringidas.   (Página 190)

10.   **B.** El aprovechamiento gratuito y la retención se aplican exclusivamente a las emisiones especulativas. Una emisión especulativa que se negocia de inmediato con un premio en el mercado secundario.   (Página 189)

11.   **A.** Un representante registrado no puede comprar una emisión especulativa bajo ninguna circunstancia.   (Página 190)

12.   **B.** Las reglas de aprovechamiento gratuito y retención se aplican exclusivamente a las emisiones especulativas.   (Página 189)

13.   **D.** Puesto que depende económicamente de una persona asociada de una empresa miembro, esta clienta no puede comprar acciones de la emisión especulativa en cuestión. Desde el punto de vista de la NASD, un familiar dependiente de una persona asociada está sujeto a las mismas restricciones que ésta en lo que respecta a la compra de emisiones especulativas.   (Página 190)

Reglamentación del comercio bursátil

42

1. De lo siguiente, ¿qué regula o rige la Ley de Bolsas de Valores de 1934?

    I. La divulgación de toda la información esencial sobre las ofertas iniciales
    II. La creación de la SEC
    III. La manipulación del mercado
    IV. El requisito de garantías bursátiles

    A. I
    B. I, II y III
    C. II
    D. II, III y IV

2. ¿Cuál de las siguientes leyes dispone que las empresas presenten informes anuales?

    A. Ley de Valores de 1933
    B. Ley de Bolsas de Valores de 1934
    C. Ley de Contratos de Fideicomiso de 1939
    D. Ley de Compañías de Inversión de 1940

3. De lo siguiente, ¿qué regula la Ley de Bolsas de Valores de 1934?

    I. La operación de valores gubernamentales
    II. La operación de valores empresariales
    III. La emisión de informes financieros por parte de las empresas
    IV. La emisión de valores gubernamentales

    A. I, II y III
    B. I, II y IV
    C. I y III
    D. II y IV

4. De conformidad con la Ley de Bolsas de Valores de 1934, la SEC

    I. regula las bolsas de valores
    II. exige que los intermediarios-agentes se registren
    III. prohíbe las prácticas de comercio inequitativas y desleales
    IV. regula los mercados de valores/ extrabursátiles

    A. I y II únicamente
    B. I y IV únicamente
    C. II, III y IV únicamente
    D. I, II, III y IV

5. ¿Cuáles de los siguientes miembros del personal de una casa de bolsa NO están sujetos a la regla de huellas digitales obligatoria?

   A. Personas asociadas empleadas como agentes de ventas
   B. Los auditores y contadores encargados de los registros de contabilidad del efectivo y los valores de las compañías
   C. Los funcionarios o socios que supervisan los departamentos de cajas y de contabilidad en la producción de ventas
   D. Las personas asociadas que se dedican exclusivamente al análisis bursátil

6. Si una empresa miembro suspende a un representante registrado, tiene que reportarlo a

   A. las autoridades de auditoría competentes
   B. el comisionado bursátil estatal
   C. la SEC
   D. los medios noticiosos

Respuestas y justificaciones

1. **D.** La Ley de Bolsas de Valores de 1934 dispuso la creación de la SEC y regula el mercado. La Ley de Valores de 1933 exige que se divulgue toda la información esencial.   (Página 190)

2. **B.** La Ley de Bolsas de Valores de 1934 ordena que las compañías presenten informes anuales a la SEC.   (Página 190)

3. **A.** La Ley de Bolsas de Valores de 1934 regula los mercados secundarios, o mercados operativos; mientras que la Ley de Valores de 1933 regula el mercado primario, o mercado de nuevas emisiones. Por lo tanto, la operación de valores empresariales y gubernamentales está sujeta a la Ley de 1934, al igual que la presentación de informes financieros de las empresas. Las nuevas emisiones de valores se rigen por la Ley de 1933. Conforme a la Ley de 1933, los títulos gubernamentales están exentos de impuestos.   (Página 190)

4. **D.** La Ley de Bolsas de Valores de 1934, que tiene mayor alcance que la Ley de 1933, abarca lo siguiente:

- creación de la SEC
- regulación de las bolsas
- regulación del crédito por el FRB
- registro de los intermediarios-agentes
- regulación de las operaciones de poseedores de información privilegiada
- ventas en corto y poderes
- regulación de actividad operativa
- regulación de las cuentas de clientes
- regla de protección al cliente
- regulación del mercado extrabursátil
- regla del capital neto

(Página 190)

5. **D.** La SEC exige que a todo funcionario o empleado de un intermediario-agente se le tomen las huellas digitales si (1) se dedica a vender títulos valor, (2) tiene acceso a títulos, efectivo o registros contables, o (3) supervisa directamente a empleados que manejan valores, efectivo o registros contables.   (Página 192)

6. **A.** Si una empresa miembro suspende a un representante registrado, tiene que reportarlo a las autoridades de inspección competentes —generalmente la NASD o las bolsas de valores de las cuales es miembro—. Cada autoridad de éstas es una organización autorreguladora.   (Página 202)

Securities Investor Protection Corporation

43

1. En el caso de que un intermediario-agente se declare en quiebra, la Securities Investor Protection Corporation cubre

   A. $100,000 por cada cliente separado
   B. $100,000 por cuenta
   C. $500,000 por cada cliente separado
   D. $500,000 por cuenta

2. La quiebra de un intermediario-agente se determina de conformidad con lo dispuesto por

   A. la Ley de Valores de 1933
   B. la Ley de Bolsas de Valores de 1934
   C. la Ley de Protección a los Inversionistas en Valores de 1970
   D. una decisión discrecional por parte de la SEC

3. La SIPC cubre a cada cliente con $500,000 por

   A. pérdidas en valores únicamente
   B. pérdidas en efectivo y en valores
   C. pérdidas en valores, más $500,000 por pérdidas en efectivo
   D. pérdidas en efectivo y en valores, con la condición de que no deben aplicarse más de $100,000 a pérdidas en efectivo

4. Un cliente tiene una cuenta de caja especial con un valor de $460,000 en acciones y $40,000 en efectivo. También tiene una cuenta mancomunada con su esposa con un valor de mercado de $320,000 y $180,000 en efectivo. La SIPC cubriría

   A. $460,000 en el caso de la cuenta de caja especial y $320,000 en el de la cuenta mancomunada
   B. $500,000 en el caso de la cuenta de caja especial y $420,000 en el de la cuenta mancomunada
   C. $500,000 en el caso de la cuenta de caja especial y $500,000 en el de la cuenta mancomunada
   D. un total de $1 millón para ambas cuentas

5. Si una casa de bolsa se declara en quiebra, el monto en dólares de la cobertura del seguro aplicable a una cuenta de caja especial de un cliente con un saldo de $100,000 es

   A. $0
   B. $100,000
   C. $200,000
   D. $500,000

Respuestas y justificaciones

1. **C.** La SIPC cubre $500,000 por cada cuenta de cliente separada, con la condición de que no se deben destinar más de $100,000 a cubrir pérdidas en efectivo o en equivalentes de efectivo.
(Página 193)

2. **C.** Una quiebra se determina de conformidad con la Ley de Protección a los Inversionistas en Valores de 1970. (Página 192)

3. **D.** La SIPC cubre $500,000 por cada cuenta de cliente separada, con la condición de que no se deben destinar más de $100,000 a cubrir pérdidas en efectivo. (Página 193)

4. **B.** La SIPC cubre $500,000 por cada cuenta de cliente separada, con la condición de que no se deben destinar más de $100,000 a cubrir pérdidas en efectivo. Por lo tanto, en el caso de la cuenta individual, cubre todas las pérdidas. Y en el caso de la cuenta mancomunada, cubre el valor total de los títulos pero sólo $100,000 de los $180,000 en efectivo. Los $80,000 restantes se convierten en una deuda general del intermediario-agente en quiebra.
(Página 193)

5. **B.** La cobertura máxima es de $500,000, con la condición de que no se deben destinar más de $100,000 a cubrir pérdidas en efectivo. El titular de una cuenta de caja especial con un valor de $100,000 en valores está cubierto por $100,000.
(Página 193)

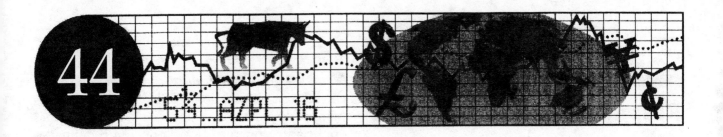

Ley de 1988 de Fraudes en Operaciones Bursátiles por Poseedores de Información Privilegiada

1. De conformidad con la Ley de Bolsas de Valores de 1934, ¿cuál(es) de las siguientes personas está(n) consideradas como poseedora(s) de información privilegiada?

    I.   Un abogado que redacta una circular de oferta de una compañía
    II. Un contador de una compañía
    III. La esposa del presidente de una compañía
    IV. El hermano del presidente de una compañía

    A. I únicamente
    B. II únicamente
    C. II, III y IV únicamente
    D. I, II, III y IV

2. Ted Longhorn posee información privilegiada sustancial de General Gizmonics, Inc. ¿Bajo qué circunstancias puede comunicar esta información a un cliente?

    A. Sólo si el cliente sabe que se trata de información privilegiada
    B. Sólo el día anterior a la publicación de la información
    C. Sólo si el cliente coloca una orden no solicitada
    D. Bajo ninguna circunstancia

3. ¿Cuál de los siguientes enunciados NO se aplica a las sanciones civiles que pueden imponerse a aquellos que violan las disposiciones de la Ley de Bolsas de Valores de 1934 relativas a la información privilegiada?

    A. Sólo se le puede imponer una sanción civil a una persona que está registrada conforme a la legislación bursátil.
    B. La violación punible se define como "la compra o venta de valores cuando se posee información privada sustancial."
    C. La SEC puede solicitar a un tribunal que imponga una pena de hasta tres veces la pérdida evitada o la ganancia obtenida en una transacción ilegal.
    D. Una sociedad asesora en inversiones puede incurrir en una falla de supervisión que resulta en una sanción si uno de sus representantes infringe la ley realizando una operación con base en información privilegiada.

Respuestas y justificaciones

1. **D.** Si bien la Ley de 1934 limita la definición de "poseedor de información privilegiada" a los funcionarios, los consejeros y los tenedores del 10 por ciento de las acciones de una compañía, los tribunales la han extendido a cualquier persona que tenga acceso a información de este tipo. (Página 195)

2. **D.** La información privilegiada no se puede comunicar antes de darse a conocer al público o sea al momento en que deja de ser privada. Las violaciones en esta materia pueden sancionarse con penas civiles y criminales.   (Página 195)

3. **A.** Se puede sancionar a cualquiera que opera con base en información privilegiada, no sólo a las personas registradas conforme a la ley. Los demás enunciados son correctos: la opción B define las operaciones bursátiles por poseedores de información privilegiada; la pena es de hasta tres veces la ganancia obtenida o la pérdida evitada (opción C); y una firma de asesoría efectivamente puede enfrentar una sanción por actos de sus representantes (opción D).   (Página 195)

Estatutos de la **NASD**

1. Una descalificación reglamentaria se aplica a un empleado o funcionario de un intermediario-agente que en los últimos 10 años

   A. ha sido acusado de agredir físicamente a un oficial de la policía
   B. ha sido sentenciado por cometer un delito menor en el sector bursátil
   C. ha sido sentenciado por romper la ventanilla de un automóvil en una distribuidora que le vendió un vehículo de mala calidad
   D. no ha pagado sus impuestos sobre la renta

2. ¿A cuál de las siguientes personas es ético que un intermediario-agente le pague comisiones conforme a un contrato de comisiones continuas?

   I. Un empleado jubilado o su viuda, por un negocio en marcha
   II. Una compañía de intermediación-agencia, por la adquisición del negocio en marcha de ese otro intermediario
   III. Un empleado jubilado que refiere a un vecino suyo al intermediario-agente
   IV. Un empleado jubilado que, durante uno de sus viajes, adquiere un nuevo negocio para el intermediario-agente

   A. I y II únicamente
   B. II y III únicamente
   C. III y IV únicamente
   D. I, II, III y IV

3. ¿Cuáles de las siguientes personas tienen que registrarse como principales en la NASD?

    I. Cualquier persona que solicite órdenes al público y sea socio de una empresa miembro

    II. El gerente de una oficina con jurisdicción para supervisar

    III. Un consejero que participa activamente en el negocio bursátil de una empresa miembro

    IV. Un subdirector que capacita a ejecutivos de cuenta de una empresa miembro

    A. I y II únicamente
    B. II y IV únicamente
    C. III y IV únicamente
    D. I, II, III y IV

4. El Código de Prácticas Uniformes de la NASD se elaboró para

    A. requerir que las prácticas de los sectores de banca de inversión y bursátil fueran justas, razonables y no discriminatorias hacia los inversionistas

    B. eliminar la publicidad y la propaganda que en opinión de la SEC viole las normas

    C. establecer un procedimiento para atender las quejas de los inversionistas

    D. mantener prácticas comerciales similares entre las organizaciones miembros del sector bursátil

5. Las leyes estatales sobre la industria bursátil se aplican a todo lo siguiente, EXCEPTO

    A. el registro de valores en un estado

    B. la regulación del comercio de valores en otros países

    C. la regulación del comercio de valores en un estado

    D. el registro de promotores de valores en un estado

6. La mayoría de las leyes estatales sobre la industria bursátil contienen disposiciones relativas a todo lo siguiente, EXCEPTO

    A. la revocación de un registro o una licencia cuando una división estatal de valores determina que un intermediario-agente o un promotor han violado cualquier parte de dichas leyes

    B. el registro de todos los intermediarios-agentes y sus vendedores en cada uno de los estados en que operan

    C. la venta de valores emitidos en otros estados

    D. la remuneración comparable de vendedores registrados en varios estados

7. Hace un año una ejecutiva de cuenta dejó su compañía para escribir un guión de cine y ya está lista para regresar al sector. ¿Cuál de los siguientes enunciados NO se aplica a este caso?

    A. Su registro se canceló.

    B. Tiene que volver a pasar los exámenes de certificación.

    C. Su antigua compañía presentó una forma U-5.

    D. Su nueva compañía tiene que presentar una forma U-4.

8. A una representante registrada se le sentencia por haber cometido un delito grave relacionado con la venta de un título. ¿Durante cuántos años quedará descalificada como persona asociada de una empresa miembro de la NASD?

    A. Uno
    B. Tres
    C. Siete
    D. Diez

9. Conforme a las reglas que establecieron las SRO,
   estas organizaciones son o están

   I.   responsables ante la SEC de supervisar
        las prácticas bursátiles dentro de sus
        jurisdicciones asignadas
   II. supervisadas por organismos
        gubernamentales
   III. autorizadas para emitir títulos valor
   IV. responsables de la operación ya sea
        extrabursátil o bursátil

   A. I y II
   B. I y III
   C. I y IV
   D. II y IV

Respuestas y justificaciones

1. **B.** Cualquier persona que en el curso de los últimos 10 años haya sido sentenciada por haber cometido un delito menor o grave en el sector bursátil está sujeta a las reglas de descalificación reglamentaria de la NASD. Una empresa miembro puede contratar a alguien con antecedentes penales por delitos cometidos fuera del sector, pero la Asociación tiene que examinar la solicitud de registro de esa persona antes de aprobarla.
(Página 202)

2. **A.** Una empresa miembro puede seguir pagando comisiones ya sea a un empleado jubilado (o a su esposa) o a un intermediario-agente por negocios en marcha, siempre y cuando exista un contrato previo por escrito.   (Página 198)

3. **D.** Cualquier persona que participe activamente en la administración de los negocios de un miembro (incluyendo la supervisión, la captación de negocios o la capacitación de otras personas para que desempeñen esas funciones) tiene que registrarse como principal ante la NASD.
(Página 201)

4. **D.** El Código de Prácticas Uniformes tiene por objeto estandarizar las costumbres, prácticas y técnicas operativas utilizadas en los sectores de banca de inversión y bursátil.   (Página 197)

5. **B.** Cada estado promulga estas leyes sobre el sector bursátil para controlar dentro de su territorio.
(Página 185)

6. **D.** Las leyes estatales sobre la industria bursátil típicas contienen disposiciones aplicables a la revocación de las licencias de los intermediarios-agentes y de los promotores. Asimismo, contienen disposiciones relativas a la venta de valores en otros estados (que tienen que ser registrados en esos estados). Estas leyes no regulan la remuneración de los promotores por parte de las casas de bolsa.
(Página 185)

7. **B.** Los representantes registrados tienen que volver a presentar los exámenes sólo después de una ausencia de dos años o más. Cuando el ejecutivo de nuestro ejemplo dejó su compañía, se canceló su registro y la empresa presentó una forma U-5. Si ahora se emplea en otra compañía, tiene que volver a solicitar su registro presentando una forma U-4.   (Página 198)

8. **D.** La persona que es sentenciada por haber cometido un delito grave en el curso de los 10 años anteriores a la presentación de una solicitud de registro se hace acreedora a una descalificación reglamentaria. La misma restricción se aplica a las personas que hayan sido sentenciadas por delitos menores si éstos tienen que ver con el manejo de valores o de dinero.   (Página 202)

9. **C.** Las organizaciones autorreguladoras se crearon para asegurar que se cumplieran los reglamentos de la SEC en jurisdicciones particulares. Algunas SRO, como la NYSE y la CBOE, son responsables de la operación bursátil; otras, como la NASD, supervisan el comercio extrabursátil. Puesto que todas las SRO son miembros independientes, no pueden emitir acciones de capital   (Página 196)

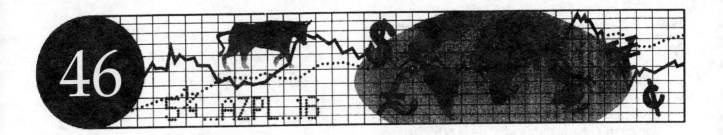

Comunicación
con el público

1. En un testimonio usado por una empresa miembro se tienen que mencionar

   A. las calificaciones de la persona que rindió el testimonio si éste implica una opinión especializada o experimentada
   B. que el desempeño anterior no necesariamente indica cuál será el desempeño futuro y la posibilidad de que otros inversionistas no obtengan resultados comparables
   C. el hecho de que a la persona que rindió el testimonio se le entregó una remuneración si ésta se pagó
   D. todo lo anterior

2. De lo siguiente, ¿qué no se considera ni publicidad ni propaganda?

   A. Un anuncio de radio que describe la gama de servicios ofrecidos por una empresa
   B. Un anuncio de una compañía en el directorio telefónico
   C. Un boletín de prensa enviado a diarios nacionales en el que un analista expresa su opinión sobre la economía
   D. Boletines de mercado enviados a clientes de una empresa

3. ¿Cuál(es) de los siguientes enunciados se aplica(n) a la publicidad de reclutamiento de las empresas miembros de la NASD?

   I. La publicidad de reclutamiento no está sujeta a las reglas administrativas de la NASD.
   II. La publicidad de reclutamiento no puede contener aseveraciones exageradas acerca de oportunidades en el sector bursátil.
   III. La publicidad de reclutamiento está prohibida.
   IV. La publicidad de reclutamiento que una empresa lanza durante su primer año de operación tiene que presentarse en la NASD.

   A. I
   B. I y II
   C. II y IV
   D. III

4. ¿En la publicidad y propaganda relativas, cuáles de las siguientes líneas de productos de inversión tienen que presentarse en el departamento de publicidad de la NASD dentro de los 10 días siguientes a la fecha en que se utilicen por primera vez?

   A. Nuevas emisiones de títulos de capital
   B. Títulos de deuda empresariales directos
   C. Títulos de compañías de inversión abiertas
   D. Títulos de compañías de inversión cerradas

5. ¿Cuál de las siguientes formas de comunicación escrita tiene que ser aprobada por un funcionario o gerente de sucursal antes de usarse?

   A. Una carta en la que se confirma a un cliente una cita para hacer una revisión anual de su cuenta
   B. Una carta que se envía a 30 clientes para ofrecerles asesoría sobre una acción
   C. Un memorándum interno de una empresa
   D. Un prospecto preliminar

6. ¿Cuál de los siguientes enunciados se aplica a las recomendaciones de un representante registrado a un cliente?

   A. Tienen que ser aprobadas previamente por un principal y deben ser idóneas con respecto a la información proporcionada por el cliente acerca de sus otras tenencias y condiciones financieras.
   B. Tienen que ser idóneas respecto de la información proporcionada por el cliente acerca de sus otras tenencias y condiciones financieras.
   C. Tienen que ser aprobadas previamente por un principal.
   D. No están sujetas a las reglas de la NASD.

7. De lo siguiente, ¿qué tiene que hacer o no una empresa miembro al recomendar un título a sus clientes?

   I. No ofrecer ninguna garantía con respecto al desempeño en el futuro
   II. Fundamentar adecuadamente sus recomendaciones
   III. Proporcionar u ofrecer que va a otorgar documentación de apoyo

   A. I únicamente
   B. I y II únicamente
   C. II únicamente
   D. I, II y III

8. ¿Cuál(es) de las siguientes actividades puede(n) originar que se presente un cargo por violación a las reglas de las NASD o de la SEC?

    I.   Un columnista de primera plana de un periódico financiero de circulación nacional escribe un reportaje favorable sobre cierta compañía, y un formador de mercado para los títulos de esa compañía lo invita a vacacionar con todos los gastos pagados
    II. Un intermediario-agente coloca en un diario local un anuncio pagado en el que se promueve la gama de servicios de banca de inversión que la empresa ha prestado a organizaciones locales
    III. Un intermediario-agente acepta pagar una parte importante de los gastos en que un patrocinador o editor de un boletín mensual de inversiones incurre a cambio de obtener posicionamiento preferencial de noticias y opiniones de mercado conforme a las instrucciones del intermediario
    IV. Un intermediario-agente ofrece a un representante registrado incentivos de ventas en la forma de concesiones más altas, pero sólo sobre ordenes de compra de una lista selecta de títulos de capital para los cuales la empresa forma mercados

    A. I
    B. I y III
    C. I, III y IV
    D. II, III y IV

9. ¿Cuáles de los siguientes términos se consideran "publicidad" y "propaganda" en relación con las sociedades de inversión?

    I.   La transmisión de anuncios comerciales por radio y televisión
    II. Las "ideas de ventas" y la literatura de mercadotecnia que los emisores envían a los intermediarios-agentes con objeto de que las utilicen como materiales internos para impulsar las ventas
    III. Las ayudas de ventas y la literatura sobre productos que un colocador principal de un fondo distribuye entre intermediarios-agentes para que se los envíen a compradores potenciales o puestos en exhibición
    IV. Comunicaciones escritas como publicidad directa por correo al público en general

    A. I y II únicamente
    B. I, III y IV únicamente
    C. III y IV únicamente
    D. I, II, III y IV

10. Si la Sociedad de Inversión ArGood incluye diagramas de desempeño y estadísticas de rendimiento de la inversión en su propaganda, ¿cuáles de las siguientes declaraciones de política de la NASD se aplican?

   I.   Los diagramas de desempeño y la demás información financiera similar divulgada debe abarcar un mínimo de 10 años (o toda la vida del fondo, si ésta es más corta); los periodos mayores de 10 años se pueden reportar en incrementos de 5 años.
   II. Todas las cifras de utilidades y rendimientos totales deben desglosarse en dividendos y ganancias de capital.
   III. Para calcular y reportar los rendimientos históricos y la rentabilidad de la inversión, se debe utilizar el precio de oferta máximo de las acciones.
   IV. Las cifras relativas al rendimiento actual deben basarse exclusivamente en las distribuciones de ingresos del fondo.

   A. I y III únicamente
   B. II y IV únicamente
   C. III y IV únicamente
   D. I, II, III y IV

11. Los siguientes se consideran publicidad o propaganda, EXCEPTO los(las)

   A. boletines de mercado
   B. informes de análisis
   C. prospectos
   D. listados en directorios telefónicos

12. ¿Cuál de las siguientes partes está sujeta a la Ley de Protección al Usuario de Servicios Telefónicos de 1991?

   A. Grupo de encuestas universitarias
   B. Organización sin fines de lucro
   C. Grupo religioso
   D. Representante registrado

13. De lo siguiente, ¿qué debe hacer un representante registrado cuando realiza llamadas en frío?

   I.   Anotar de inmediato los nombres y números telefónicos de los clientes que le piden que no vuelva a llamar
   II. Informar a cada cliente el nombre y el número telefónico o la dirección de la empresa
   III. Limitarse a llamar entre las 8 a.m. y las 9 p.m., tiempo del lugar en que se localiza el cliente
   IV. No llamar a los clientes que han solicitado que no se les llame

   A. I y II únicamente
   B. I y IV únicamente
   C. II y III únicamente
   D. I, II, III y IV

14. Max Leveridge recibe una solicitud telefónica de un representante registrado de Stern, Sternest, Sterners. ¿En cuál de las siguientes circuns-tancias esta llamada no está sujeta a la Ley de 1991 de Protección al Usuario de Servicios Telefónicos?

   I.   Max le pidió al representante que lo llamara para recomendarle inversiones.
   II. Max opera activamente y tiene una cuenta en Stern, Sternest, Sterners.
   III. Max opera activamente y tiene una cuenta con otra empresa.
   IV. El representante fue autorizado por un principal de la empresa.

   A. I y II
   B. I, II y III
   C. II
   D. IV

Respuestas y justificaciones

1. **D.** En cada testimonio se debe mencionar si el que lo rindió recibió una remuneración, que su experiencia tal vez no sea representativa de la de otros inversionistas, y sus calificaciones si el testimonio implica una opinión especializada o experimentada. (Página 211)

2. **C.** Las publicaciones de carácter general (es decir, las que no recomiendan títulos ni promueven a una compañía) no se consideran publicidad. (Página 204)

3. **C.** Toda la publicidad que se lanza durante el primer año de operación de una empresa debe presentarse ante la NASD con 10 días de anticipación. La publicidad de reclutamiento no puede contener aseveraciones exageradas acerca de oportunidades en el mercado bursátil.(Página 213)

4. **C.** Si bien las reglas de la NASD estipulan que un funcionario u otra persona designada de una empresa miembro debe vigilar estrictamente toda la publicidad y la propaganda y aprobarla antes de que se use o se publique por primera vez, sólo algunos productos de inversión están sujetos al requisito de los 10 días, entre ellos, los que destacan los títulos registrados de compañías de inversión como son las sociedades de inversión, los contratos de seguros de renta variable y los fideicomisos de inversión en unidades. Los títulos de compañías de inversión cerrada se tratan como valores de capital empresariales y, de conformidad con estas reglas, no están sujetos al requisito de presentación. (Página 207)

5. **B.** Las cartas tipo circular se consideran como propaganda y tienen que ser aprobadas con anterioridad por un principal o un gerente antes de usarse. (Página 205)

6. **B.** Las recomendaciones que se hagan a un cliente tienen que ser idóneas para la situación de éste. (Página 209)

7. **D.** Las opciones de la I a la III se aplican a las recomendaciones a los clientes. (Página 208)

8. **C.** Tanto la Ley de Bolsa de Valores de 1934 como las Reglas de Prácticas Leales de la NASD prohíben las actividades e incentivos que se describen en todas las opciones enumeradas, excepto la II. Está permitido usar material promocional claramente identificable como publicidad pagada. (Página 205)

9. **B.** Los términos "publicidad" y "propaganda" se refieren sólo a los materiales que se preparan para publicarse o transmitirse por radio o televisión al público masivo o a los inversionistas en general. En cambio, no se aplican al material destinado al uso interno de una organización, por supuesto suponiendo, que la empresa lo oculte a la vista de los clientes. (Página 204)

10. **D.** Los diagramas de desempeño deben cubrir un plazo suficiente para que los compradores potenciales puedan evaluar el desempeño de una sociedad de inversión tanto en los tiempos buenos como en los malos, lo que justifica el requisito de los 10 años de la NASD. Por otra parte, la NASD cree que a los clientes se les debe advertir si el desempeño de un fondo se basa únicamente en la reinversión de las ganancias de capital, o en la reinversión de éstas y de los dividendos. En aras de la transparencia de los informes y de la congruencia de las estadísticas, las cifras relativas al rendimiento total deben basarse en el precio de oferta máximo del periodo analizado.(Página 209)

11. **C.** Se considera como publicidad toda comunicación al público general. Tres de las respuestas se ajustan a esta definición. Los prospectos no se consideran publicidad. (Página 204)

12. **D.** La Ley de Protección al Usuario de Servicios Telefónicos de 1991 rige a todos los representantes registrados. Cada empresa tiene que proporcionarles a todos sus representantes una lista de personas que no desean que se les llame, para que la revisen antes de hacer sus llamadas. Esta ley sólo se aplica a las llamadas comerciales, por lo que no incluye a los grupos de encuestas universitarias ni a las organizaciones sin fines de lucro. (Página 214)

13. **D.** Todos son requisitos de la Ley de Protección al Usuario de Servicios Telefónicos de 1991.

(Página 214)

14. **A.** La Ley de Protección al Usuario de Servicios Telefónicos de 1991 exenta las llamadas que se realizan a clientes establecidos y las que solicitan los clientes potenciales. Un principal registrado no tiene autoridad para decidir qué llamadas no están sujetas a dicha ley. (Página 214)

47

Ética en el sector bursátil

1. El término "multiplicación de operaciones" se refiere a

   A. un exceso de operaciones en la cuenta de un cliente con la finalidad expresa de generar comisiones
   B. la práctica del aprovechamiento gratuito en varias cuentas de clientes a la vez
   C. la manipulación de los precios de mercado por una empresa
   D. hacer declaraciones falsas o engañosas a un cliente con la intención de inducirlo a que compre o venda un valor

2. ¿Cuál de los siguientes enunciados define el término "venta de dividendos"

   A. Acto de alentar a los clientes de una sociedad de inversión a vender sus tenencias poco antes de que el fondo declare el pago de un dividendo
   B. Acto de inducir a los clientes a que compren acciones de una sociedad de inversión poco antes de que se paguen dividendos
   C. Acto de retirar los dividendos en vez de reinvertirlos en acciones adicionales
   D. Acto de alentar a los inversionistas a posponer la compra de acciones de una sociedad de inversión para una fecha posterior a la fecha exdividendo de una distribución

3. Al acto de alentar a un cliente a que compre una cantidad de acciones de una sociedad de inversión que esté justo abajo del nivel en el que calificaría para que se le redujera la comisión sobre la venta se le llama

   A. venta de descuento por cantidad
   B. venta de "cuarto de máquinas"
   C. venta de doble percepción
   D. venta de "ganga"

4. De lo siguiente, ¿qué debe hacer una organización miembro conforme a las Reglas de Prácticas Leales?

   A. Otorgar una prórroga de la fecha de liquidación de una compra hecha en una cuenta de caja especial
   B. Recomprarle a un cliente los valores que ponga a la venta
   C. Cotizar un descuento por volumen sobre lotes de más de 100 acciones
   D. Autorizar por escrito la petición de un representante registrado de participar en las pérdidas o las ganancias de un cliente

5. Un representante registrado firma un contrato para pedir dinero prestado a un cliente. ¿En qué circunstancias se permite esto?

    A. Sólo con el permiso por escrito de su empresa
    B. Sólo con el permiso por escrito de la NASD
    C. Sólo si el cliente es un banco
    D. En ninguna circunstancia

6. Una persona asociada de Dullard Securities es propietaria de una casa de descanso. ¿En qué circunstancias puede rentar esa casa?

    A. Sólo con la aprobación previa por escrito de Dullard Securities
    B. Sólo después de notificárselo a Dullard Securities
    C. Bajo cualquier circunstancia
    D. Bajo ninguna circunstancia

7. Cuando los reguladores quieren determinar si un representante registrado está multiplicando ope-raciones en una cuenta, ¿qué consideran de lo siguiente?

    I. La frecuencia de las operaciones
    II. El motivo del agente
    III. La calificación de los valores operados
    IV. El monto de las posiciones operadas

    A. I
    B. I, II y IV
    C. I y III
    D. III y IV

8. A un representante registrado que se le contrata como conferencista invitado se le pagan ciertos honorarios. En este caso, el representante debe

    A. registrarse como asesor en inversiones
    B. certificarse como planificador financiero
    C. solicitar permiso a la NASD
    D. notificárselo por escrito a su empresa

Respuestas y justificaciones

1. **A.** El término "multiplicación de operaciones" describe un exceso de transacciones en relación con las circunstancias particulares de un cliente o respecto de las que se considerarían normales. Esto se aplica por igual a las cuentas discrecionales y a las no discrecionales.   (Página 218)

2. **B.** La venta de dividendos es una práctica desleal en la que un vendedor, ya sea intencionalmente o no, induce a los clientes a creer que obtendrán el equivalente de un descuento sobre sus inversiones porque el fondo pronto pagará una distribución. En este caso, el cliente tendrá una pérdida porque el efectivo que recibirá de inmediato será un ingreso en dividendos y, por lo tanto, gravable.
          (Página 218)

3. **A.** En una venta de descuento por cantidad, un cliente adquiere sin mala intención una cantidad de acciones de una sociedad de inversión que sin saberlo está justo por debajo del nivel en el que calificaría para que se le redujera la comisión sobre la venta. Por tanto, termina pagando cargos por venta más altos, lo que reduce el número de acciones compradas y aumenta el costo base por acción.   (Página 219)

4. **D.** Conforme a las Reglas de Prácticas Leales de la NASD, los miembros y las personas asociadas con ellos tienen prohibido asegurarle a un cliente que no incurrirá en ninguna pérdida; o participar en las utilidades o pérdidas de la cuenta de un cliente, a menos que hayan obtenido previo consentimiento por escrito de la empresa y participen sólo en la medida de su contribución proporcional a la cuenta. (Cabe mencionar que las cuentas de los familiares inmediatos de una persona asociada están exentas de esta limitación en la participación proporcional.)   (Página 219)

5. **C.** La prohibición de pedir dinero prestado a los clientes no incluye a aquellos que se dedican al negocio del crédito; de lo contrario, pedir dinero o valores prestados a los clientes está estrictamente prohibido.   (Página 219)

6. **C.** La renta recibida por el alquiler de una casa de descanso no representa una operación bursátil privada, así que no se necesita ninguna aprobación o notificación.   (Página 216)

7. **B.** Los movimientos excesivos en la cuenta de un cliente, ya sea en términos de volumen o de frecuencia, es una práctica ilegal que se conoce como *multiplicación de operaciones*. Cuando los reguladores investigan una supuesta multiplicación de operaciones en una cuenta, consideran el motivo que puede tener el representante.   (Página 218)

8. **D.** Si un representante registrado recibiera ingresos de una fuente ajena a la compañía donde está empleado, tiene que notificárselo a la misma. Si el representante presta asesoría dentro de los límites de las funciones de su cargo, no es necesario que se registre como asesor en inversiones.
          (Página 217)

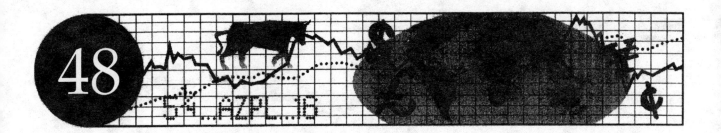

48

Código de Procedimiento y Código de Procedimiento de Arbitraje

1. El Código de Procedimiento se aplica a todo lo siguiente, EXCEPTO a la solución de

   A. operaciones con valores comercializables a su emisión entre empresas miembros
   B. demandas entre miembros
   C. demandas entre representantes registrados y miembros
   D. demandas de clientes en contra de miembros

2. ¿Cuáles de las siguientes medidas puede tomar la NASD contra los miembros que violan las Reglas de Prácticas Leales?

   I. Expulsión
   II. Censura
   III. Multa
   IV. Suspensión

   A. I, II y IV únicamente
   B. I y IV únicamente
   C. II y III únicamente
   D. I, II, III y IV

3. ¿Cuál de los siguientes enunciados se aplica a los fallos de conformidad con el Código de Procedimiento de Arbitraje de la NASD?

   A. Obligan a los miembros, pero no a los clientes
   B. Obligan a todas las partes en una controversia
   C. Son apelables ante el Consejo de Gobernadores de la NASD
   D. Son apelables ante la SEC

4. Según el Código de Procedimiento de Arbitraje de la NASD, ¿cuál(es) de las siguientes controversias puede(n) solucionarse mediante arbitraje?

   I. De un miembro en contra de una persona asociada con otro miembro
   II. De un miembro en contra de otro
   III. De un miembro en contra de un cliente del público inversionista
   IV. De un cliente público en contra de un miembro

   A. I únicamente
   B. I, II y IV únicamente
   C. II únicamente
   D. I, II, III y IV

5. El Código de Arbitraje es de aplicación obligatoria en las controversias entre un inter-mediario-agente y

   A. la Comisión de Valores y Bolsas
   B. otro intermediario-agente
   C. el público en general
   D. la National Association of Securities Dealers

6. ¿Cuáles de los siguientes enunciados se aplican al Código de Procedimiento?

   I. El consejo de dirección puede revisar las decisiones del Comité de Administración de Operaciones Distritales dentro de un plazo de 45 días
   II. Todas las respuestas de los interrogados deben ser por escrito y someterse al Comité de Administración de Operaciones Distritales dentro de un plazo de 20 días naturales
   III. Todas las demandas deben ser por escrito
   IV. La SEC debe aprobar o desaprobar la sanción impuesta dentro de un plazo de 60 días

   A. I y II únicamente
   B. I, II y III únicamente
   C. III y IV únicamente
   D. I, II, III y IV

7. De conformidad con el Código de Arbitraje, ¿qué plazo tiene un cliente para presentar una demanda en contra de un representante regis-trado o de una empresa miembro?

   A. 6 meses
   B. 1 año
   C. 6 años
   D. 10 años

8. La multa máxima que se puede imponer en un procedimiento abreviado es de

   A. $1,000
   B. $2,500
   C. $5,000
   D. $10,000

9. ¿Cómo se resuelven las controversias entre miembros de la NASD relacionadas con la entrega y el pago en operaciones bursátiles?

   A. Por medio de la SEC
   B. Conforme a lo dispuesto en el Código de Arbitraje
   C. Por medio de la dirección
   D. Por medio del Comité de Administración de Operaciones Distritales

10. De las siguientes autoridades, ¿cuál(es) puede(n) imponer una sanción a una empresa o a un representante registrado, o suspenderlos o expulsarlos de la NASD?

    I. Comité de Administración de Operaciones Distritales
    II. El Consejo de Gobernadores de la NASD
    III. El Comité de Prácticas Uniformes

    A. I y II
    B. II
    C. II y III
    D. III

11. En la solución de controversias entre empresas miembros, el arbitraje es preferible al litigio porque

    A. no obliga a ambas partes
    B. es menos costoso
    C. no permite que presenten alegatos partes ajenas al sector
    D. da más tiempo para preparar los alegatos

12. Se somete a arbitraje un asunto que implica una diferencia de $50,000. El tribunal de audiencia debe estar formado por

    A. un mínimo de tres y un máximo de cinco árbitros
    B. cinco árbitros
    C. siete árbitros
    D. el número de árbitros que determine el Comité de Arbitraje

13. Cuando a una parte se le notifica que un cliente ha entablado una demanda en su contra, ¿qué responsabilidad(es) tiene?

    I. Debe presentar las formas correspondientes al Director de Arbitraje dentro de los 20 días calendario siguientes a la fecha en que reciba la notificación.
    II. En su contestación, tiene que exponer todas sus defensas.
    III. En su caso, puede contrademandar a la parte actora o a un tercero.

    A. I únicamente
    B. I y II únicamente
    C. III únicamente
    D. I, II y III

Respuestas y justificaciones

1. **A.** El Código de Procedimiento es un mecanismo para solucionar controversias entre miembros o entre miembros y no miembros. El Código de Prácticas Uniformes establece procedimientos de operación estándar para solucionar transacciones. (Página 221)

2. **D.** A los miembros o empleados de miembros que se les comprueba que han violado las Reglas de Prácticas Leales se les puede imponer cualquiera de las sanciones establecidas por la NASD. (Página 221)

3. **B.** Los miembros y las personas asociadas tienen que someter a arbitraje sus controversias. Los clientes las someten a arbitraje sólo si están de acuerdo con ello. Las decisiones emitidas conforme al Código de Arbitraje se consideran obligatorias para todas las partes involucradas. (Página 224)

4. **D.** El Código de Arbitraje es obligatorio para las controversias entre miembros. En una controversia entre un miembro y un cliente público, el primero no puede obligar al segundo a someterse al arbitraje, pero este último sí puede solicitarlo. (Página 221)

5. **B.** El Código de Arbitraje abarca las controversias entre intermediarios-agentes. (Página 221)

6. **B.** El Consejo de Gobernadores puede revisar cualquier decisión del DBCC dentro de un plazo de 45 días, si lo considera conveniente. En todo caso, los cargos y las contestaciones deben presentarse por escrito. Los demandados tiene un plazo de 20 días calendario para contestar las demandas. (Página 223)

7. **C.** Conforme al Código de Arbitraje, ninguna controversia o demanda se puede someter a arbitraje más de 6 años después de la fecha en que ocurra. La legislación en materia de arbitraje no amplía de la NASD. El UPC especifica la mecánica de los tratos entre miembros. (Página 224)

8. **B.** Conforme al Código de Procedimiento de la NASD, la multa máxima que se puede imponer en un procedimiento abreviado es de $2,500. (Página 223)

9. **B.** Las controversias en torno a las disposiciones del Código de Prácticas Uniformes (UPC) se solucionan conforme al Código de Arbitraje de la NASD. El UPC especifica la mecánica de los tratos entre miembros. (Página 224)

10. **A.** De conformidad con el Código de Procedimiento de la NASD, tanto el DBCC como el Consejo de Gobernadores están facultados para sancionar, suspender o expulsar a una empresa miembro o a una persona asociada. (Página 221)

11. **B.** Para solucionar controversias entre empresas miembros, se prefiere el método de arbitraje porque es menos costoso que el litigio. (Página 224)

12. **A.** En las controversias que implican más de $30,000 el Código dicta que el tribunal de audiencia debe estar compuesto por un mínimo de tres y un máximo de cinco árbitros. (Página 225)

13. **D.** La persona demandada por un cliente debe contestar la notificación dentro de un plazo de 20 días calendario, dentro del cual puede exponer sus defensas y entablar una contrademanda o una segunda demanda. (Página 222)

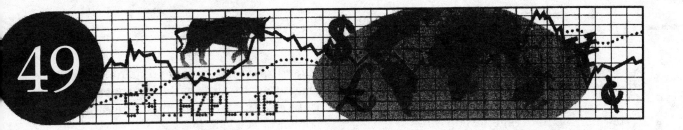

Cuarta lección:
Reglamentación
del sector bursátil

1. A un representante registrado se le puede imponer una sanción por infringir las Reglas de Prácticas Leales,

   I. a solicitud de un cliente
   II. a solicitud del Consejo de Gobernadores
   III. por medio del Comité Distrital de Conducto Profesional

   A. I y III únicamente
   B. II únicamente
   C. II y III únicamente
   D. I, II y III

2. El Consejo de Gobernadores de la NASD está facultado para

   I. suspender a una persona y prohibirle que se asocie con una bolsa
   II. censurar a un socio de una empresa miembro
   III. suspender o expulsar de la NASD a una empresa miembro
   IV. suspender a una persona o prohibirle que se asocie en el futuro con una empresa miembro

   A. I y III únicamente
   B. II, III y IV únicamente
   C. II y IV únicamente
   D. I, II, III y IV

3. Si una decisión del Comité de Administración de Operaciones Distritales no se apela ante el Consejo de Gobernadores, empieza a surtir sus efectos

   A. inmediatamente
   B. sólo después de que la revisa la SEC
   C. no antes de 10 días contados a partir de la fecha en que se emitió
   D. no antes de 45 días contados a partir de la fecha en que se emitió

4. ¿Quién puede presentar una demanda contra un representante registrado?

   A. El Consejo de Gobernadores de la NASD
   B. Un cliente
   C. Un intermediario-agente miembro
   D. Ninguna de ellas

5. Las siguientes controversias deben someterse a arbitraje, EXCEPTO las de

   A. un intermediario-agente con otro
   B. una persona asociada con un inter-mediario-agente
   C. un intermediario-agente con un cliente
   D. un intermediario-agente con una persona asociada

6. De los siguientes recursos para solucionar controversias, ¿cuál es más atractivo para los intermediarios-agentes por tener un costo relativamente bajo?

   A. Litigio
   B. Resolución colindante
   C. Repatriación
   D. Arbitraje

7. Para solucionar una controversia, puede ser que un cliente prefiera el arbitraje a una demanda judicial porque

   A. en general, los árbitros favorecen al cliente
   B. el cliente está obligado a someterse al arbitraje
   C. en general, el arbitraje es menos costoso que un procedimiento judicial
   D. un cliente del público inversionista no puede recurrir al arbitraje

8. A menos que la ley disponga lo contrario, todas las indemnizaciones determinadas o confirmadas por el panel de arbitraje

   A. están sujetas a la revisión del MSRB
   B. están sujetas a la revisión de la SEC
   C. están sujetas a apelación ante los tribunales federales
   D. se consideran definitivas y no están sujetas ni a revisión ni a apelación

9. Cuando se inicia un procedimiento de arbitraje, al documento que la parte demandante presenta para exponer los hechos relevantes y las soluciones se le llama

   A. acuerdo de sometimiento
   B. escrito de acta de demanda
   C. declaración oficial
   D. resumen del consejero

10. Un cliente involucrado en una controversia con un intermediario-agente firma el acuerdo de sometimiento requerido. Por lo tanto,

    A. tiene que someterse a las decisiones tomadas a su favor
    B. tiene que someterse a las decisiones tomadas a favor de la empresa
    C. tiene que someterse a cualquier decisión
    D. no tiene que someterse a ninguna decisión

11. ¿Durante cuántos años deben mantenerse en un lugar de fácil acceso la publicidad, la propaganda y los boletines de mercado?

    A. Uno
    B. Dos
    C. Tres
    D. Cinco

12. Cuando una empresa miembro hace referencia a sus recomendaciones previas, también tiene que

    I.   indicar que el mercado en general se encontraba a la alza, si así fuera el caso
    II. mencionar todas las recomendaciones que se han hecho sobre el mismo tipo de títulos durante los 12 meses anteriores
    III. indicar la fecha y el precio del título en el momento de la recomendación
    IV. indicar la cuantía de la pérdida o la utilidad que la persona habría tenido si hubiera seguido todas las recomendaciones

    A. I, II y III únicamente
    B. II y III únicamente
    C. I, II, III y IV
    D. Ninguna de las opciones anteriores

13. De la siguiente información, ¿cuál debe incluirse en un testimonio que se rinde en nombre de una empresa miembro y se distribuye entre clientes potenciales?

    I.   Las calificaciones de la persona que rinde el testimonio, si éste implica una opinión especializada o de un experto
    II. El periodo que abarca el testimonio
    III. Que posiblemente no se repitan los rendimientos y el desempeño de la inversión citados
    IV. Si la persona que rindió el testimonio recibió una remuneración por el mismo

    A. I, III y IV únicamente
    B. I y IV únicamente
    C. II y III únicamente
    D. I, II, III y IV

14. ¿Cuál de los siguientes conceptos se clasifica como "propaganda" y no como "publicidad"?

    A. La reproducción de un anuncio de prensa
    B. Un anuncio exterior o espectacular
    C. Un listado del directorio telefónico
    D. Un mensaje de telemercadeo pregrabado

15. ¿Cuál de los siguientes conceptos se clasifica como "publicidad" y no como "propaganda"?

    A. Una carta modelo
    B. Un guión para un programa de televisión
    C. Un informe de análisis
    D. Una grabación de un comercial de radio

16. Las recomendaciones que un representante registrado prepara por escrito necesitan ser aprobadas previamente por

    A. la SRO competente
    B. un principal de la empresa
    C. la SEC
    D. la FCC

17. Joe recibe una llamada en frío de un representante registrado y le dice a éste que no está interesado en la inversión que le propone ni en ninguna otra. Conforme a la Ley de Protección al Usuario de Servicios Telefónicos de 1991, ¿cuál de las siguientes acciones es necesaria en este caso?

    A. Antes de volver a llamar a Joe, el representante registrado puede enviarle una carta para notificarle sus intenciones.
    B. La próxima vez, puede llamarle a Joe un principal de la empresa.
    C. El agente no puede volver a hacer llamada en frío.
    D. Ningún miembro de la empresa puede llamar a Joe.

18. Un nuevo cliente le hace preguntas acerca de una sociedad de inversión de crecimiento. En su carácter de representante registrado, usted NO puede decirle al cliente

A. "Como se trata de un fondo de crecimiento, el valor de sus acciones se incrementará".
B. "Puede redimir sus acciones en cualquier momento, pero debe considerar esta operación como una inversión a largo plazo".
C. "Según información reunida por el Servicio de Calificación de la Sociedad de Inversión Zbest, en los últimos 10 años este fondo se ha situado entre el primer 25 por ciento de los fondos con objetivos similares".
D. "Usted puede optar por reinvertir automáticamente todas sus distribuciones en el fondo".

19. ¿Cuál de las siguientes organizaciones no está sujeta a la Ley de Protección al Usuario de Servicios Telefónicos?

A. Una organización de caridad sin fines de lucro que llama para vender boletos de una rifa
B. Un pequeño negocio que realiza llamadas en su barrio
C. un servicios de telemercadeo que llama entre las 8 a.m. y las 9 p.m.
D. Una estación de radio que llama a sus escuchas con objeto de realizar una encuesta para un anunciante

20. ¿Cuáles de las siguientes llamadas no están sujetas a la Ley de Protección al Usuario de Servicios Telefónicos de 1991?

I. Las que hacen organizaciones sin fines de lucro exentas de impuestos
II. Las que se hacen en representación de organizaciones sin fines de lucro exentas de impuestos
III. Las que se hacen para cobrar adeudos
IV. Las que se hacen a clientes empresariales establecidos

A. I, III y IV únicamente
B. I y IV únicamente
C. II y III únicamente
D. I, II, III y IV

21. De conformidad con los estatutos de la NASD, ¿qué información se debe recabar sobre una persona que solicita un empleo en el que se manejan fondos o valores?

I. Si ha sido arrestada o procesada por un delito relacionado con la compra, la venta o la entrega de valores
II. Si se le ha denegado la membresía en alguna bolsa de valores nacional
III. Qué relaciones profesionales y de negocios ha tenido durante los últimos 10 años
IV. A qué instituciones educativas ha asistido en los últimos 10 años

A. I y II únicamente
B. I, III y IV únicamente
C. II y III únicamente
D. I, II, III y IV

22. ¿Qué información debe incluirse en un anuncio publicitario en el que se identifica a una oficina de un miembro de la NASD que no es sucursal?

   A. Una mención de que el anuncio se sometió previamente a la aprobación de la NASD
   B. Una mención de que la NASD aprobó el registro de esa oficina
   C. El domicilio y el número telefónico de la oficina correspondiente con jurisdicción para supervisar
   D. El nombre del principal registrado a cargo de supervisar esa oficina

23. Una pareja tiene una cuenta de caja y una cuenta de margen, ambas mancomunadas. Además, tiene dos cuentas individuales para el retiro separadas. La SIPC cubriría

   A. las cuentas mancomunadas de manera independiente, y las cuentas para el retiro como si fueran una sola
   B. las cuentas para el retiro de manera independiente y las cuentas mancomunadas como si fueran una sola
   C. todas las cuentas como si fueran una sola
   D. todas las cuentas de manera individual y por separado

24. De las siguientes cuentas de clientes, ¿cuál(es) NO está(n) asegurada(s) por las SIPC?

   I. Cuenta de margen de clientes
   II. Cuenta JTWROS mancomunada con el cónyuge
   III. Cuenta de productos básicos en cotitularidad con un hijo
   IV. Cuenta en cotitularidad con un socio

   A. I
   B. II y III
   C. II, III y IV
   D. III

25. ¿Cuáles de los siguientes valores incluidos en una cuenta de cliente cubre la SIPC?

   I. Acciones ordinarias
   II. Acciones preferentes
   III. Derechos y títulos opcionales de compraventa
   IV. Bonos empresariales

   A. I y II únicamente
   B. II, III y IV únicamente
   C. III y IV únicamente
   D. I, II, III y IV

Respuestas y justificaciones

1. **C.** A los miembros o a las personas asociadas sólo se les puede imponer una medida disciplinaria si se determina que han violado las reglas. Esta determinación puede tomarla el Comité de Administración de Operaciones Distritales o el Consejo de Dirección de la NASD. (Página 221)

2. **B.** El Consejo de Gobernadores de la NASD puede censurar, suspender o expulsar a un miembro o una persona asociada con un miembro. No tiene jurisdicción sobre las bolsas y no puede prohibir a ninguna persona que se asocie con ellas. (Página 222)

3. **D.** Si no se apelan, las decisiones del Comité de Administración de Operaciones Distritales adquieren carácter definitivo a los 45 días de la fecha en que se emiten. (Página 223)

4. **D.** Cualquier persona puede presentar una queja en contra de un representante registrado por infracciones a las Reglas de Prácticas Leales. (Página 222)

5. **C.** En controversias que involucran sólo a personas asociadas y a intermediarios-agentes todas las partes tienen que someterse a arbitraje. En caso de que un intermediario-agente demande a un cliente, o a la inversa, el cliente no está obligado a someterse al arbitraje, puede *elegirlo*, y al firmar la documentación correspondiente se obliga a acatar la decisión arbitral. (Página 224)

6. **D.** El arbitraje es un sistema para resolver controversias entre partes presentando el desacuerdo a un tribunal de audiencia imparcial constituido por uno, tres o cinco árbitros. Este sistema emite decisiones obligatorias relativas a controversias y evita litigios costosos. (Página 224)

7. **C.** Las opciones A, B y D son falsas. (Página 224)

8. **D.** Todas las decisiones de un comité de arbitraje se consideran finales y obligatorias. (Página 224)

9. **B.** A la presentación de una demanda en una controversia se la llama *escrito de pretensiones*. (Página 224)

10. **C.** Cuando una controversia se somete a arbitraje, el acuerdo de sometimiento se acompaña del escrito de pretensiones. Conforme al Código de Procedimiento de Arbitraje de la NASD, ningún cliente puede ser obligado a someterse al arbitraje; pero si consiente por escrito, tiene que acatar la decisión final del tribunal de audiencia.(Página 224)

11. **B.** Toda la publicidad tiene que conservarse en los archivos durante tres años, los dos primeros en un lugar de fácil acceso. (Página 206)

12. **A.** Cuando un miembro hace referencia a recomendaciones previas, tiene que mostrar todo el universo de recomendaciones del año anterior, no sólo las que resultaron acertadas. Asimismo, debe indicar si el mercado en general se encontraba al alza, y la fecha y el precio del título en el momento en que se hizo la recomendación. (Página 209)

13. **A.** Cuando una empresa miembro usa un testimonio, éste debe incluir la siguiente información: (1) una mención de que la experiencia del testigo no necesariamente es representativa de la de otros clientes; (2) la mención de si se le dio una remuneración, en caso de que haya sido sustancial; y (3) las calificaciones del testigo si el asunto implica la opinión de un experto. (Página 211)

14. **A.** La reproducción de un anuncio publicitario que se distribuye entre los clientes se clasifica como propaganda. En todas las demás respuestas se alude al uso de medios públicos, por lo que se trata de material clasificado como publicidad. (Página 204)

15. **D.** Puesto que el radio es un medio público, un anuncio de radio se considera publicidad. Todas las demás respuestas describen comunicaciones que pueden hacerse al público o a los clientes y, por lo tanto, se clasifican como propaganda. (Página 204)

16. **B** Una recomendación que se hace por escrito a un cliente se clasifica como propaganda. Por consiguiente, el principal tiene que revisarla y aprobarla previamente.   (Página 204)

17. **D.** El nombre de Joe tiene que incluirse en la "lista de no llamar", y ningún miembro de la empresa puede llamarlo.   (Página 214)

18. **A.** El precio de las acciones y el rendimiento de las inversiones varían, por lo que ninguna sociedad de inversión puede garantizar que una inversión será rentable. Los representantes registrados están sujetos a las reglas destinadas a proteger al público, así que no deben insinuar que los fondos son adecuados para negociaciones a corto plazo ni dar ninguna información sobre el desempeño de los mismos sin revelar la fuente del material. En cambio, sí pueden hablar de los servicios que ofrece el fondo, por ejemplo el de reinversión de dividendos.   (Página 209)

19. **A.** Las llamadas exentas de la Ley de Protección al Usuario de Servicios Telefónicos de 1991 (TCPA) incluyen las realizadas por organizaciones de caridad, las que se hacen a clientes empresariales actuales establecidos, las hechas sin fines co-merciales y aquellas que se efectúan con el permiso expreso o a solicitud del cliente.   (Página 214)

20. **D.** Todas las opciones enumeradas describen llamadas exentas de la TCPA.   (Página 214)

21. **D.** Conforme a los estatutos de la NASD, un intermediario debe llevar un registro de todos los conceptos enumerados.   (Página 198)

22. **C.** Toda oficina de un intermediario-agente que no sea sucursal debe identificarse con el nombre, la dirección y el número telefónico de su OSJ en el papel membretado, las tarjetas de presentación, las listas del directorio telefónico y los anuncios publicitarios.   (Página 205)

23. **B.** La SIPC proporciona una cobertura máxima de $500,000 a cada cuenta de cliente separada. Para los propósitos de la SIPC, si una persona tiene varias cuentas, todas se consideran como si fueran una sola (recuerde que la definición de "persona" incluye a individuos, grupos, compañías y otras entidades). No obstante, la propiedad real incluye elementos diferentes. Por ejemplo, si una mujer tiene una cuenta a su nombre, un hombre tiene otra al suyo y ambos son copropietarios de una tercera cuenta, la SIPC las tratará como tres cuentas de clientes separadas.   (Página 193)

24. **D.** La protección de la SIPC se aplica únicamente a las cuentas de *valores*; por lo tanto, excluye a las cuentas de productos básicos.   (Página 193)

25. **D.** La SIPC proporciona una cobertura máxima de $500,000 para valores manejados en una cuenta de cliente. Todos los tipos de valores están protegidos por esta cobertura máxima.
                    (Página 193)

Primer examen final

1. ¿Cuál de las siguientes características corresponde a los pagarés de la Tesorería a corto plazo?

   A. Se emiten a valor nominal
   B. Son amortizables
   C. Se emiten al portador
   D. Están registrados

2. Si un bono se compra con un premio, su rendimiento al vencimiento es

   A. superior al rendimiento nominal
   B. inferior al rendimiento nominal
   C. igual que el rendimiento nominal
   D. igual que el rendimiento actual

3. Chip Bullock de 52 años y su esposa Clara de 56, tienen una cartera de inversiones grande concentrada en acciones y sociedades de inversión de acciones, que incluyen un fondo internacional. La pareja mantiene sus reservas en efectivo en una cuenta de mercado de dinero manejada por un banco local. Chip está empleado como consultor y recibe un sueldo de $400,000. Los Bullock están buscando una inversión segura porque necesitan liquidar una parte de su cartera cuando Chip se retire, dentro de unos cinco años. Por otra parte, reconocen que necesitan diversificar más su cartera. ¿Cuál de las siguientes sociedades de inversión es MÁS adecuada para los Bullock?

   A. Fondo de Bonos Municipales Exentos de Impuestos NavCo
   B. Fondo de Biotecnología ATF
   C. Fondo de Oportunidades en el Extranjero ATF
   D. Fondo de Índices de Acciones ArGood

4. Si un intermediario-agente retiene dinero o valores en su propia cuenta, está

   A. colocando
   B. pignorando los valores
   C. tomando una posición
   D. nada de lo anterior

5. Un fondo busca ingresos corrientes máximos, crecimiento del capital y que su principal esté seguro. Su cartera de inversiones se compone de acciones ordinarias y preferentes, títulos convertibles y bonos de alto rendimiento. Esta diversificación puede ayudarle a obtener altos rendimientos totales y reducir al mínimo la volatilidad. ¿A cuál de los siguientes fondos describe la información anterior?

    A. Fondo de Índices de Acciones ArGood
    B. Fondo de Bonos con Calidad de Inversión ArGood
    C. Fondo de Crecimiento e Ingresos NavCo
    D. Fondo de Ingresos Gubernamentales ZBEST

6. De las cuentas siguientes, ¿cuál se considera discrecional?

    A. Cuenta operativa de un representante registrado
    B. Cuenta operativa de un intermediario-agente
    C. Cuenta en la que un inversionista autoriza por escrito al intermediario a comprar o vender valores
    D. Cuenta de una sociedad de inversión que permite retiros periódicos

7. Rhoda Bear de 32 años y Randy Bear de 30, se casaron hace cuatro años. Los dos trabajan y aún no tienen hijos, por lo que sus ingresos disponibles son relativamente altos. La pareja vive en un suburbio y está planeando comprar un condominio en el centro de la ciudad, a fin de poder disfrutar de algunas de sus actividades favoritas durante los fines de semana. Necesitan un lugar seguro para invertir la cantidad que han ahorrado para el enganche del condominio en los seis últimos meses mientras encuentran la residencia perfecta. ¿Cuál de las siguientes sociedades de inversión es el MÁS adecuado para los Bear?

    A. Fondo de Apreciación de Capital ATF
    B. Fondo de Crecimiento e Ingresos de NavCo
    C. Fondo del Mercado de Dinero de Reservas en Efectivo NavCo
    D. Fondo de Bonos con Calidad de Inversión ArGood

8. Un inversionista que compra una STRIPS de la Tesorería tiene asegurado(a)

    I. una tasa de rendimiento fija
    II. un pago de suma única de capital e intereses al vencimiento
    III. una reducción de impuestos porque los rendimientos se gravarían a una tasa de ganancias de capital más baja
    IV. un riesgo de reinversión pequeño o nulo

    A. I
    B. I, II y III
    C. I, II y IV
    D. II y IV

9. ¿A cuál de las siguientes personas puede comprarle acciones de una compañía de inversión cerrada después de la oferta inicial?

    A. Directamente a la misma compañía de inversión
    B. Otros accionistas, a través de un intermediario-agente
    C. A o B
    D. Ni A ni B

10. Las deducciones y cargos a una cuenta separada de un seguro de vida variable pueden incluir

    I. gastos y comisiones por riesgo de mortalidad
    II. cargo por venta
    III. impuestos estatales sobre primas
    IV. costo del seguro

    A. I y III
    B. I y IV
    C. II y III
    D. II y IV

11. Adam Grizzly tiene 26 años y gana $45,000 al año como ejecutivo de publicidad. Ya ha acumulado $5,000 en una cuenta de ahorros y está buscando un lugar seguro para invertir esa cantidad e iniciar un plan de inversiones periódicas. Está consciente de que una inversión a largo plazo implica cierto riesgo, pero le inquieta la idea de perder dinero. Adam preferiría obtener rendimientos totales moderados en vez de rendimientos altos pero volátiles. ¿Cuál de las siguientes sociedades de inversión es la MÁS adecuada para él?

    A. Fondo de Apreciación de Capital ATF
    B. Fondo de Biotecnología ATF
    C. Fondo Equilibrado ArGood
    D. Fondo de Oportunidades en el Extranjero ATF

12. Los dividendos de las acciones de una compañía de inversión normalmente se separan

    A. en la fecha de registro
    B. un día después de la fecha de registro
    C. cinco días después de la fecha de registro
    D. siete días después de la fecha de registro

13. Un inversionista que busca obtener ingresos mensuales por intereses debe invertir en

    A. GNMA
    B. Bonos de la Tesorería
    C. acciones de una compañía de servicios públicos
    D. bonos empresariales

14. ¿Cuál(es) de las siguientes compañías se clasificaría(n) como de inversión?

    I. Compañía cerrada
    II. Compañía abierta
    III. Compañía de planes calificados
    IV. Compañía de planes no calificados
    V. Compañía de seguros de renta fija

    A. I y II
    B. I, II y V
    C. II
    D. III, IV y V

15. Un maestro ha aportado $26,000 a un plan de seguro de renta calificado durante los últimos 12 años. El valor actual del seguro es de $36,000. Si en estos momentos retira $15,000, ¿cuáles serían las consecuencias fiscales si el maestro paga una tasa impositiva del 30 por ciento?

    A. $1,500
    B. $3,000
    C. $4,500
    D. El retiro no causaría ningún impuesto

16. ¿De qué depende el precio de mercado de un bono convertible?

    A. Del valor de las acciones subyacentes a las que podría convertirse el bono
    B. De las tasas de interés corrientes
    C. De la calificación del bono
    D. De todo lo anterior

17. ¿Dónde se pueden comprar y vender las acciones de una compañía de inversión abierta?

    A. En el mercado secundario
    B. En la misma compañía
    C. En el mercado primario
    D. En todas las partes anteriores

18. Un inversionista posee bonos que vencen en dos semanas. Planea comprar nuevos bonos con una tasa de cupón del 10 por ciento. Si las tasas de interés bajan antes de que los compre, puede ser que la rentabilidad de los bonos

    A. aumente
    B. disminuya
    C. permanezca igual
    D. se dispare

19. En el caso de una cuenta sujeta a la UGMA, ¿qué se debe hacer cuando el menor cumple la mayoría de edad?

    A. La cuenta debe devolvérsele al donatario
    B. La cuenta debe devolvérsele al donante
    C. La cuenta debe seguir sujeta a la UGMA
    D. La cuenta se liquida

20. ¿Cuál de los siguientes conceptos está sujeto a la aprobación de los accionistas?

    A. El pago de un dividendo en efectivo
    B. La división de acciones de 4 por 1
    C. El pago de un dividendo en acciones del 10 por ciento
    D. La recompra de 100,000 acciones de la compañía

21. Los fondos federales los usan principalmente

    A. los grandes bancos comerciales
    B. las compañías de seguros mutuos
    C. los intermediarios-agentes independientes
    D. las instituciones de ahorro y crédito

22. Uno de los propósitos más importantes del uso de una aceptación bancaria es

    A. facilitar la operación de bienes extranjeros
    B. facilitar la operación de valores extranjeros en Estados Unidos
    C. asignar distribuciones previamente declaradas por sociedades extranjeras
    D. garantizar el pago de un pagaré de un banco internacional

23. Si una compañía desea ofrecer acciones a un precio determinado durante los próximos cinco años, debe emitir

    A. derechos
    B. títulos opcionales de compraventa
    C. acciones preferentes amortizables
    D. opciones de venta

24. ¿Cuál de los siguientes planes de retiro eligiría un inversionista si quisiera que una compañía de inversión le hiciera pagos fijos mensuales?

    A. A plazo fijo
    B. Con una participación fija
    C. Con un porcentaje fijo
    D. Por una cantidad fija en dólares

25. ¿Cuál(es) de las siguientes acciones está(n) sujeta(s) a las reglas de la NASD relativas a la publicidad y la propaganda?

    I. Hacer una presentación previamente preparada al Club Kiwanis local
    II. Distribuir una carta entre los clientes
    III. Distribuir copias de un artículo de revista

    A. I únicamente
    B. II únicamente
    C. II y III únicamente
    D. I, II y III

26. ¿Cuáles de las siguientes facultades le corresponden al Consejo de Gobernadores de la NASD?

    I. Suspender a una persona y prohibirle asociarse con una bolsa
    II. Censurar a un socio de una empresa miembro
    III. Suspender o expulsar de la NASD a una empresa miembro
    IV. Suspender a una persona o impedirle que se asocie con una empresa miembro

    A. I y III únicamente
    B. II, III y IV únicamente
    C. II y IV únicamente
    D. I, II, III y IV

27. Los fondos del mercado de dinero tienen todas las características siguientes, EXCEPTO que

    A. las carteras de referencia normalmente están compuestas por instrumentos de deuda a corto plazo
    B. todos o casi todos se ofrecen como inversiones sin cargos por venta
    C. tienen un coeficiente beta alto y son los más seguros en periodos de baja volatilidad del mercado
    D. su valor de activo neto generalmente es estable

28. Un cliente indica que desea invertir $50,000 en sociedades de inversión. La inversión se tiene que dividir en tres fondos de servicios de salud orientados al crecimiento, cada uno con su propia sociedad administradora. El representante registrado debe decirle al cliente que

    A. es una excelente idea porque distribuye de manera importante el riesgo de la inversión
    B. si el dinero se divide entre los tres fondos, pagará comisiones más altas sobre la inversión que si lo invierte en un solo fondo
    C. si las condiciones cambian, podrá cambiar acciones de un fondo por acciones de otro sin que se le cobren nuevos cargos por venta
    D. debería comprar acciones individuales porque las sociedades de inversión sólo son para pequeños inversionistas

29. Cuando un cliente invierte la misma cantidad de dinero en un fondo mutuo a intervalos regulares durante un periodo largo

    A. el precio por acción es inferior al costo de la misma
    B. el costo por acción es inferior al precio de la misma
    C. el monto invertido es menor
    D. el rendimiento sobre el costo base disminuye

30. Los miembros de la NASD están sujetos a las Reglas de Prácticas Leales de esta asociación. Los siguientes actos se consideran violaciones a estas reglas, EXCEPTO

    A. multiplicar las operaciones de una cuenta
    B. recomendar a todos los inversionistas que adquieran acciones especulativas a bajo precio
    C. usar la autoridad discrecional
    D. ofrecer a los clientes garantías de protección contra pérdidas

31. El 14 de febrero un inversionista compra 1,000 acciones del Fondo ACE, que tiene el objetivo de producir el nivel más alto posible de ingresos mensuales. El 15 de febrero, el inversionista informa a su representante registrado que ha cambiado de opinión y que desea convertir sus acciones del fondo de bonos en acciones ordinarias a un fondo de crecimiento con el objetivo de aumentar el valor del capital dentro de la misma familia de fondos. El valor de las acciones del fondo de bonos del inversionista aumentó antes del intercambio. ¿Cómo se gravará este aumento de valor?

A. Como ingreso, porque el objetivo del fondo de bonos es producir ingresos mensuales corrientes

B. Como ganancia a corto plazo, porque la inversión en el fondo de bonos se mantuvo menos de 12 meses

C. Como ganancia a largo plazo, porque las acciones del fondo de bonos se convirtieron en acciones ordinarias de otro fondo con el objetivo de aumentar el valor del capital a largo plazo

D. Puesto que el intercambio tuvo lugar dentro de la misma familia de fondos, el aumento de valor de las acciones del fondo de bonos no causa impuestos, pero sí incrementa el costo base de la inversión en el fondo de acciones ordinarias

32. En una queja presentada ante la NASD se alega que un miembro o una persona asociada violó una o varias de las reglas de la Asociación. ¿Cuál de los siguientes códigos rige la solución de este tipo de controversias?

A. Código de Arbitraje
B. Código de Procedimiento
C. Código de Prácticas Profesionales
D. Código de Administración de Operaciones

33. De lo siguiente, ¿qué o quién garantiza un bono de ingresos de desarrollo industrial?

A. Los impuestos estatales
B. Los impuestos municipales
C. El fiduciario
D. Los pagos de renta netos de la empresa

34. Las calificaciones de bonos de Moody's ¿en qué aspecto del emisor se basan principalmente?

A. En la comerciabilidad
B. En la solidez financiera
C. En la capitalización
D. En el volumen de operaciones

35. Un represente registrado de una empresa miembro de la NASD desea abrir una cuenta con otra empresa miembro. La segunda deberá realizar todos los actos siguientes, EXCEPTO

A. notificar por escrito al miembro empleador antes de que se ejecute la transacción de su intención de abrir o mantener la cuenta del representante

B. transmitir inmediatamente al miembro empleador copias de las confirmaciones u otros documentos relativos a la cuenta del representante

C. a solicitud del miembro empleador, transmitirle copias de las confirmaciones u otros documentos relativos a la cuenta del representante

D. notificar al representante de su intención de notificar al miembro empleador

36. Con el propósito de incrementar la oferta monetaria, el Comité de Operaciones de Mercado Abierto de la Reserva Federal compra pagarés T a corto plazo. Esta acción debe ocasionar que el rendimiento de los pagarés T a corto plazo

A. aumente
B. disminuya
C. permanezca igual
D. fluctúe

37. ¿Cuál de los siguientes instrumentos NO expone al inversionista a un riesgo de reinversión?

    A. Acciones de la Tesorería
    B. Bonos de la Tesorería
    C. STRIPS de la Tesorería
    D. Pagarés de la Tesorería

38. Las distribuciones de un plan de participación de utilidades que se le hacen a un empleado retirado provienen de

    A. el interés acumulado sobre los activos del plan
    B. las utilidades sobre los activos del plan únicamente
    C. la cantidad que se asigna a la cuenta del empleado durante su participación en el plan
    D. la cantidad que se asigna a la cuenta del empleado más las utilidades acumuladas durante su participación en el plan

39. De lo siguiente, ¿qué consideraría una persona al calcular los ingresos gravables que recibió este año de una inversión en un fondo de bonos municipales?

    A. Parte de la distribución de ingresos que recibió como dividendo se gravará como ingreso ordinario
    B. Toda la distribución de ingresos que recibió como dividendo se gravará como ingreso ordinario
    C. Cualquier distribución de ganancias de capital que haya recibido del fondo se gravará como ingreso ordinario
    D. Todas las distribuciones que recibió del fondo tanto de ingresos como de ganancias de capital, están exentas del impuesto sobre la renta federal

40. Si el dividendo de la compañía TIP se reduce en un 5 por ciento y el valor de mercado de sus acciones disminuye en un 7 por ciento, el rendimiento actual de las mismas

    A. aumentará
    B. bajará
    C. será del 5 por ciento
    D. será del 7 por ciento

41. ¿Cuáles son las consecuencias de que un seguro de renta variable tenga una tasa de inversión supuesta del 5 por ciento y el rendimiento anualizado de la cuenta separada sea del 4 por ciento?

    I. El valor de la unidad de acumulación aumentará
    II. El valor de la unidad de seguro de renta aumentará
    III. El valor de la unidad de acumulación disminuirá
    IV. El valor de la unidad de seguro de renta disminuirá

    A. I y II
    B. II y IV
    C. II y III
    D. III y IV

42. ACE, una compañía de inversión abierta, tiene la siguiente información financiera:

Ingresos por dividendos	$2,000
Ingresos por intereses	$900
Utilidades a largo plazo	$1,000
Gastos	$900

    Para calificar como compañía de inversión regulada, ¿qué cantidad debe distribuir a sus inversionistas?

    A. $1,800
    B. $2,700
    C. $3,510
    D. $3,600

43. June Polar tiene 65 años. Sus aportaciones en deducciones de nómina a un seguro de renta con impuestos diferidos no calificado ascienden a un total de $10,000, y el valor actual de la cuenta es de $16,000. Para fines fiscales, ¿cuál es el costo base para June?

    A. $0
    B. $6,000
    C. $10,000
    D. $16,000

44. Si las aportaciones de la señora Polar en deducciones de nómina a un seguro de renta calificado con impuestos diferidos ascienden a un total de $10,000, y el valor actual de la cuenta es de $16,000, su costo base para fines fiscales sería

    A. $0
    B. $6,000
    C. $10,000
    D. $16,000

45. Un inversionista está considerando una compra de bonos Serie EE mediante deducciones de nómina en su compañía. Si se decide a comprarlos, recibirá los intereses devengados

    A. mensualmente
    B. semestralmente
    C. anualmente
    D. a la amortización

46. ¿Cuáles de los siguientes enunciados describen las primas de una póliza de seguro de vida variable con pagos programados?

    I. La prima es fija
    II. La prima es variable conforme a la cantidad nominal cubierta por la póliza
    III. El plazo de pago es fijo
    IV. El plazo de pago es variable

    A. I y III
    B. I y IV
    C. II y III
    D. II y IV

47. Un inversionista se encuentra en la fase de distribución de un seguro de renta variable que compró hace 15 años. En el mes en curso, recibe un cheque por una cantidad inferior a la que recibió el mes pasado. ¿Cuál de los siguientes sucesos causó que el rentista recibiera una cantidad inferior?

    A. El rendimiento de la cuenta fue inferior al del mes anterior.
    B. El rendimiento de la cuenta fue superior al del mes anterior.
    C. El rendimiento de la cuenta fue inferior a la tasa de interés supuesta.
    D. El rendimiento de la cuenta fue superior a la tasa de interés supuesta.

48. Un representante registrado puede hacer los arreglos para que un cliente compre derechos sobre acciones de una oferta privada siempre y cuando

    I. se lo informe a su intermediario-agente después de la operación
    II. se lo informe a su intermediario-agente antes de la operación
    III. le proporcione a su intermediario-agente todos los documentos y la información que le solicite
    IV. Como se trata de una venta privada, el representante registrado no tiene que hacer nada fuera de lo normal

    A. I y II
    B. II
    C. II y III
    D. IV

49. ¿Cuál de los siguientes enunciados se aplica al coeficiente de gastos de una compañía de inversión abierta?

   A. Se calcula sin tomar en cuenta la comisión por administración
   B. Se calcula tomando en cuenta la comisión por administración
   C. Su cálculo se basa exclusivamente en la comisión por administración
   D. Muestra el grado de apalancamiento del fondo

50. Una sociedad de inversión pagó este año $.30 en dividendos y $.75 en ganancias de capital. Al final de año, el precio de oferta es de $6.50. El rendimiento actual anual del fondo es del

   A. 4.6 por ciento
   B. 6.9 por ciento
   C. 11.5 ciento
   D. 16.2 por ciento

51. Los gastos por riesgos de mortalidad y otros similares se deducen de

   I. el pago de la prima en el caso de las pólizas de prima flexible
   II. el pago de la prima en el caso de las pólizas de prima fija
   III. la base de beneficios en el caso de las pólizas de prima programada
   IV. la base de beneficios en el caso de las pólizas de prima fija

   A. I y II
   B. I y IV
   C. II y III
   D. III y IV

52. La cuenta separada con la que se financia un seguro de renta variable que compra acciones en una sociedad de inversión ofrecido por la aseguradora, se considera

   A. un fideicomiso de inversión en unidades
   B. una compañía de certificados con valor nominal
   C. una compañía de administración
   D. ninguna de las anteriores

53. Después de abrir una cuenta en una sociedad de inversión, el inversionista normalmente puede invertir periódicamente cantidades adicionales mínimas de

   A. $50
   B. $100
   C. $500
   D. La cantidad varía de un fondo a otro.

54. ¿Cuáles de los siguientes enunciados describen a los derechos de acciones?

   I. Son instrumentos a corto plazo que pierden su valor después de la fecha de vencimiento
   II. Normalmente se ofrecen como complementos de obligaciones para hacer más atractiva la oferta
   III. Son emitidos por una sociedad
   IV. Se negocian en el mercado de valores

   A. I y II
   B. I y III
   C. I, III y IV
   D. II, III y IV

55. Ada y Angus Bullwether son cotitulares de una cuenta mancomunada. ¿Cuál(es) de los siguientes enunciados se aplica(n) a este tipo de esquema?

    I. Si uno de ellos muere, la propiedad de la cuenta no se transfiere automáticamente al otro
    II. Necesitan no tener la misma participación en la cuenta
    III. Pueden tener una participación desigual en los bienes incluidos en la cuenta

    A. I únicamente
    B. I y II únicamente
    C. II y III únicamente
    D. I, II y III

56. ¿Cuál(es) de los siguientes enunciados se aplica(n) a un prospecto relativo a un contrato de seguro de renta variable individual?

    I. Debe revelar toda la información esencial
    II. Es un requisito estipulado por la Ley de Valores de 1933
    III. Tiene que presentarse ante la SEC
    IV. Debe preceder o acompañar cada presentación de venta

    A. I únicamente
    B. I, III y IV únicamente
    C. II y III únicamente
    D. I, II, III y IV

57. En el caso de una sociedad de inversión, la magnitud de los aumentos y las disminuciones del NAV durante los últimos años puede verse en

    A. el estado oficial
    B. la forma de apertura de la cuenta del cliente
    C. el prospecto
    D. un aviso informativo

58. Las Reglas de Prácticas Leales de la NASD prohíben a los miembros

    I. prestar valores de un cliente sin la previa autorización de éste
    II. inducir a un cliente a comprar acciones de una sociedad de inversión insinuándole que pronto obtendrá un dividendo
    III. aceptar descuentos de otro miembro en operaciones bursátiles

    A. I y II únicamente
    B. II y III únicamente
    C. III únicamente
    D. I, II y III

59. Un intermediario-agente decide gratificar con un bono de $300 al representante registrado de otra empresa miembro que venda la mayoría de las acciones en un concurso de ventas conjunto. Este arreglo es

    I. inaceptable
    II. aceptable si lo aprueba la SEC
    III. aceptable si el colocador es un miembro de la NASD
    IV. aceptable en tanto no se considere una remuneración

    A. I
    B. I y IV
    C. II
    D. II y III

60. ¿Cuál(es) de los siguientes enunciados se aplica(n) a los cargos por venta?

   I. Conforme a las reglas de la NASD, los cargos por venta de las sociedades de inversión no pueden ser superiores al 8.5 por ciento del precio de oferta.

   II. Conforme a las reglas de la NASD, los cargos por venta de las sociedades de inversión no pueden ser superiores al 8.5 por ciento del valor de activo neto de las acciones.

   III. Una compañía de inversión está obligada a ofrecer derechos de acumulación, descuentos por cantidad y la reinversión de dividendos al NAV para cobrar un cargo por venta del 8.5 por ciento.

   IV. Conforme a la Ley de Compañías de Inversión de 1940, el cargo por venta máximo que se puede cobrar en las compras de acciones de fondos mutualistas mediante un plan de inversión en pagos periódicos es del 9 por ciento.

   A. I
   B. I y III
   C. I, III y IV
   D. II, III y IV

61. ¿Cuál(es) de los siguientes derechos tiene un accionista ordinario?

   I. Determinar cuándo se emitirán dividendos

   II. Votar en las asambleas de accionistas en persona o por poder

   III. Recibir en efectivo una participación de utilidades fija y predeterminada de la compañía cuando se declare

   IV. Comprar valores restringidos antes de que se ofrezcan al público

   A. I, III y IV
   B. II
   C. II, III y IV
   D. II y IV

62. Bea Kuhl está participando en un plan de pagos periódicos. El 50 por ciento de sus pagos del primer año se toman como cargo por venta. ¿Cuál es el cargo por venta máximo promedio durante la vigencia del plan?

   A. 8.5 por ciento
   B. 9 por ciento
   C. 16 por ciento
   D. 20 por ciento

63. En una sociedad de inversión, un accionista que decidió no recibir los certificados de sus acciones puede liquidar sus tenencias totalmente o en parte y recibir el pago del fondo si éste, a su vez, recibe del accionista

   I. una solicitud por escrito
   II. un poder firmado
   III. una garantía de firma

   A. I
   B. I y II
   C. I y III
   D. II y III

64. Joe recibe una llamada en frío de un representante registrado, y le dice que no le interesa la inversión que le ofrece ni ninguna otra. En este caso, ¿qué procede conforme a la Ley de Protección al Usuario de Servicios Telefónicos de 1991?

   A. El representante puede enviarle a Joe una carta en la que le comunique sus intenciones antes de volver a llamarle.

   B. Un principal de la empresa puede llamar a Joe la próxima vez.

   C. El representante no puede volver a hacer llamadas en frío.

   D. Ningún otro miembro de la empresa puede volver a llamar a Joe.

65. El analista bursátil de su empresa cree que el mercado accionario seguirá registrando una tendencia a la alza. ¿cuál de las siguientes sociedades de inversión sería la MÁS adecuada para un inversionista que busca el crecimiento?

    A. De bonos
    B. De acciones de alta calidad
    C. GNMA
    D. De acciones preferentes

66. A los titulares de contratos se les debe otorgar el derecho de votar en asuntos relativos al personal que maneja las cuentas separadas,

    A. al inicio de las operaciones en las cuentas separadas
    B. en la primera asamblea de titulares de contratos dentro del primer año siguiente al inicio de las operaciones
    C. en la asamblea de titulares de contratos celebrada después de un año de la venta de la primera póliza de seguro de vida variable
    D. Conforme a la legislación federal, los titulares de contratos no pueden votar en asuntos relativos al personal que maneja las cuentas separadas.

67. Una cuenta separada que financia un contrato de seguro de vida variable se considera una

    A. compañía de inversión que emite certificados de planes de pagos periódicos
    B. compañía de seguros que emite certificados de planes de pagos periódicos
    C. compañía de inversión que emite contratos de seguros de renta variables
    D. compañía de seguros de renta fija que emite contratos de pagos variables

68. ¿En cuál de las siguientes leyes deben registrarse las cuentas separadas que financian un contrato de seguro de vida variable y cierto personal que trabaja para estas cuentas?

    I.   Ley de Valores de 1933
    II. Ley de Bolsas de Valores de 1934
    III. Ley de Compañías de Inversión de 1940
    IV. Ley de Asesores de Inversión de 1940

    A. I, II y III únicamente
    B. II únicamente
    C. III y IV únicamente
    D. I, II, III y IV

69. Adam Grizzly invierte $3,000 en acciones de una compañía de inversión abierta. Al cabo de 60 días firma una carta de intención relativa a descuento por cantidad de $10,000 y la prefecha a dos meses. Seis meses después deposita $10,000 en el fondo. Entonces, se le cobra un cargo por venta reducido sobre

    A. la inversión de $3,000 únicamente
    B. $7,000 de la inversión total únicamente
    C. la inversión de $10,000 únicamente
    D. la inversión total de $13,000

70. ¿Cuál(es) de los siguientes derechos tiene un accionista preferente?

    I.   Determinar cuándo se deben emitir dividendos
    II. Votar en las asambleas de accionistas en persona o por poder
    III. Recibir una participación fija predeterminada en efectivo de las utilidades, cuando se declaren
    IV. Designar a los miembros del consejo de administración

    A. I, III y IV
    B. II, III y IV
    C. II y IV
    D. III

71. Algunas compañías de inversión abiertas ofrecen a sus inversionistas un privilegio de conversión que permite a éstos

    A. cambiar valores generales por acciones de la cartera de una sociedad de inversión
    B. diferir los pagos de impuestos sobre acciones de la compañía de inversión que se han apreciado
    C. comprar acciones adicionales del fondo con dividendos que les paga el mismo
    D. cambiar acciones de una sociedad de inversión por las de otra bajo la misma administración a su valor de activo neto

72. ¿Cuál de las siguientes personas podría ser miembro de la NASD?

    A. Un banco constituido de conformidad con las leyes estatales y federales
    B. Una compañía de inversión cerrada
    C. Un intermediario-agente que se dedica principalmente a operar con valores o al negocio de la banca de inversión
    D. Todas las anteriores

73. Joe Kuhl utiliza el método PEPS para calcular sus ganancias de capital. ¿Qué significa esto?

    A. El IRS supondrá que se liquidaron las primeras acciones que Joe adquirió.
    B. Joe indicará cuáles fueron las acciones que amortizó, haciendo caso omiso de cuándo las compró.
    C. Las últimas acciones que compró son las primeras que se amortizarán.
    D. Ninguna de las opciones anteriores se aplica a este caso.

74. Tex Longhorn está a punto de comprar un contrato de seguro de renta variable y quiere elegir aquel que le retribuya el ingreso mensual más alto posible. ¿Cuál de las siguientes opciones sería la más conveniente para él?

    A. Un seguro de renta vitalicia con periodo fijo
    B. Un seguro de vida bonificable por unidades
    C. Un seguro de renta vitalicia con 10 años fijos
    D. Un seguro de renta vitalicia simple

75. Porter Stout tiene en su casa de bolsa $350,000 en valores y $201,000 en efectivo. Si la casa de bolsa se viera forzada a liquidarse, ¿cuánto cubriría la SIPC de esta cuenta?

    A. $250,000 de los valores y todo el efectivo
    B. Todos los valores y $150,000 del efectivo
    C. Todos los valores y $100,000 del efectivo
    D. Todo el efectivo y $299,000 de los valores

76. Si después del cierre de la Bolsa de Valores de Nueva York un cliente le da una orden de venta a su intermediario-agente, éste le cotiza con base en el valor de activo neto calculado

    A. la sesión bursátil anterior
    B. el mismo día, independientemente de la hora en que haya recibido la orden
    C. la próxima vez que el fondo lo calcule
    D. dentro de los dos días hábiles siguientes

77. Hugh Heifer originalmente invirtió $20,000 en el Fondo ACE y reinvirtió dividendos y ganancias por un monto de $8,000. Ahora, sus acciones en ACE valen $40,000 y las convierte al Fondo ATF, administrado por la misma administradora que ACE. ¿Cuál de los siguientes enunciados se aplica a este caso?

   A. Conserva su costo base de $28,000 en el Fondo ATF.
   B. Tiene que declarar $12,000 como utilidad gravable sobre la conversión al Fondo ATF.
   C. Conserva un costo base de $20,000 en el Fondo ATF por su privilegio de conversión.
   D. No tiene que pagar impuestos en el año en curso porque se supone que no recibió dinero por la conversión.

78. ¿Cuál de los siguientes valores de ALFA Enterprises se vería MÁS afectado por un cambio en las utilidades de la compañía?

   A. Obligaciones al 10 por ciento con vencimiento a 10 años
   B. Acciones preferentes al 6 por ciento
   C. Acciones comunes
   D. Acciones de tesorería

79. Chip Bullock es el propietario único de una empresa. Gana $160,000 al año y hace la aportación máxima a un plan Keogh con prestaciones definidas. ¿Cuánto dinero puede aportar a su IRA?

   A. $0
   B. $2,000
   C. $15,000
   D. $30,000

80. De lo siguiente, ¿qué dispone la Ley de Valores de 1934?
   I. El registro de los valores
   II. El registro de los intermediarios-agentes en la SEC
   III. La prohibición de las prácticas de comercio inequitativas y desaleales
   IV. La regulación del mercado extrabursátil

   A. I únicamente
   B. II y III únicamente
   C. II, III y IV únicamente
   D. I, II, III y IV

81. Un fondo sin cargos vende sus acciones al público

   A. a través de una red de colocadores y agentes de valores
   B. a través de un agente de valores y sus representantes de ventas
   C. únicamente por medio de un colocador
   D. mediante la venta directa a los inversionistas

82. Gordy Guernser es titular de un contrato de seguro de renta variable, en el cual se establece que la AIR es del 5 por ciento. En enero, la tasa de rendimiento realizada de la cuenta separada fue del 7 por ciento, y Gordy recibió un cheque de $200 por concepto de dicho rendimiento. En febrero, la tasa de rendimiento fue del 10 por ciento, y Gordy recibió un cheque de $210. Para que en marzo reciba el mismo pago que recibió en febrero, ¿qué tasa de rendimiento debe ganar la cuenta separada?

   A. 3 por ciento
   B. 5 por ciento
   C. 7 por ciento
   D. 10 por ciento

83. ¿Cuáles de los siguientes enunciados se aplican a la propaganda de una sociedad de inversión?

    I.   Puede ser que el material utilizado para solicitar la venta de acciones de una sociedad de inversión deba ser aprobado por un principal de la empresa.
    II. La NASD tiene que aprobar la propaganda de cada sociedad de inversión dentro de los tres días siguientes a la fecha en que se use por primera vez.
    III. Si el patrocinador de un fondo de inversión ha presentado previamente a la NASD su propaganda para que ésta lo examine, no requiere de ninguna otra aprobación.

    A. I y III únicamente
    B. II únicamente
    C. III únicamente
    D. I, II y III

84. ¿Cuándo debe pagar un inversionista los impuestos sobre sus distribuciones reinvertidas de una compañía de inversión abierta?

    A. Cuando vende las acciones que compró con la distribución
    B. Cuando conserva durante 12 meses la acciones que compró con la distribución
    C. En el momento en que se hace la distribución
    D. En ninguno de los momentos antes mencionados

85. Conforme a las Reglas de Prácticas Leales de la NASD, una empresa miembro puede ofrecer ciertas concesiones de venta a

    A. el público general
    B. otras empresas miembros de la NASD
    C. intermediarios-agentes no miembros
    D. todos los anteriores

86. Un inversionista que posee acciones de una sociedad de inversión en realidad posee

    A. una participación indivisa en la capitalización de deuda del fondo
    B. acciones específicas incluidas en la cartera de la sociedad
    C. una participación indivisa en la cartera de la sociedad
    D. algunos títulos indeterminados de entre los que posee la sociedad

87. Un bono municipal al $6^{1/4}$ por ciento tiene un rendimiento al vencimiento de $6^{3/4}$ por ciento. Con base en esta información, se puede determinar que el bono se está negociando

    A. sin interés
    B. a valor nominal
    C. con descuento
    D. con premio

88. Conforme a la Ley de Valores de 1933, ¿cuáles de los siguientes instrumentos se pueden ofrecer únicamente mediante un prospecto?

    I.   Bonos de la Tesorería
    II. Acciones de sociedades de inversión
    III. Seguros de renta variable
    IV. Fideicomisos de inversión en unidades

    A. I y II
    B. II y III
    C. II, III y IV
    D. III y IV

89. Un cliente decide comprar acciones de una compañía de inversión abierta. ¿Cuándo se determina el precio de las acciones?

    A. En el siguiente cálculo del valor de activo neto el día en que el custodio del fondo recibe la notificación del cliente
    B. En el siguiente cálculo del valor de activo neto el día que el intermediario-agente transmite electrónicamente la información al colocador del fondo en nombre del cliente
    C. A y B
    D. Ni A ni B

90. El Fondo ACE preparó cierta propaganda para que se distribuya a las personas que respondan a un anuncio de prensa. Si el fondo le envía la propaganda a un cliente potencial, ¿cuál de los siguientes enunciados se aplica a este material?

    A. Tiene que contener las instrucciones para conseguir un prospecto.
    B. Tiene que repetir los beneficios que se mencionan en el prospecto.
    C. Tiene que contener la cláusula exonerativa de responsabilidad de la SEC.
    D. Tiene que ir acompañado de un prospecto.

91. ¿Cuál de las siguientes características pertenece a una emisión especulativa?

    A. Se ofrece a un precio inferior al de mercado
    B. Se ofrece a un precio superior al de mercado
    C. Empieza a negociarse a un precio superior al de oferta inicial
    D. Empieza a negociarse a un precio inferior al de oferta inicial

92. Un cliente suyo le dice que desea encontrar una fuente de ingresos para el retiro que sea estable a la vez y le proporcione cierta protección contra el riesgo del poder adquisitivo en épocas de inflación. Usted le recomendaría

    A. un seguro de renta variable
    B. un seguro de renta fija
    C. un seguro de renta combinado
    D. acciones ordinarias y bonos municipales

93. ¿Cuál de las siguientes características describe a un prospecto?

    A. Cumple con los requisitos de divulgación fiel y completa de la Ley de Valores de 1933
    B. Se usa para detectar muestras de interés por una emisión inicial
    C. Se presenta en la SEC y no se pone a disposición del público en general
    D. Se presenta semestralmente a la SEC

94. ¿Qué tiene que pagar una compañía antes de poder ofrecer un dividendo en efectivo para sus acciones ordinarias?

    I. Dividendos para sus acciones preferenciales
    II. Intereses sobre bonos
    III. Dividendos acumulados para acciones preferenciales
    IV. Dividendos para acciones preferenciales amortizables

    A. I únicamente
    B. II únicamente
    C. I, III y IV únicamente
    D. I, II, III y IV

95. ¿Qué tipo de título no comercializable paga intereses semestrales?

    A. Acciones Serie EE
    B. Bonos de la Tesorería
    C. Bonos Serie HH
    D. Emisiones de agencia

96. ¿Cuál(es) de los siguientes enunciados se amortiza a un seguro de renta vitalicia variable?

    I. El número de unidades de seguro de renta que un cliente puede amortizar siempre es el mismo.

    II. El número de unidades de acumulación que un cliente posee siempre es el mismo.

    III. Si el cliente muere durante la fase de distribución, los fondos remanentes se le distribuyen a su(s) beneficiario(s).

    IV. El pago mensual se establece conforme al Índice de Precios al Consumidor.

    A. I
    B. I y II
    C. I, II, y III
    D. II, III y IV

97. La Ley de Compañías de Inversión de 1940 dispone que las sociedades de inversión paguen los dividendos de sus

    A. ganancias de capital
    B. ingresos netos
    C. ingresos brutos
    D. utilidades de cartera

98. Tex Longhorn tiene 61 años y le gustaría tomar de su plan Keogh una distribución a suma alzada. ¿Qué régimen fiscal se aplicaría a esta distribución?

    A. Elegible para promediar sus ingresos en un periodo de cinco años
    B. Gravable a las tasas de ganancias de capital a largo plazo
    C. Penalidad del 10 por ciento
    D. Penalidad del 50 por ciento

99. Un intermediario-agente de la NASD que opera acciones de una compañía de inversión abierta no puede comprar acciones del fondo

    A. para cubrir órdenes actuales
    B. para los fines de inversión de la empresa
    C. con descuento
    D. para revenderlas posteriormente

100. ¿Cuál de los siguientes grupos está autorizado para aprobar un contrato de un asesor en inversiones con una compañía de inversión?

    A. El Comité de Administración de Operaciones Distritales de la NASD
    B. El consejo de administración del fondo
    C. El Consejo de Gobernadores de la NASD
    D. La SEC

Respuestas y justificaciones

1. **D.** Un título registrado es aquel cuyo propietario está designado en los registros que se llevan para este propósito. Aunque los pagarés de la Tesorería a corto plazo sean valores de asiento en libros y no son representados por certificados físicos, se mantienen registros de la propiedad y, por lo tanto, se consideran registrados. (Página 38)

2. **B.** Cuando un bono se compra con premio, se paga por él un monto superior a su valor nominal al vencimiento. El premio pagado reduce el rendimiento del bono si éste se conserva hasta su expiración. (Página 30)

3. **A.** Los Bullock han invertido casi todo su dinero en el mercado accionario. Conforme se aproxime su retiro, deben cambiar parte de sus valores en cartera por bonos. Puesto que pertenecen a una categoría de contribuyentes de altos ingresos, lo que más les conviene, teniendo en cuenta sus objetivos de diversificación y seguridad, es un fondo de bonos municipales. (Página 102)

4. **C.** Cuando un intermediario-agente conserva títulos por cuenta propia se considera que toma una posición. (Página 59)

5. **C.** Los fondos de crecimiento e ingresos invierten en acciones ordinarias, acciones preferenciales, valores convertibles y bonos de alto rendimiento. (Página 101)

6. **C.** En una cuenta discrecional, el representante registrado está autorizado para elegir por el cliente el monto y el tipo de inversión. La autorización debe otorgarse por escrito. (Pagina 127)

7. **C.** Rhoda y Randy Bear se están preparando para realizar una compra importante en los próximos meses. Necesitan hacer una inversión sumamente líquida para mantener seguro su dinero durante un periodo breve. La inversión más conveniente para lograr este objetivo es el fondo de mercado de dinero. (Página 103)

8. **C.** Aunque una inversión en STRIPS de la Tesorería no produce un flujo de efectivo regular, si se pagan todos sus intereses al vencimiento, la diferencia entre el precio de compra y el valor al vencimiento se grava como ingreso ordinario y tiene que acumularse anualmente. (Página 40)

9. **B.** Las acciones de una compañía de inversión cerrada se negocian en el mercado secundario (fuera o dentro de bolsa). Por lo tanto, se compran a otros accionistas a través de intermediarios-agentes. En cambio, las compañías cerradas no pueden emitir acciones directamente a los accionistas.(Página 88)

10. **B.** El costo del seguro y de las comisiones por los riesgos de mortalidad y los gastos se deducen de la cuenta separada. Los cargos por venta y los impuestos sobre la prima se deducen de ésta. (Página 159)

11. **C.** Adam Grizzly es un inversionista joven que se encuentra al principio de su ciclo de ganancias. A otros inversionistas en la misma situación, un fondo de crecimiento agresivo podría ayudarles a lograr una apreciación máxima de su capital a largo plazo. Pero Adam siente aversión por el riesgo y no tiene ninguna experiencia en las inversiones en los mercados de valores. Un fondo equilibrado es un buen lugar para empezar a invertir cuando se busca un rendimiento total alto y una volatilidad baja. (Página 101)

12. **B.** Un inversionista que compra acciones en la fecha de registro se convierte en inversionista registrado y adquiere el derecho a recibir el dividendo declarado. Las órdenes que se reciben después de la cotización de las acciones o de la fecha de registro se procesan el día siguiente y compran las acciones exdividendo. (Página 117)

13. **A.** Las hipotecas subyacentes a los certificados de transferencia de intereses modificados de la GNMA pagan intereses mensuales. Después, la GNMA transfiere sus ingresos mensuales a los inversionistas a través de dichos certificados. (Página 42)

14. **A.** Los fondos abiertos y cerrados se clasifican como compañías de inversión. Las compañías de planes ofrecen planes en los que se puede elegir como vehículo de inversión a una compañía de inversión, pero en sí no son de inversión. Sólo las aseguradoras ofrecen seguros de renta fija. (Página 88)

15. **C.** Las aportaciones a un seguro de renta calificado son gravables a las tasas de impuestos sobre ingresos ordinarios cuando se retiran. Como en este caso el maestro retira $15,000, esta cantidad está sujeta a impuestos. El 30 por ciento de $15,000 resulta en impuestos de $4,500. (Página 176)

16. **D.** Todos los factores enumerados influyen en el precio de un bono convertible. La calificación de un bono es un indicador de la salud de la compañía emisora y, por lo tanto, determina indirectamente el valor de la inversión. (Página 35)

17. **B.** Las acciones de una compañía de inversión abierta se le compran y venden a la compañía de inversión. (Página 88)

18. **C.** Las fluctuaciones en las tasas de interés pueden afectar al precio de un bono, pero no al ingreso a pagar de ese bono. El interés porcentual a pagar por el uso del dinero se indica en el título y forma parte del contrato, por lo que representa una obligación legal para la compañía emisora. (Página 21)

19. **A.** De conformidad con los términos de la Ley Uniforme de Donaciones a Menores, cuando el menor (el donatario) cumple la mayoría de edad se le debe entregar el producto. (Página 130)

20. **B.** Los accionistas tienen el derecho de votar en asuntos tales como las fusiones, los cambios de tipo de sociedad, las recapitalizaciones y las divisiones de acciones. (Página 5)

21. **A.** La tasa de fondos federales es la tasa de interés a la que los bancos miembros del Sistema de la Reserva Federal toman en préstamo fondos excedentes de otros miembros, por lo general son préstamos para un solo día. (Página 68)

22. **A.** Una aceptación bancaria es un giro a plazo que generalmente se usa para facilitar el comercio en el extranjero. La ofrece un banco en representación de una compañía como garantía de un pago por bienes o servicios. (Página 18)

23. **B.** Un título opcional de compraventa representa el derecho de comprar acciones con una vigencia a largo plazo. Permite que su tenedor compre las acciones a un precio determinado. Los derechos y las opciones tienen una vigencia más corta. (Página 18)

24. **D.** Un plan por un monto fijo es el único tipo de plan en el que se determina un pago definitivo en dólares. (Página 135)

25. **D.** La propaganda es cualquier requerimiento público en relación con títulos valor. (Página 204)

26. **B.** El Consejo de Dirección de la NASD puede censurar, suspender o expulsar a un miembro o a una persona asociada con un miembro. No tiene jurisdicción sobre las bolsas y no puede prohibir a ninguna persona que se asocie con ellas. (Página 222)

27. **C.** Los precios de los fondos del mercado de dinero no son volátiles; las tasas de interés de los fondos de este mercado fluctúan junto con las tasas de los instrumentos subyacentes a los certificados originales. (Página 103)

28. **B.** Puesto que los fondos son administrados por otra compañía, lo más probable es que a cada inversión se le haga un cargo máximo. Si el cliente invierte toda la cantidad en un solo fondo o en una misma familia de fondos, puede ser que se le cobre un cargo por venta reducido. (Página 111)

29. **B.** Al invertir periódicamente una cantidad predeterminada durante un periodo largo, el inversionista aplica el concepto de *promediar costo en dólares*, con lo que reduce el costo por acción comparado con el precio comercial promedio. (Página 132)

30. **C.** El ejercicio de la autoridad discrecional no es una violación a las Reglas de Prácticas Leales, pero sí lo son el abuso de tal autoridad mediante la operación excesiva y el mal uso de los fondos o los valores de un cliente. Las opciones A, B y D son claras violaciones. Las recomendaciones deben basarse en las condiciones y los objetivos financieros del cliente. El que las acciones se vendan a bajo precio puede causar que el porcentaje de comisión aumente. A los intermediarios que acostumbran vender acciones a bajo precio con frecuencia se les llama *comisionistas de centavos*.   (Página 218)

31. **B.** Puesto que el inversionista mantuvo el fondo de bonos menos de 12 meses, su ganancia es a corto plazo. Un privilegio de intercambio no exenta de impuestos la transferencia de fondos. El intercambio es una transacción gravable.
(Página 118)

32. **B.** Cualquier demanda en la que se acusa a una empresa miembro o a una persona asociada de haber violado una o más reglas de la NASD se maneja de conformidad con el Código de Procedimiento. Las demandas, en las que se alega que se han violado reglas específicas, no deben confundirse con las controversias, que en general tienen que ver más con la ética en los negocios, los incumplimientos y los malos entendidos. Las controversias se solucionan de conformidad con el Código de Arbitraje de la NASD.   (Página 228)

33. **D.** Los municipios emiten IDR para construir instalaciones para el uso o beneficio de una compañía, que en este caso tiene que firmar un contrato de arrendamiento a largo plazo. Aunque se clasifican como valores municipales, los IDR se respaldan con los ingresos de la compañía participante en el proyecto.   (Página 48)

34. **B.** Las calificaciones de los bonos de un emisor son calificaciones de su crédito; miden su capacidad para pagar capital e intereses.   (Página 24)

35. **B.** Cuando un empleado abre una cuenta con otro miembro, el segundo le notifica que informará al miembro empleador que se va a abrir la cuenta y que puede solicitar copias de las confirmaciones y los reportes.   (Página 125)

36. **B.** El propósito de la compra del FOMC es hacer más atractivo el precio de mercado de los pagarés T. Puesto que este precio subirá si la demanda aumenta y la oferta disminuye, los rendimientos deben disminuir.   (Página 69)

37. **C.** Las STRIPS son bonos especiales que el Departamento de la Tesorería emite y que se dividen en pagos individuales de capital e intereses que después se revenden en la forma de bonos sin cupones. Dado que estos bonos no pagan intereses, el inversionista realiza ganancias más altas conforme se acerca el vencimiento de la obligación y no recibe ningún ingreso para reinvertir.   (Página 40)

38. **D.** Las distribuciones de un plan de participación de utilidades se toman de la cuenta del inversionista y representan la acumulación (en la cantidad) de las aportaciones y el rendimiento sobre las mismas. Las aportaciones al plan normalmente se basan en un porcentaje predeterminado de las utilidades de la empresa.   (Página 178)

39. **C.** Los intereses que un fondo municipal paga en la forma de dividendos están exentos del pago del impuesto sobre la renta federal. Las ganancias sobre la venta de valores en cartera están sujetas al impuesto sobre la renta ordinario.   (Página 102)

40. **A.** Dado que la tasa de dividendo disminuyó a una tasa inferior al valor de mercado de la acción, el rendimiento actual será mayor.   (Página 12)

41. **B.** El valor de la unidad de acumulación aumentará porque la cartera ganó el 4 por ciento; sin embargo, el valor de la unidad de seguro de renta disminuirá porque el rendimiento real del 4 por ciento de la cartera fue inferior a la tasa de interés estimada del 5 por ciento necesaria para cubrir los pagos.   (Página 153)

42. **A.** Para calificar como compañía de inversión regulada, al menos debe distribuir el 90 por ciento del ingreso neto por inversiones (sin tener en cuenta las ganancias). El ingreso neto por inversiones equivale al ingreso en dividendos (en este caso, $2,000) más el ingreso por intereses ($900) menos gastos ($900), es decir, a un total de $2,000. El 90 por ciento de $2,000 es $1,800.   (Página 115)

43. **C.** Las aportaciones a un seguro de renta no calificado se cargan a ingresos después de impuestos. El crecimiento del seguro se difiere y representa un ingreso ordinario cuando se retira. El costo base es de $10,000.   (Página 155)

44. **A.** Las aportaciones a un seguro de renta calificado para pagar impuestos se cargan a ingresos antes de impuestos. El crecimiento se difiere. La señora Polar no tiene ningún costo base en este caso. Los $16,000 completos se gravarán como ingreso ordinario.   (Página 177)

45. **D.** Los intereses sobre los bonos Serie EE se recibirán cuando se rescaten los títulos.   (Página 41)

46. **A.** Los contratos de VLI con pagos programados tienen primas y periodos de pago fijos.   (Página 158)

47. **C.** En la etapa de pagos de renta de un seguro de renta variable, el monto que se recibe depende del comportamiento de la cuenta comparado con la tasa de interés supuesta. Si el comportamiento efectivo es inferior a la AIR, el valor de los pagos baja.   (Página 153)

48. **C.** En una operación privada con valores, el representante registrado tiene que obtener el permiso previo de su intermediario-agente. La operación debe llevarse a cabo a través de los libros del intermediario, y hay que proporcionarle a éste toda la información que requiera. El intermediario-agente sigue siendo responsable de las acciones del comisionista en una operación privada.   (Página 104)

49. **B.** El coeficiente de gastos incluye los gastos de operación del fondo comparados con los activos del fondo. Estos gastos incluyen comisiones por concepto de administración, de intermediación y de impuestos.   (Página 105)

50. **A.** El rendimiento actual de una sociedad de inversión es ingreso actual (un dividendo de $.30 en este caso), dividido entre el valor de activo neto ($6.50). Las ganancias no se incluyen en el cálculo del rendimiento actual, se contabilizan por separado.   (Página 117).

51. **D.** En los contratos de VLI con primas programadas o flexibles, los gastos se deducen de la base de beneficios (valor en efectivo).   (Página 160)

52. **A.** En una cuenta separada en la que se compran acciones de sociedades de inversión para financiar contratos de seguro de renta variable, no se administran activamente los valores; las acciones se mantienen en fideicomiso. En la Ley de 1940, este tipo de cuenta se clasifica como un fideicomiso de inversión en unidades.   (Página 148)

53. **D.** El monto mínimo difiere de un fondo a otro, y el representante registrado tiene que hacer referencia al prospecto respectivo.   (Página 99)

54. **C.** Una sociedad emite derechos que permiten a los suscriptores comprar acciones durante un periodo breve a un precio menor que el precio vigente de mercado. El derecho no tiene que ejercerse, pero se puede negociar en el mercado secundario. Los títulos opcionales de compraventa se usan comúnmente para hacer más atractivas las ofertas de obligaciones sin garantía específica.   (Página 16)

55. **D.** Bajo el régimen de cotitularidad, los titulares pueden tener una participación fraccionaria en la propiedad indivisa de un activo. A la muerte de un cotitular, su participación se transfiere a su caudal hereditario, lo que no sucede en el caso de los JTWROS, donde se transfiere al cotitular que le sobrevive.   (Página 127)

56. **D.** Un seguro de renta variable es un valor y, por lo tanto, tiene que ser registrado en la SEC. Los requisitos de registro incluyen la presentación de un prospecto que debe distribuirse entre los inversionistas potenciales antes de la solicitud de venta o durante la misma. (Página 149)

57. **C.** Si el fondo tiene 10 años de existencia, el NAV señalado en el prospecto tiene que cubrir como mínimo esos 10 años. (Página 97)

58. **A.** Las Reglas de Prácticas Leales prohíben los préstamos no autorizados (robo) y la venta de dividendos. Los descuentos a otros miembros de la NASD se permiten si existe de por medio un acuerdo entre agentes. (Página 219)

59. **A.** Las donaciones de más de $100 por persona al año están prohibidas. (Pagina 218)

60. **C.** La NASD limita los cargos por venta al 8.5 por ciento del POP. Si el fondo no permite los descuentos por cantidad, la reinversión de dividendos a precio neto o los derechos de acumulación, el máximo es menor al 8.5 por ciento. Conforme a lo previsto en la Ley de Compañías de Inversión de 1940, el cargo por venta máximo sobre las sociedades de inversión se difiere según las reglas de la NASD, mientras que un plan de inversión en pagos periódicos específicamente puede cargar el 9 por ciento durante la vigencia del plan. (Página 108)

61. **B.** El accionista tiene los derechos de voto y de recibir dividendos declarados (pero no a un dividendo fijo). Un valor restringido está sujeto a ciertos límites en el caso de las reventas que en general requieren registro. (Página 6)

62. **B.** El cargo por venta máximo sobre un plan de inversión en pagos periódicos, ya sea por anticipado o decreciente, es del 9 por ciento durante la vigencia del plan. (Página 133)

63. **C.** Una orden de amortización sin la emisión de un certificado requiere una solicitud por escrito y una garantía de firma. Si el accionista tuviera en su poder los certificados de la sociedad de inversión, se requeriría un poder firmado. (Página 114)

64. **D.** De conformidad con lo dispuesto en la Ley de Protección al Usuario de Servicios Telefónicos de 1991, el nombre de Joe tiene que incluirse en "la lista de no llamar" de la empresa y ninguno de los miembros de ésta puede volver a llamarlo. (Página 214)

65. **B.** Las acciones de alta calidad son títulos de capital cuyo valor debe aumentar cuando el mercado accionario en general sube. Las otras opciones se refieren a valores de renta fija. (Página 101)

66. **B.** Los titulares de contratos tienen el derecho de votar respecto al personal de la compañía (consejeros, asesor, custodio, etc.) en la primera asamblea celebrada al año del inicio de operaciones. (Página 162)

67. **A.** La Ley de Compañías de Inversión de 1940 define a una aseguradora que ofrece contratos de VLI como una compañía de inversión que ofrece certificados de planes en pagos periódicos. La cuenta separada puede organizarse ya sea como una compañía de inversión abierta o un fideicomiso de inversión en unidades. (Página 157)

68. **D.** Las aseguradoras que ofrecen contratos de VLI tienen que registrarse conforme a la Ley de Compañías de Inversión de 1940; los contratos de VLI, conforme a la Ley de Valores de 1933; los ejecutivos de cuenta que venden los contratos, conforme a la Ley de Bolsas de Valores de 1934; y el asesor que maneja la cuenta separada, conforme a la Ley de Asesores en Inversiones de 1940. (Página 156)

69. **D.** Toda la inversión califica para un cargo reducido. Una carta de intención cubre compras dentro de un periodo de 13 meses y puede prefecharse a 90 días. En realidad, Adam Grizzly tenía 11 meses para realizar la inversión adicional. (Página 112)

70. **D.** El accionista preferente por lo general no tiene el derecho de voto, pero sí el derecho de prioridad con respecto a los dividendos declarados. Un valor restringido está sujeto a ciertos límites en el caso de las reventas que en general requieren registro. (Página 9)

71. **D.** El privilegio de intercambio o conversión permite al inversionista cambiar acciones de un fondo por las de otro bajo la misma administración, sin tener que pagar un cargo por venta adicional (sin embargo, el intercambio está sujeto al pago de impuestos). (Página 114)

72. **C.** Los intermediarios-agentes pueden adquirir la membresía; los bancos no. Un fondo cerrado es una compañía de inversión, no un intermediario-agente. (Página 198)

73. **A.** PEPS significa "primeras entradas, prmeras salidas". La opción C describe el método UEPS (últimas entradas, primeras salidas); la opción B describe la identificación de acciones. (Página 119)

74. **D.** En general, un contrato único de vida paga el máximo al mes porque los pagos cesan a la muerte del asegurado. (Página 152)

75. **C.** La SIPC cubre las pérdidas en efectivo y en valores hasta por $500,000, pero sólo $100,000 en efectivo. (Página 193)

76. **C.** Las órdenes de amortización de acciones se ejecutan al siguiente precio calculado. (Página 107)

77. **B.** El privilegio de intercambio exonera del pago de un cargo por venta adicional, pero el intercambio sí causa impuestos. Hugh debe pagar impuestos sobre la ganancia de $12,000 ($40,000 — $28,000). (Página 114)

78. **C.** Los cambios en las utilidades influyen considerablemente en los precios de las acciones ordinarias. (Página 9)

79. **B.** La aportación mínima es del 100 por ciento del ingreso devengado o $2,000, lo que sea menor. (Página 165)

80. **C.** La Ley de Valores de 1933 (que abarca los títulos mismos) exige que se registren los valores. Para prevenir las prácticas manipulativas y engañosas, la ley de 1934 (que tiene que ver con los participantes) requiere que se registren las personas y las bolsas que negocian con valores. La NASD es la organización autorreguladora del mercado extrabursátil, pero la autoridad que prevalece en última instancia es la de la SEC. (Página 190)

81. **D.** Como no hay cargo, no hay colocador. El fondo se vende directamente al público. (Página 107)

82. **B.** Si la tasa de rendimiento actual equivale a la tasa de interés supuesta, el cheque será por la misma cantidad. Recuerde que el pago se basa en un valor acumulado que se distribuirá durante la vida del rentista (como si fuera un valor compuesto). Por lo tanto, para que Gordy reciba los $210 en marzo, la cuenta debe ganar un 5 por ciento. (Página 153)

83. **A.** Un principal de una empresa tiene que aprobar la propaganda antes de que se use. Si la NASD la revisa, no es necesario que cada vez que tenga la intención de utilizarla la presente. (Página 207)

84. **C.** Los ingresos reinvertidos y las distribuciones de ganancias se gravan en el año en que se reciben. (Página 118)

85. **B.** Los miembros pueden ofrecer concesiones a otros miembros, pero con el público y los no miembros tienen que negociar al precio de oferta pública. (Página 107)

86. **C.** A cada accionista le corresponde una participación indivisa (mutua) en la propiedad de la cartera de la sociedad de inversión. (Página 99)

87. **C.** El rendimiento al vencimiento es mayor que el rendimiento nominal, lo que significa que el precio debe ser inferior al valor nominal. El bono se está vendiendo con descuento. (Página 30)

88. **C.** Los títulos de la Tesorería están exentos de los requisitos de registro, al igual que los bonos municipales, y no requieren que se distribuya un prospecto.   (Página 186)

89. **C.** El precio de las acciones de las sociedades de inversión es el siguiente precio que éstos calculan después de recibir la solicitud.   (Página 107)

90. **D.** Es necesario distribuir a cada solicitud un prospecto antes de la solicitación o durante la misma.   (Página 206)

91. **C.** Una emisión especulativa es una emisión inicial de acciones ordinarias que empieza a negociarse en el mercado secundario con un premio inmediato sobre el precio de oferta inicial.
(Página 189)

92. **C.** Puesto que el inversionista quiere los beneficios de un seguro de renta fija como uno de renta variable, lo más adecuado para él sería un seguro de renta combinado.   (Página 149)

93. **A.** Un prospecto es un documento de divulgación que proporciona a la SEC y al público información sustancial sobre el emisor.
(Página 187)

94. **D.** Una compañía tiene que pagar intereses a sus tenedores de bonos y dividendos a sus accionistas preferenciales antes de pagar cualquier dividendo a sus accionistas ordinarios.   (Página 9)

95. **C.** Los bonos Serie EE se venden con descuento y vencen a su valor nominal; los bonos T y las emisiones de agencia son deudas comercializables. Los bonos HH no son comercializables y pagan intereses semestrales.   (Página 41)

96. **A.** Las unidades de seguros de renta son fijas; su valor actual, cuando se hace líquido, determina el monto de los pagos. Un seguro de vida simple deja de hacer pagos a la muerte del asegurado. La compañía retiene los pagos no distribuidos. El valor y el número de las unidades de acumulación fluctúan durante el periodo de acumulación.
(Página 152)

97. **B.** Los dividendos se pagan con los ingresos netos (intereses más dividendos, más utilidades a corto plazo, cuando se identifican, menos gastos).
(Página 116)

98. **A.** La distribución se gravaría como ingreso ordinario, pero también calificaría para promediar ingresos de cinco años (TRA 1986). Se aplicaría una penalidad del 10 por ciento si Tex tuviera menos de 59 años y medio; la penalidad del 50 por ciento se aplicaría si no hubiera aceptado la distribución conforme a su esperanza de vida para el 1° de abril del año siguiente a aquel en que cumplió 70 años y medio.   (Página 171)

99. **D.** Un intermediario-agente puede comprar acciones sólo para ejecutar órdenes vigentes o para su propia cuenta de inversión, no para su inventario.
(Página 97)

100.   **B.** El contrato del asesor en inversión debe ser aprobado por el consejo de administración del fondo y generalmente por mayoría de votos de las acciones en circulación. Un asesor en inversión tiene que *registrarse* ante la SEC y no necesita ser *aprobado* por la Comisión.   (Página 95)

Segundo examen final

51

1. Max Leveridge tiene 72 años, es viudo, está jubilado y busca un nivel moderado de ingreso corriente para completar sus beneficios del Seguro Social y su plan para el retiro. Max es un hombre de la época de la Depresión, abuelo de nietos y tiene una actitud muy conservadora en lo que se refiere a inversiones. Otro objetivo de inversión, de igual importancia para él, es la conservación de su capital. ¿Cuál de las siguientes sociedades de inversión es la MÁS idónea para él?

   A. Fondo de Ingresos Gubernamentales ZBEST
   B. Fondo Equilibrado ArGood
   C. Fondo de Ingresos de Capital ACE
   D. Fondo de Bonos con Calidad de Inversión ArGood

2. Una persona que compra un contrato de seguro de vida variable de prima flexible debería saber que

   I. las primas son discrecionales con respecto al tiempo y al monto
   II. la indemnización por muerte puede ser igual al valor nominal del contrato
   III. la indemnización por muerte puede ser igual al valor nominal del contrato más el valor en efectivo
   IV. el comportamiento de la cuenta separada afecta directamente al valor en efectivo de la póliza y a su duración

   A. I, II y III únicamente
   B. I, III y IV únicamente
   C. IV únicamente
   D. I, II, III y IV

3. ¿Cuál(es) es(son) la(s) responsabilidad(es) de un demandado cuando sabe que es parte de un conflicto de arbitraje?

   I. El demandado tiene que llenar los formatos apropiados con el Consejo de Arbitraje en los 20 días naturales de la recepción de servicios.
   II. En su respuesta, el demandado tiene que exponer todos sus alegatos sobre la declaración de demanda.
   III. El demandado puede presentar una contrademanda, en su caso, en contra de la parte iniciadora o de una tercera parte.

   A. I únicamente
   B. I y II únicamente
   C. III únicamente
   D. I, II y III

4. ¿Cuáles de las siguientes características describen a un pagaré T a corto plazo?

   I. Emitido al valor nominal
   II. Emitido con descuento
   III. Paga intereses semestrales
   IV. Paga todos los intereses al vencimiento

   A. I y III
   B. I y IV
   C. II y III
   D. II y IV

5. De lo siguiente, ¿qué es lo que determina el valor de mercado de las acciones?

   A. El consejo de administración
   B. Lo que las personas pagan por él
   C. El voto de los accionistas
   D. La situación financiera de la compañía

6. ¿Cuál de los siguientes títulos de la Tesorería permite a un inversionista garantizar un rendimiento por un plazo mayor con el fin de minimizar el riesgo de inversión?

   A. Pagarés de la Tesorería a corto plazo
   B. STRIP de la Tesorería
   C. Bono de la Tesorería
   D. Pagaré de la Tesorería

7. ¿Cuál de los siguientes instrumentos de deuda NO genera intereses?

   A. STRIP
   B. Pagaré T
   C. Bono T
   D. Acción T

8. Una sociedad de inversión invirtió en bonos con vencimientos a mediano y largo plazo. Cuando los bonos vencieron, la sociedad reinvirtió el producto y compró bonos a largo plazo con vencimientos a más de 20 años. ¿Qué hubiera pasado si la reinversión hubiera ocurrido cuando las tasas de interés estaban creciendo?

   I. Hubiera disminuido el rendimiento
   II. Hubiera disminuido el ingreso
   III. Hubiera aumentado el rendimiento
   IV. Hubiera aumentado el ingreso

   A. I y II
   B. I y IV
   C. II y III
   D. III y IV

9. ¿Qué otros valores emitidos tendrían que haber recibido distribuciones si una sociedad ha pagado dividendos a sus accionistas ordinarios?

   I.   Bonos
   II. Bonos convertibles
   III. Acciones preferentes
   IV. Acciones preferentes convertibles

   A. I y II únicamente
   B. I y III únicamente
   C. II y III únicamente
   D. I, II, III y IV

10. ¿Cuál de los siguientes bonos empresariales por lo general está respaldado por otros títulos de inversión?

   A. Bono con garantía hipotecaria
   B. Certificado fiduciario respaldado por equipo
   C. Bono con garantía en fideicomiso
   D. Obligación

11. ¿Cuál sería el momento más adecuado para que un inversionista compre bonos de tasas de interés fijo a largo plazo?

   A. Cuando las tasas de interés a corto plazo son altas y empiezan a disminuir
   B. Cuando las tasas de interés a corto plazo son bajas y empiezan a aumentar
   C. Cuando las tasas de interés a largo plazo son bajas y empiezan a aumentar
   D. Cuando las tasas de interés a largo plazo son altas y empiezan a disminuir

12. Si no se apela ante el Consejo de Gobernadores, la resolución del Comité de Administración de Operaciones Distritales se ejecutará

   A. inmediatamente
   B. sólo después de que sea revisado por la SEC
   C. no antes de 10 días a partir de la fecha de la resolución
   D. no antes de 45 días a partir de la fecha de la resolución

13. Las tasas de interés han aumentado en los últimos días. ¿Qué efecto tiene esto sobre el precio de los bonos operados en el mercado durante este periodo?

   A. Subió
   B. Bajó
   C. Permaneció igual
   D. Los precios de los bonos no son afectados por las tasas de interés

14. ¿Cuál de los siguientes fondos ofrecería un potencial superior de apreciación y un riesgo mayor?

   A. Equilibrado
   B. De bonos
   C. De ingresos
   D. Sectorial

15. ¿Cuál es el comportamiento de los precios de los bonos empresariales en un periodo de deflación?

   A. Suben
   B. Bajan
   C. Permanecen igual
   D. Fluctúan

16. La fórmula que se usa para determinar el rendimiento equivalente con impuestos entre un bono gravable y uno no gravable y para comparar el rendimiento empresarial con un bono municipal es

   A. rendimiento nominal dividido entre el 100 por ciento menos la tasa impositiva del inversionista
   B. rendimiento nominal más el 100 por ciento menos la tasa impositiva del inversionista
   C. rendimiento nominal multiplicado por el 100 por ciento menos la tasa impositiva del inversionista
   D. rendimiento nominal menos el 100 por ciento, menos la tasa impositiva del inversionista

17. ¿De cuáles de los siguientes bonos su interés está exento del impuesto sobre la renta federal?

    I. Estado de California
    II. Ciudad de Anchorage
    III. Tesorería
    IV. GNMA

    A. I y II únicamente
    B. I, II y IV únicamente
    C. III y IV únicamente
    D. I, II, III y IV

18. A sus clientes les gustaría ahorrar $40,000 para cuando sus hijos vayan a la universidad, pero no quieren invertir en algo que pusiera en peligro su capital. En este caso, recomendaría

    A. bonos cupón cero o STRIPS de la Tesorería
    B. bonos empresariales con pagos de altas tasas de interés
    C. bonos municipales por sus beneficios fiscales a largo plazo
    D. pagarés de la Tesorería a corto plazo

19. ¿Cuáles de los siguientes instrumentos pertenecen al mercado de dinero?

    I. Aceptaciones bancarias
    II. Pagarés de la Tesorería a corto plazo
    III. Papel comercial
    IV. Bonos de la Tesorería con vencimiento a seis meses

    A. I y II únicamente
    B. I, II y III únicamente
    C. III y IV únicamente
    D. I, II, III y IV

20. Un fondo busca duplicar el comportamiento del precio y rendimiento de las 500 acciones del índice compuesto de Standard & Poor's. El fondo invierte en cada una de ellas casi en la misma proporción de la composición del índice. La cartera no se opera activamente y, por consiguiente, se caracteriza por un índice de rotación baja. ¿A cuál de los siguientes fondos describen estas características?

    A. Fondo de Biotecnología ATF
    B. Fondo de Asignación de Activos ZBEST
    C. Fondo de Reservas en Efectivo del Mercado de Dinero NavCo
    D. Fondo de Índices de Acciones ArGood

21. ¿Cuál de los siguientes factores afecta directamente el valor de una unidad de seguro de renta variable?

    I. Índice Dow Jones
    II. Índice del costo de vida
    III. Valor de los títulos propiedad de una compañía de seguros
    IV. Valor de los títulos en una cuenta separada

    A. I y III únicamente
    B. I, III y IV únicamente
    C. IV únicamente
    D. I, II, III y IV

22. ¿Cuál(es) de los siguientes instrumentos puede comprarse para la cartera de un fondo de bonos municipales a largo plazo?

    I. Acciones ordinarias
    II. Bonos empresariales
    III. Acciones preferenciales
    IV. Bonos municipales a largo plazo

    A. I y II
    B. I y IV
    C. II y III
    D. IV

23. Los bancos pagan la tasa de fondos federales por

    A. préstamos bancarios a corto plazo del gobierno
    B. préstamos ofrecidos por grandes bancos de la ciudad de Nueva York
    C. préstamos de otros bancos
    D. préstamos de intermediarios-agentes

24. El mercado extrabursátil, ¿se caracteriza por ser qué tipo de mercado?

    A. De subasta
    B. De subasta doble
    C. Negociado
    D. Ninguno de los anteriores

25. ¿A cuál de las siguientes fechas se le conoce como fecha exdividendo?

    I. Fecha a partir de la cual el comprador está autorizado a recibir un dividendo
    II. Fecha a partir de la cual el vendedor está autorizado a recibir un dividendo
    III. Segundo día hábil anterior a la fecha de registro
    IV. Segundo día hábil posterior a la fecha de registro

    A. I y III
    B. I y IV
    C. II y III
    D. II y IV

26. La diversificación geográfica de las inversiones en títulos municipales brindan protección contra todo lo siguiente, EXCEPTO contra

    A. una legislación adversa en un área
    B. baja económica de un área
    C. un cambio en las tasas de interés
    D. el incumplimiento de un emisor determinado

27. August Polar tiene $800 para invertir en el Fondo de Tecnología en Esparcimiento. Si las acciones se cotizan actualmente a $21.22 cada una, ¿cuántas acciones puede adquirir August?

    A. Ninguna porque la unidad mínima de operación es de 100 acciones
    B. 37, con $14.85 por cargo
    C. 37.7
    D. 38

28. Si examina la cartera de un fondo de acciones ordinarias diversificadas, lo MÁS probable es que encuentre

    A. todas las acciones de crecimiento en un sector específico
    B. acciones de muchas compañías en muchos sectores
    C. la mayoría de bonos convertibles y otros instrumentos de deuda
    D. No se sabe qué podría encontrar.

29. Todo lo siguiente puede pagarse con las comisiones 12b-1, EXCEPTO

    A. los costos por publicidad
    B. las comisiones por operaciones de valores en cartera
    C. los gastos de envío por correo
    D. los costos por impresión del prospecto

30. ¿Cuáles de los siguientes enunciados se aplican a un contrato de prima variable?

    I.   El titular determina el monto de las primas
    II. El titular determina la indemnización por muerte
    III. El valor en efectivo se ve afectado por el comportamiento de la cuenta separada
    IV. El contrato puede cancelarse por insuficiencia del valor en efectivo

    A. I y II únicamente
    B. I, II y III únicamente
    C. III y IV únicamente
    D. I, II, III y IV

31. Wall Street vigila de cerca las actividades del Comité de Operaciones de Mercado Abierto de la Reserva Federal dado que sus resoluciones afectan todo lo siguiente, EXCEPTO

    A. la oferta monetaria
    B. las tasas de interés
    C. las tasas de cambio
    D. la velocidad monetaria

32. ¿Cuál de los siguientes enunciados describe a un fondo equilibrado?

    A. En todo momento tiene una parte de su cartera invertida tanto en instrumentos de deuda como en instrumentos de capital.
    B. En todo momento tiene el mismo número de acciones ordinarias y de bonos empresariales .
    C. Por lo general tiene el mismo número de acciones ordinarias y de acciones preferentes en todo momento.
    D. Ninguno de los enunciados anteriores es cierto.

33. Las siguientes ventajas corresponden a inversiones de una sociedad de inversión, EXCEPTO

    A. el control personal del inversionista sobre su inversión en la cartera del fondo
    B. las oportunidades de intercambio dentro de una familia de fondos administrados por una misma sociedad
    C. la habilidad de invertir casi cualquier cantidad en el momento que se desee
    D. la habilidad de calificar para préstamos por venta reducida basados en la acumulación de inversiones en el fondo

34. Conforme a la Ley de Compañías de Inversión de 1940, ¿cuáles de los siguientes enunciados se aplican?

    I.   Una sociedad tiene que poseer $ 1 millón en activos antes de iniciar operaciones
    II. Por lo menos el 40 por ciento de los consejeros no deben tener intereses creados
    III. Un fondo tiene que contar por lo menos con 100 accionistas
    IV. Un fondo no puede solicitar préstamos por más del $33^1/3$ por ciento del valor de sus activos

    A. I y III únicamente
    B. II, III y IV únicamente
    C. II y IV únicamente
    D. I, II, III y IV

35. Un inversionista que paga una tasa impositiva del 28 por ciento incurre en una pérdida de $5,000 después de deducir sus ganancias de capital y pérdidas realizadas. ¿Qué ingreso puede deducir el inversionista durante este año?

    A. $0
    B. $2,500
    C. $3,000
    D. $5,000

36. ¿Cuál(es) de los siguientes enunciados se aplican al NAV de una compañía de inversión abierta?

    I. Se calcula con base en los siete días de la semana
    II. Se calcula conforme a lo estipulado en el prospecto
    III. Se toma en cuenta el efectivo no invertido del fondo
    IV. Se divide entre el número de acciones en circulación para obtener el valor de activo neto por acción

    A. I y IV
    B. II, III y IV
    C. III
    D. IV

37. El valor de activo neto por acción de una sociedad de inversión fluctúa conforme a

    A. el valor de la cartera del fondo
    B. la ley de la oferta y la demanda
    C. el número de accionistas
    D. el índice de mercado 500 de Standard & Poor's

38. ¿Cuáles de los siguientes enunciados se aplican al valor de activo neto por acción?

    I. Aumenta si los activos del fondo se revalúan
    II. Disminuye si el fondo distribuye dividendos a los accionistas
    III. Disminuye cuando se amortizan las acciones
    IV. Aumenta si los accionistas reinvierten las distribuciones de las ganancias de capital y los dividendos

    A. I y II
    B. I y III
    C. II y III
    D. II y IV

39. El abuelo Leveridge paga una tasa impositiva del 28 por ciento y abre una UGMA para su nieta Minnie. Lotta, mamá de Minnie, paga una tasa impositiva del 30 por ciento. ¿Qué tasa fiscal se aplicará a la cuenta cuando Minnie sea mayor de edad?

    A. 28 por ciento
    B. 30 por ciento
    C. La tasa conjunta de sus padres
    D. La tasa de Minnie

40. ¿Cuál de las siguientes características describe una distribución secundaria?

    A. Se realiza sin un banco de inversión
    B. Se utiliza para alcanzar un precio mejor que el actual de mercado
    C. Método de redistribución de un lote importante de acciones sin afectar significativamente el precio de mercado
    D. Nueva emisión de acciones o bonos que una sociedad de "segundo nivel" ofrece

41. El valor de activo neto de un fondo es de $9.30. Si su cargo por venta es del 7 por ciento, su precio de oferta es

    A. $9.95
    B. $9.97
    C. $10.00
    D. $10.70

42. Si una sociedad de inversión cobra un cargo por venta del $8^{1/2}$ por ciento, tiene que ofrecer todo lo que se enuncia a continuación, EXCEPTO

    A. privilegios de intercambio
    B. descuentos por cantidad
    C. derechos de acumulación
    D. reinversión de dividendo al NAV

43. Si una compañía de inversión ofrece derechos de acumulación y un inversionista desea reducir el cargo por venta, el cliente tiene que depositar fondos suficientes en

    A. 45 días.
    B. 13 meses.
    C. No hay límite de tiempo.
    D. Cada fondo tiene sus propios requisitos.

44. El Fondo de Tecnología de Esparcimiento permite los derechos de acumulación. Max Leveridge invirtió $9,000 y firmó una carta de intención para invertir $15,000. Sus dividendos reinvertidos suman en 13 meses $720. ¿Cuánto dinero tiene que aportar para cumplir con la carta de intención?

    A. $5,280
    B. $6,000
    C. $9,000
    D. $15,000

45. Usted decidió comprar 100 acciones del Fondo ACE, que se cotizan diariamente a las 5:00 p.m. Expide la orden a las 3:00 p.m., cuando las acciones se cotizan a un NAV de $10 y un POP de $10.86. El cargo por venta es del 7.9 por ciento. ¿Cuál será el costo de las 100 acciones?

    A. $1,000
    B. $1,079
    C. $1,086
    D. 100 veces el precio de oferta que se calculará a las 5:00 p.m.

46. De lo siguiente, ¿qué es lo que afecta el valor en efectivo de un contrato de seguro de vida variable?

    I. Préstamos sobre póliza
    II. Interrumpir los pagos de la prima
    III. Devaluación de la cuenta separada
    IV. Comisión por riesgo de mortalidad

    A. I únicamente
    B. I y II únicamente
    C. III únicamente
    D. I, II, III y IV

47. Hugh Heifer quiere amortizar 1,000 acciones del Fondo ACE y presenta su solicitud de amortización al mediodía, que es cuando las recibe ACE. Ésta fija diariamente el precio de sus acciones al cierre de la NYSE, momento en que las acciones se cotizan al NAV en $12.50 y a la compra en $13.50. ACE también cobra una comisión por amortización del 1 por ciento. ¿Qué cantidad recibirá Hugh por sus acciones?

    A. $12,375
    B. $12,500
    C. $13,365
    D. $13,500

48. La fecha exdividendo para acciones de una sociedad de inversión es

    A. siete días antes de la fecha de registro
    B. dos días hábiles antes de la fecha de registro
    C. el mismo día de la fecha de registro
    D. el día siguiente a la fecha de registro

49. Klaus Bruin compra acciones de la Sociedad de Inversión ZBest muy cerca a la fecha exdividendo. Antes de adquirir las acciones, Klaus debería saber que

    A. el precio de las acciones bajará en la fecha exdividendo por el monto de la distribución
    B. si reinvierte el dividendo, no tendrá responsabilidad fiscal sobre el dividendo recibido
    C. es muy ventajoso para él comprar las acciones inmediatamente porque puede recibir el dividendo
    D. todo lo anterior puede ser verdad

50. De los siguientes puntos, ¿en cuál consiste el ingreso neto por inversiones de una sociedad de inversión abierta?

    A. Ganancias netas sobre ventas de valores
    B. Dividendos, interés y ganancias no realizadas
    C. Ingreso por dividendos e interés pagados por valores que el fondo guarda menos los gastos de operación
    D. 90 por ciento del valor de activo neto del fondo

51. ¿Cuáles de los siguientes enunciados se aplican a las distribuciones de dividendos de una sociedad de inversión?

    I. El fondo paga los dividendos del ingreso neto.
    II. Un solo contribuyente puede excluir anualmente $100 del ingreso por dividendo de los impuestos.
    III. Un inversionista pagará impuestos sobre las distribuciones ya sea que el dividendo es una distribución en efectivo o si se reinvierte en el fondo.
    IV. Un inversionista pagará impuestos sólo si recibe una distribución en efectivo.

    A. I y II
    B. I, II y III
    C. I y III
    D. II y IV

52. Greta Guernsey amortizó 200 de sus 500 acciones de una sociedad de inversión sin especificar cuáles. ¿Cuál de los siguientes métodos utiliza el IRS para determinar qué acciones se amortizaron?

    A. Acciones identificadas
    B. Venta ficticia
    C. LIFO
    D. FIFO

53. ACE, una compañía de inversión abierta, trabaja conforme la teoría tributaria del conducto. El año pasado distribuyó el 91 por ciento del total de ingresos netos por inversiones como un dividendo a los accionistas. Por consiguiente, ¿cuál de los siguientes enunciados se aplica?

    A. El año pasado ACE pagó impuestos sobre el 9 por ciento de su ingreso neto por inversiones.
    B. El año pasado ACE pagó impuestos sobre el 9 por ciento de su ingreso neto por inversiones y ganancias de capital.
    C. El año pasado ACE pagó impuestos sobre el 91 por ciento de su ingreso neto por inversiones.
    D. El año pasado ACE no pagó impuestos porque calificó como una compañía de inversión regulada conforme al IRC apartado M.

54. Su cliente tiene una pérdida neta de capital de $21,000 para este año y planea aplicar la deducción máxima a sus ingresos ordinarios para el mismo periodo. De lo siguiente, ¿qué puede hacer para el año proximo?

    A. Traspasar $3,000 de la pérdida al ejercicio siguiente
    B. Traspasar la pérdida indefinidamente y deducir un máximo de $3,000 por año
    C. Traspasar la pérdida indefinidamente y compensar únicamente ganancias de capital
    D. No traspasar la pérdida a ejercicios siguientes

55. El 10 de enero de 1987, Adam Grizzly compró 1,000 acciones de la compañía de inversión abierta ArGood. El 22 de enero del mismo año, ArGood vendió 25,000 acciones de TCB con una utilidad. Originalmente ArGood había comprado a TCB el 24 de junio de 1984. El 15 de febrero de 1987, ArGood distribuyó las ganancias de la venta a los accionistas. ¿Cómo se gravará esta distribución para Adam?

    A. El ingreso se grava como ganancia a largo plazo, a la misma tasa que el ingreso ordinario.
    B. El ingreso se grava como ganancia a largo plazo que califica para la exclusión del 60 por ciento.
    C. Si Adam ha reinvertido automáticamente, no paga ningún impuesto.
    D. Adam no tiene responsabilidad fiscal porque él no vendió TCB; ArGood sí

56. El prospecto de una sociedad de inversión muestra todo lo siguiente, EXCEPTO

    A. un plan de descuentos por cantidad
    B. el nombre del asesor en inversiones
    C. el descargo de responsabilidades de la SEC
    D. el pronóstico del comportamiento

57. De los siguientes enunciados, ¿cuál se aplica a la decisión del cliente de una compañía de inversión abierta de no reinvertir automáticamente las distribuciones de ganancias de capital y dividendos?

    A. No cambia el régimen fiscal de estas distribuciones.
    B. Reduce la participación proporcional del cliente en la propiedad del fondo cada vez que se realiza una distribución.
    C. Es la forma de invertir de las personas físicas que buscan pagos por ingresos.
    D. Tiene todas las consecuencias anteriores.

58. Gwinneth Stout ha invertido una gran cantidad en la compañía de inversión abierta ATF y eligió un plan de retiro a plazo fijo. El cálculo para este plan se basa en el

    A. NAV de cada periodo
    B. NAV del primer pago
    C. POP de cada periodo
    D: POP del primer pago

59. Karen Kodiak tiene 24 años y una percepción de $20,000 como comentarista radiofónica de deportes y busca invertir sus ahorros de $1,000. No quiere un fondo en el que el valor del activo neto fluctúe demasiado; así que busca la diversificación máxima y acepta un riesgo moderado. ¿Cuál de los siguientes fondos es el MÁS idóneo para Karen?

    A. Fondo de Asignación de Activos ZBEST
    B. Fondo de Reservas en Efectivo del Mercado de Dinero NavCo
    C. Fondo de Biotecnología ATF
    D. Fondo de Apreciación de Capital ATF

60. Una cliente elige un plan de acumulación voluntaria y suscribe deducciones automáticas de $100 mensuales en su cuenta de cheques. Le dice al representante registrado que quiere continuar el plan por 10 años. Con base en estos datos, ¿cuál de los siguientes enunciados se aplica?

    A. Su decisión de invertir es obligatoria, por lo tanto tiene que seguir invirtiendo durante 10 años.
    B. Puede dar por terminado el plan cuando quiera.
    C. Se le hará un cargo moratorio sobre las inversiones que no haya hecho oportunamente.
    D. Puede dar por terminado el plan si acepta liquidar el saldo en un pago único.

61. Cuando se extienden los derechos de voto a los titulares de los contratos de seguros de vida variable, es un voto por cada

    A. contrato que posea
    B. dólar de valor en efectivo acreditado en el contrato
    C. $100 del valor en efectivo financiado por la cuenta general de la compañía de seguros
    D. $100 del valor en efectivo financiado por la cuenta separada de la compañía de seguros

62. El objetivo de inversión de una cuenta separada que financía un seguro de vida variable puede modificarse

    A. con la mayoría de votos de las acciones
    B. por orden del comisionado estatal de seguros
    C. por A o B
    D. bajo ninguna circunstancia

63. ¿Cuál(es) de los siguientes enunciados se aplica(n) a una cuenta separada que está registrada como una compañía de inversión que ofrece contratos de seguros de vida variable conforme a la Ley de Compañías de Inversión de 1940?

    I. Tiene que poseer un mínimo de capital neto de $100,000 antes de que inicie operaciones.
    II. Tiene que poseer un mínimo de capital neto de $1 millón antes de que inicie operaciones.
    III. Puede operar si el asegurador tiene un mínimo de capital neto de $1 millón.

    A. I
    B. I y III
    C. II
    D. II y III

64. Conforme a la Ley Uniforme de Donaciones a Menores, el propietario de valores en la cuenta es el

    A. custodio
    B. menor de edad
    C. padre del menor de edad
    D. donante

65. Un fondo busca obtener la máxima apreciación de capital, con poco o ningún esfuerzo para obtener ingresos. El fondo invierte en acciones de pequeñas y medianas empresas que demuestran un importante potencial de crecimiento a largo plazo. La administración del fondo considera que a pesar de las constantes fluctuaciones, año con año la estrategia de invertir en compañías que muestran un fuerte crecimiento en utilidades puede dar mayores rendimientos de inversión. ¿A qué fondo de inversión describen estos datos?

    A. Fondo de Apreciación de Capital ATF
    B. Fondo de Crecimiento de Ingresos NavCo
    C. Fondo de Ingresos de Capital ACE
    D. Fondo de Bonos Municipales Exentos de Impuestos NavCo

66. Armand A. Legge invirtió mensualmente $100 en el Fondo de Tecnología de Esparcimiento en los últimos cinco meses. Sus adquisiciones fueron como sigue

Mes	Precio/Acción	Cantidad
1	10	10
2	20	5
3	25	4
4	5	20
5	10	10

¿Cuál es la diferencia entre el costo promedio del inversionista y el precio promedio que pagó por las acciones?

   A. $3.80
   B. $7.14
   C. $10.20
   D. $14.00

67. El precio de las acciones de una compañía de inversión cerrada se determina por

   A. la oferta y la demanda
   B. la Bolsa de Valores de Nueva York
   C. el consejo de administración
   D. el valor de activo neto más los cargos por venta

68. La tasa de interés estimada en un seguro de renta variable es del 5 por ciento. En el mes de abril, el rentista recibe un pago de $300 cuando la cuenta separada gana el 5 por ciento. Para el mes de mayo, el pago aumenta a $325 cuando la cuenta separada gana el 9 por ciento. ¿Cuánto tiene que ganar la cuenta separada en junio para mantener el pago de $325?

   A. Menos del 5 por ciento
   B. El 5 por ciento
   C. Entre el 5 y el 9 por ciento
   D. El 9 por ciento

69. Los clientes pagarían una comisión en vez de un cargo por venta por acciones de un(a)

   A. fondo libre de cargo
   B. sociedad de inversión
   C. compañía de inversión abierta
   D. compañía de inversión cerrada

70. Conforme a la NASD, el cargo por venta máximo en un contrato de seguro de renta variable es

   A. del 8.5 por ciento del monto total invertido
   B. del 8.5 por ciento del monto neto invertido
   C. del 9 por ciento del monto total invertido
   D. ilimitado

71. ¿Cuál de los siguientes enunciados se aplica a los seguros de renta variable?

   I. El número de las unidades de acumulación es fijo.
   II. El número de las unidades de acumulación es variable.
   III. El número de las unidades de seguros de renta es fijo.
   IV. El número de las unidades de seguros de renta es variable.

   A. I y III
   B. I y IV
   C. II y III
   D. II y IV

72. Cuando tenía 65 años, Randy Bear compró un contrato de seguro de renta variable inmediata. Randy hizo un pago inicial único de $100,000 y eligió un ingreso de vida con opción a pagos fijos en 10 años. La compañía de seguros le pagó a Randy

   A. hasta que su pago inicial de $100,000 se agotó
   B. por 10 años
   C. por 23 años
   D. un tasa fija por 10 años y una tasa variable hasta su muerte

73. August Polar invierte $200 mensualmente en un fondo de inversiones. Su hija, June, entra a la universidad y a August le gustaría enviarle cada mes $100. De lo siguiente, ¿qué es lo que le recomendaría su representante registrado?

   A. Invertir mensualmente $100 en el fondo y enviar $100 a June.
   B. Invertir mensualmente $200 en el fondo y enviar los dividendos a June.
   C. Invertir mensualmente $200 en el fondo y amortizar las acciones cuando sea necesario.
   D. Iniciar un programa de retiros mensuales de $100.

74. ¿Cuál(es) de los siguientes enunciados se aplica(n) a una cuenta separada de seguro de renta variable?

   I. Se utiliza para invertir el dinero pagado por los titulares de los contratos de seguros de renta variable.
   II. Es independiente de las inversiones generales de la aseguradora.
   III. Se opera de manera similar a una compañía de inversión.
   IV. Es tanto un título como un producto de seguros.

   A. I únicamente
   B. I y II únicamente
   C. II y III únicamente
   D. I, II, III y IV

75. De las siguientes, ¿cuáles son similitudes entre una sociedad de inversión y una cuenta separada de seguro de renta variable?

   I. La cartera de inversión la administran especialistas.
   II. El cliente puede votar por el consejo de administración o el de administradores.
   III. El cliente asume el riesgo de inversión.
   IV. Los planes de pago garantizan un ingreso de por vida al cliente.

   A. I, II y III únicamente
   B. II y IV únicamente
   C. III y IV únicamente
   D. I, II, III y IV

76. Angus Bullwether tiene $100,000 para invertir y necesitará el dinero cuando se jubile en seis meses. De las siguientes inversiones, ¿cuál es la MÁS idónea para Angus?

   A. Fondo de crecimiento
   B. Seguro de renta variable inmediata
   C. Fondo de acciones internacionales
   D. Fondo de mercado de dinero

77. Su cliente es una mujer de 68 años, jubilada y de buena salud, le preocupa cómo administrar su dinero y necesita recursos para solventar los gastos diarios que a partir de ahora tendrá. Como su representante registrado, le sugiere que compré un

   A. seguro de vida lo más completo que pueda pagar
   B. seguro de renta variable diferido en pagos periódicos
   C. seguro de renta variable diferido en un pago único
   D. seguro de renta inmediata

78. Una aseguradora que ofrece un seguro de renta variable le paga a los rentistas el día 15 de cada mes. El contrato tiene una tasa de interés supuesta del 3 por ciento. En julio de este año, el contrato ganó un 4 por ciento y en agosto un 6 por ciento. Si el contrato gana un 3 por ciento en septiembre, el pago a los rentistas será

   A. mayor al pago de agosto
   B. inferior al pago de agosto
   C. igual al pago de agosto
   D. inferior al pago de julio

79. Klaus Bruin de 48 años y su esposa Sandy Bruin de 50 años tienen un ingreso mancomunado superior a $200,000. Su cartera está constituida por acciones ordinarias y bonos que ofrecen un amplio margen de seguridad y rendimiento potencial. Los Bruin se preocupan cada vez más por los efectos de la creciente inflación en Estados Unidos. Están buscando invertir un porcentaje pequeño de su cartera en un fondo que les proporcione diversificación adicional. ¿Cuál de los siguientes fondos de inversión es el MÁS idóneo para los Bruin?

   A. Fondo de Bonos Municipales Exentos de Impuestos NavCo
   B. Fondo de Bonos con Calidad de Inversión ArGood
   C. Fondo de Oportunidades en el Extranjero ATF
   D. Fondo de Ingresos Gubernamentales ZBEST

80. Conforme a las Reglas de Prácticas Leales de la NASD, un miembro de la bolsa puede dar algunas concesiones de venta a

   A. el público en general
   B. otros miembros de la NASD
   C. intermediarios-agentes no miembros
   D. todos los anteriores

81. Si un cliente de 52 años convierte en efectivo su contrato de seguro de renta antes de que los pagos comiencen, ¿cuál(es) de los siguientes enunciados se aplica(n)?

   I. Pagará un impuesto con la tasa fiscal de un ingreso ordinario sobre las ganancias excedentes del costo de base.
   II. Deberá pagar una multa del 10 por ciento sobre el retiro que exceda el costo de base.
   III. Deberá pagar una multa del 5 por ciento sobre el retiro que exceda el costo de base.
   IV. Pagará un impuesto conforme a las tasas de ingreso ordinario sobre el retiro, que represente el costo de base, y a las tasas de ganancias de capital sobre el retiro que exceda el costo de base.

   A. I
   B. I y II
   C. I y III
   D. III y IV

82. Si un cliente de 35 años invierte cada mes $100 en un seguro de renta variable durante 7 años y repentinamente muere, ¿cuál de los siguientes enunciados se aplica?

    A. Los beneficiarios no recibirán nada del dinero hasta el año en que el cliente hubiera cumplido los 59 años y medio.
    B. La aseguradora mantiene todas las aportaciones realizadas porque el contrato no se convirtió a la fase de distribución.
    C. Los beneficiarios recibirán únicamente el monto contribuido.
    D. Si el contrato se aseguro, los beneficiarios recibirán ya sea las aportaciones o el valor de la cuenta, lo que sea superior.

83. Cuando un cliente retira dinero de su IRA después de haber cumplido 59 años y medio, ¿cuál de los siguientes enunciados se aplica?

    A. El retiro del monto está sujeto a una multa del 10 por ciento.
    B. El retiro del monto está sujeto a la tasa impositiva de ganancias de capital.
    C. El monto total del IRA está sujeto a la tasa impositiva de ingresos ordinarios, sin tener en cuenta el retiro del monto.
    D. El monto del retiro está sujeto a la tasa impositiva de ingresos ordinarios.

84. ¿Cuál(es) de los siguientes enunciados se aplica(n) a un plan calificado de prestaciones definidas sin aportaciones?

    I. Las aportaciones son gravables.
    II. Las distribuciones son gravables.
    III. Las aportaciones pueden variar.

    A. I y II
    B. II
    C. II y III
    D. III

85. De lo siguiente, ¿cuál es el propósito de promediar costos en dólares?

    A. Obtener un precio promedio por acción inferior al costo por acción
    B. Obtener un costo promedio por acción inferior al precio promedio por acción
    C. Tomar ventaja de un mercado estable
    D. Comprar más acciones a precios más altos

86. Los planes Keogh son programas de retiro diseñados para negocios no constituidos. Estos planes permiten al trabajador independiente aportar sobre una base deducible de impuestos el

    A. 25 por ciento del ingreso posterior a la aportación o $30,000, lo que sea menor
    B. 25 por ciento del ingreso anterior a la aportación o $30,000, lo que sea menor
    C. 25 por ciento del ingreso posterior a la aportación o $30,000, lo que sea mayor
    D. 25 por ciento del ingreso anterior o $30,000, lo que sea mayor

87. June Polar es una profesora jubilada que participa en un seguro de renta calificado con impuestos diferidos. Las aportaciones realizadas en su representación suman $15,000. Este año recibió un pago único de $21,000. ¿Cómo se gravaría este pago?

    A. Como una distribución de ganancia de capital
    B. Como ingreso ordinario
    C. $6,000 como ganancia de capital y el restante como ingreso ordinario
    D. Como ingreso ordinario, salvo por $15,000 que representan el rendimiento de su aportación

88. ALFA Securities, miembro de la NASD, quiere comprarle acciones con descuento al patrocinador de la Sociedad de Inversión ATF. Este convenio es posible si el patrocinador de ATF

    A. no es miembro de la NASD
    B. también es miembro de la NASD y un acuerdo de venta entre ambas firmas está vigente
    C. tiene un convenio de venta con ALFA Securities
    D. cumple alguno de los requisitos anteriores

89. ¿Conforme a qué condiciones la Ley de Compañías de Inversión de 1940 requiere una declaración por escrito que revele la fuente del pago de un dividendo?

    A. Cada vez que se paga un dividendo
    B. Cada vez que el ingreso neto sea parte del dividendo
    C. Cada vez que todo o una parte del pago de dividendos provenga de una fuente diferente al ingreso corriente o al ingreso neto sin distribuir acumulado
    D. La Ley de Compañías de Inversión de 1940 no estipula la divulgación del monto del dividendo; únicamente el Código de Ingresos Internos lo requiere.

90. En caso de que se utilice el reporte anual como propaganda, ¿cuál de los siguientes enunciados se aplica?

    I. El principal de la firma tiene que aprobarlo.
    II. El prospecto tiene que acompañar al reporte.
    III. Las cifras incluidas en el reporte tienen que ser de una fecha específica.
    IV. El reporte tiene que contener la lista completa de la cartera.

    A. I, II y III únicamente
    B. I y IV únicamente
    C. II, III y IV únicamente
    D. I, II, III y IV

91. En la venta de acciones de una compañía de inversión abierta, ¿cuál de los siguientes enunciados se aplica al prospecto?

    A. No es necesario.
    B. Tiene que entregarse al cliente ya sea antes o durante la solicitud de venta.
    C. Tiene que entregarse antes de la solicitud de venta.
    D. Tiene que darse antes o al momento de la entrega del certificado de la acción del fondo.

92. ¿Cuál(es) de las siguientes personas es MÁS probable que se convierta(n) en miembro(s) de la NASD?

    I. Una persona condenada por un crimen que involucra una conversión fraudulenta de valores en los últimos 10 años
    II. Quien realice operaciones por su propia cuenta y para otros en el mercado extrabursátil
    III. Quien actúe como un especialista en la Bolsa de Valores de Nueva York únicamente

    A. I y III únicamente
    B. II únicamente
    C. II y III únicamente
    D. I, II y III

93. ¿En cuál de los siguientes periodos se tienen que mostrar los resultados en las estadísticas sobre el comportamiento de una sociedad de inversión?

    I. 1 año
    II. 3 años
    III. 5 años
    IV. 10 años

    A. I
    B. I, III y IV
    C. II y III
    D. II, III y IV

94. ¿Cuál de las siguientes personas NO puede comprar acciones de emisión especulativa?

    A. Socio colectivo de un miembro de la bolsa
    B. Esposa del colocador administrador de la emisión
    C. Ejecutivo principal de un banco
    D. Todos los anteriores

95. ¿Cuál(es) de los siguientes enunciados se aplica(n) a una venta de valores en una cantidad de dólares que está por debajo del punto en que un inversionista podría beneficiarse de un cargo por venta inferior al realizar una compra mayor?

    I. Se le conoce como venta de descuento por cantidad.
    II. No se le consideraría un conflicto de intereses.
    III. Va en contra de los principios de equidad y justicia del comercio.
    IV. Es necesaria la aprobación del Comité de Administración de Operaciones Distritales.

    A. I
    B. I y III
    C. I y IV
    D. II

96. De lo siguiente, ¿qué es lo que las reglas de la NASD permiten a los miembros?

    A. Ejecutar una orden de venta de títulos de un cliente, sabiendo que la entrega será dos semanas después
    B. Seguir compensando a un representante registrado por ventas realizadas mientras él trabajaba para la firma conforme a un contrato previo
    C. Conseguirle a un cliente un crédito con valor de $5,000 para comprar acciones de una sociedad de inversión
    D. Dar una concesión de venta a un no miembro de la bolsa dado que está adquiriendo un gran número de acciones

97. Si un representante registrado recomienda la compra de un valor y presenta material que indica un posible movimiento alcista en el precio del título recomendado, esta recomendación de compra probablemente es

    I. fraudulenta
    II. una violación a las Reglas de Prácticas Leales
    III. no idónea para todos los inversionistas
    IV. aceptable si se especifica claramente que las declaraciones de los precios y ganancias son pronósticos

    A. I
    B. I y II
    C. III
    D. III y IV

98. Un empleado que participe en la administración de una empresa miembro de la NASD, particularmente en la supervisión de la captación de negocios o en la capacitación, debe registrarse como

    A. intermediario
    B. agente de valores
    C. socio
    D. principal

99. ¿Cuál reglamento del Consejo de la Reserva Federal prohíbe a los intermediarios-agentes otorgar crédito para la compra de acciones de compañías de inversión abierta?

    A. Reglamento A
    B. Reglamento G
    C. Reglamento U
    D. Reglamento T

100. El Código de Procedimiento de la NASD da las directrices sobre

    A. el tratamiento de las violaciones a las Reglas de Prácticas Leales de la NASD

    B. la revisión y aprobación de las cuentas, operaciones, correspondencia y propaganda

    C. la resolución de conflictos entre dos miembros de la NASD

    D. la resolución de conflictos entre miembros de la NASD y no miembros

Respuestas y justificaciones

1. A. Max Leveridge necesita seguridad máxima e ingreso corriente. Si bien todos los fondos de ingresos fijos tienen como propósito dar ingresos corrientes, los fondos de los bonos del gobierno de Estados Unidos ofrecen la mejor combinación de seguridad y un rendimiento superior a los fondos de mercado de dinero. (Página 102)

2. D. Una póliza de prima flexible permite al asegurado determinar el monto y los plazos de pagos de las primas. Dependiendo de la póliza, la indemnización por muerte puede ser igual al valor nominal del contrato, a un porcentaje del valor en efectivo o a la combinación de ambos. Si el comportamiento de la cuenta separada es tal que el valor en efectivo cae por debajo de la cantidad necesaria para mantener la póliza, ésta se cancelará. (Página 160)

3. D. Cualquier persona puede presentar cargos de violación a las reglas en contra de un miembro de la bolsa o de una persona asociada, incluso clientes, por lo que cada sucursal tiene que tener en su bi-blioteca copias de los Estatutos de la NASD, las Reglas de Prácticas Leales y el Código de Procedimiento. (Página 221)

4. D. Los bonos T a corto plazo son emitidos con descuento y pagan todos los intereses a su vencimiento. (Página 39)

5. B. El valor de mercado de las acciones se determina por la oferta y la demanda. (Página 9)

6. B. De hecho, ésta es una cuestión tripartita correspondiente a garantizar el rendimiento a un plazo mayor y a la reinversión con un riesgo mínimo. El elemento de plazo mayor se entiende fácilmente dado que estos bonos son instrumentos a más largo plazo que los pagarés. Los STRIPS (Negociación de Valores con Separación del Interés y el Capital Registrados) son bonos T con cupones desprendidos. La elección entre bonos y STRIPS se facilita cuando se considera el riesgo de reinversión. Los STRIPS no pagan intereses, pero se vencen con un mayor descuento y expiran al valor nominal. Por consiguiente, no hay pagos de intereses a reinvertirse ni tampoco riesgo de inversión. También se trata de cómo el inversionista garantiza el rendimiento. (Página 40)

7. A. Los STRIPS (Negociación de Valores con Separación del Interés y el Capital Registrados) son bonos T con cupones desprendidos. Los STRIPS no pagan intereses, pero se venden con un mayor descuento y vencen al valor nominal. (Página 40)

8. D. A mayor plazo de vencimiento del bono, mayor es el riesgo del inversionista. Por lo tanto, los bonos a largo plazo pagan tasas de interés más altas que los bonos a corto o mediano plazo. Si un fondo sustituye bonos a mediano plazo con bonos a largo plazo, se esperaría pagos con tasas de interés más altas y, por consiguiente, más ingresos. Por otra parte, si las tasas de interés aumentan, también los rendimientos. Por ejemplo, un fondo tiene un bono a mediano plazo que paga el 8 por ciento. El ingreso del bono es de $80 por año. Al vencimiento del bono, el fondo recibe $1,000 como retorno del principal. Entonces compra bonos a largo plazo que pagan anualmente el 9 por ciento, o $90 (el ingreso aumentó $10). Además, si las tasas de interés aumentan, el precio baja. Así, el bono a largo plazo del 9 por ciento no costará $1,000, sino $950. De tal manera que el rendimiento corriente de este bono será del 9.47 por ciento ($90 x $950), el rendimiento sube. (Página 30)

9. **D.** Dado que las acciones ordinarias se pagan al último (son las más subordinadas), otros títulos emitidos por la sociedad recibirán distribuciones (pagos de intereses de títulos de deuda y dividendos de títulos de capital preferenciales).

(Página 9)

10. **C.** Los bonos con garantía en fideicomiso están respaldados por otros títulos; los bonos con garantía hipotecaria, por bienes inmuebles. Como su nombre lo indica, los certificados fiduciarios respaldados con equipo están garantizados por equipo. Las deudas sin garantía están respaldadas por el compromiso de pago de la sociedad. (Página 32)

11. **D.** El momento más adecuado para comprar bonos a largo plazo es cuando las tasas de interés a largo plazo alcancen su nivel más alto. Además del alto rendimiento, cuando las tasas de interés caen el valor de los bonos en circulación aumenta.

(Página 30)

12. **D.** Si no apela, la resolución del Comité de Administración de Operaciones Distritales tendrá efecto 45 días después de la fecha de resolución.

(Página 221)

13. **B.** Cuando las tasas de interés aumentan, el precio de los bonos baja. (Página 15)

14. **D.** Un fondo sectorial, o especializado, ofrece una apreciación potencial superior, junto con un riesgo mayor, al fondo de ingresos. (Página 101)

15. **A.** En un periodo de deflación, las tasas de interés bajan y el precio de los bonos sube.

(Página 29)

16. **A.** El rendimiento equivalente a impuestos de bonos emitidos entre municipios y empresas se determina dividiendo el rendimiento nominal de un bono municipal por la diferencia entre el 100 por ciento y la tasa impositiva del inversionista.

(Página 46)

17. **A.** Los bonos municipales están exentos del impuesto sobre la renta federal. Los instrumentos de deuda federal directos, como los bonos de la Tesorería, están sujetos al impuesto sobre la renta

federal, pero exentos del impuesto estatal. Los bonos GNMA están sujetos tanto a los impuestos federales como a los locales. (Página 45)

18. **A.** Los bonos cupón cero representan el riesgo más bajo junto con el rendimiento más alto de todas las inversiones mencionadas. No ofrecen ingresos corrientes. (Página 49)

19. **D.** Los títulos del mercado de dinero son emisiones de títulos de deuda de altos rendimientos a corto plazo. Todos los instrumentos mencionados se consideran de corto plazo, aun los bonos, ya que vencen en menos de un año. (Página 101)

20. **D.** Los fondos de índices buscan duplicar el precio y el comportamiento del rendimiento de un índice seleccionado. (Página 101)

21. **C.** El valor de la unidad de seguro de renta refleja los cambios en el activo de una cuenta separada de la compañía de seguros de vida. (Página 153)

22. **D.** Un fondo de bonos municipales a largo plazo puede invertir únicamente en títulos valor que correspondan a sus objetivos de inversión.

(Página 94)

23. **C.** La tasa de los fondos federales es la tasa de interés con la que los bancos miembros del Sistema de Reserva Federal pueden solicitar préstamos sobre los fondos excedentes de otros bancos miembros, por lo general de un día para otro. La tasa está sujeta a cambio y con frecuencia lo hace a diario. (Página 50)

24. **C.** La Bolsa de Valores de Nueva York es un mercado de subasta, y el mercado OTC es un mercado negociado. (Página 58)

25. **C.** Las acciones que se venden en la fecha exdividendo otorgan al vendedor el derecho a un dividendo. Las acciones se venden exdividendo dos días hábiles antes de la fecha de registro.

(Página 63)

26. **C.** Si las tasas de interés cambian, la diversificación geográfica no tendría ningún efecto. Un cambio en las tasas de interés afecta todos los rendimientos.   (Página 77)

27. **C.** August puede comprar 37.7 acciones. Las acciones de una sociedad de inversión pueden venderse en cantidades totales o parciales y no se negocian en lotes de 100 acciones.   (Página 99)

28. **B.** Un fondo diversificado de acciones ordinarias está constituido por muchas empresas de varios sectores.   (Página 89)

29. **B.** Las comisiones 12b-1 cubren los gastos de publicidad, correo e impresión de prospectos.   (Página 109)

30. **D.** Todos los enunciados son ciertos.   (Página 160)

31. **C.** El FOMC es uno de los comités con mayor influencia en el Sistema de Reserva Federal, y sus resoluciones afectan la oferta monetaria, las tasas de interés e incluso la rapidez de rotación de dinero (velocidad monetaria). Las tasas de cambio se estipulan en el mercado interbancario. (Página 69)

32. **A.** Los fondos equilibrados invierten en emisiones de instrumentos de deuda como en las de capital, aunque no es necesario que sea en partes proporcionales.   (Página 102)

33. **A.** El control de la inversión se otorga al administrador de la misma. El resto de los enunciados se consideran ventajas.   (Página 94)

34. **B.** Una compañía tiene que poseer por lo menos $100,000 en activos antes de iniciar operaciones. El resto de los enunciados se aplican.   (Página 94)

35. **C.** La deducción máxima de pérdidas de capital al año es de $3,000. Las pérdidas remanentes pueden traspasarse al año siguiente. (Página 119)

36. **B.** El NAV tiene que calcularse por lo menos cada día hábil, pero no los días festivos o fines de semana. Toma en cuenta todos los activos del fondo y se

obtiene de la división del total de activos entre el número de acciones en circulación.   (Página 108)

37. **A.** Los precios de las acciones fluctúan conforme a los activos que se tengan en la cartera del fondo.   (Página 108)

38. **A.** Los precios de las acciones aumentan si los activos de cartera se revalúan. En cambio, los precios de las acciones bajan si el fondo distribuye un dividendo porque los accionistas reciben ya sea efectivo o acciones adicionales. Amortizar o comprar acciones no afecta el precio de las mismas, únicamente el total de activos. De manera similar, reinvertir dividendos o ganancias de capital tampoco tiene efecto sobre el precio de las acciones.   (Página 108)

39. **D.** En la UGMA, cuando Minnie alcance la mayoría de edad la cuenta se gravará según la tasa de Minnie.   (Página 131)

40. **C.** Una distribución secundaria es la venta de acciones que ya antes se emitieron y poseyeron. Un propósito fundamental de la distribución secundaria es redistribuir un bloque importante de acciones sin que se afecte significativamente el precio del mercado. Como una distribución primaria, el colocador administrador hace los convenios de distribución y un sindicato puede formarse. En una distribución secundaria, los valores con frecuencia se ofrecen a un precio fijo que se relaciona directamente con el precio de mercado corriente con el fin de no generar desequilibrios en el mercado.   (Página 54)

41. **C.** Para determinar el precio de venta de las acciones, se divide el NAV entre el 100 por ciento menos el cargo por venta: NAV ÷ 100% - CV% = precio de venta. En este caso, $9.30 se divide entre el 100 por ciento menos el 7 por ciento y nos da un resultado de $10.   (Página 110)

42. **A.** Los fondos que cobran el máximo de cargos por venta del $8^{1/2}$ por ciento tienen que ofrecer descuentos por cantidad, derechos de acumulación y reinversión de dividendos al NAV. Los privilegios de intercambio son la excepción.   (Página 111)

43. **C.** Los derechos de acumulación tienen una vigencia de al menos 10 años, en tanto que la carta de intención tiene un plazo máximo de 13 meses. (Página 113)

44. **B.** Max tiene que poner el total de $15,000, por lo que debe un monto adicional de $6,000. Los dividendos reinvertidos y los cambios en el NAV no afectan la cantidad requerida. (Página 113)

45. **D.** Las sociedades de inversión utilizan la cotización adelantada. Pagará el precio de oferta calculado a las 5:00 p.m. (Página 107)

46. **D.** Todas las opciones que se dan pueden afectar el valor en efectivo de un contrato de seguro de vida variable. (Página 160)

47. **A.** Hugh recibe $12.50 por acción menos la comisión por amortización del 1 por ciento; $12.50 multiplicado por 100 acciones es igual a $12,500 menos la comisión de $125 Hugh recibe $12,375. (Página 114)

48. **D.** El consejo de administración de una sociedad de inversión determina la fecha de registro. Dado que la sociedad utiliza la cotización adelantada y una operación se lleva a cabo el mismo día en que se recibió la orden, el inversionista sería un accionista de registro si la operación se cierra antes del momento en que el fondo cotiza sus acciones. La fecha exdividendo para acciones empresariales en el mercado secundario es dos días hábiles antes de la fecha de registro. (Página 117)

49. **A.** Los precios de las acciones bajan en la fecha exdividendo. Las distribuciones de dividendo son gravables, por lo que la compra de derechos de acciones antes de la fecha exdividendo no es recomendable. (Página 117)

50. **C.** Los dividendos e intereses pagados por valores que el fondo guarda en cartera constituyen el ingreso por inversión. De este monto, el fondo paga sus gastos antes de que se convierta en ingreso neto por inversión. (Página 116)

51. **C.** El fondo paga los dividendos del ingreso neto y el inversionista tiene responsabilidad fiscal sobre todas las distribuciones. (Página 118)

52. **D.** Cuando un cliente no elige el método, el IRS utiliza el PEPS. (Página 119)

53. **A.** ACE paga impuestos sobre la proporción del ingreso que no distribuya siempre que sea distribuido por lo menos el 90 por ciento. ACE pagó impuestos sobre el 9 por ciento. (Página 115)

54. **B.** Las pérdidas de capital pueden aplicarse para compensar las ganancias de capital. Un cliente puede aplicar $3,000 de pérdidas de capital por año para compensar el ingreso ordinario. Después de ocupar $3,000 este año, su cliente tendrá $18,000 para traspasar la pérdida a años siguientes hasta que se agote. (Página 119)

55. **A.** Adam poseía acciones de una sociedad de inversión cuando se distribuyeron las ganancias, y tiene responsabilidad fiscal. Se considera una ganancia a largo plazo que actualmente se grava como ingreso ordinario. (Página 117)

56. **D.** El prospecto de la sociedad de inversión no puede incluir pronósticos con respecto al comportamiento. (Página 92)

57. **D.** La reinversión no cambia el régimen fiscal, en tanto que aceptar distribuciones reduce la participación proporcional en la propiedad. Una inversión de este tipo permite al cliente usar las distribuciones sin tocar el capital. (Página 118)

58. **A.** En un principio, el retiro de fondos se basa en el NAV. Posteriormente, se determina cada vez que se hace un pago. (Página 136)

59. **A.** Karen Kodiak es una joven inversionista con una pequeña cantidad para invertir y un objetivo de máxima diversificación. Un fondo de asignación de activos le permite beneficiarse del rendimiento potencial de los mercados de acciones, bonos e instrumentos de deuda a corto plazo, con una inversión menor. (Página 102)

60. **B.** Los planes de acumulación voluntaria son exactamente eso: voluntarios. El cliente puede terminarlo en cualquier momento sin incurrir en ninguna falta por hacerlo. (Página 64)

61. **D.** Los titulares de los contratos reciben un voto por $100 de valor en efectivo financiado por la cuenta separada. Además, si la aseguradora ejerce su derecho de voto, tiene que votar de acuerdo a los poderes otorgados por los titulares. (Página 160)

62. **C.** El comisionado tiene la autoridad para modificar el objetivo de inversión si éste va en contra de las leyes estatales; de lo contrario, solamente puede cambiarse por mayoría de votos de las acciones en circulación de la cuenta separada. (Página 161)

63. **B.** Conforme a la ley de 1940, una cuenta separada puede iniciar operaciones siempre y cuando la aseguradora que ofrece el contrato tenga un capital contable de $1 millón o que la cuenta tenga un capital contable de $100,000. (Página 148)

64. **B.** El menor de edad posee los valores en una UGMA aunque la cuenta esté a nombre del custodio. (Página 128)

65. **A.** Los fondos de asignación de capital buscan el crecimiento, no el ingreso corriente.(Página 101)

66. **A.** El inversionista pagó un total de $500 por 49 acciones, o $10.20 por acción. El precio promedio de las acciones en ese momento fue el total de los precios de las acciones ($70) dividido entre el número de plazos de inversión (5), o $14. La diferencia entre los dos es de $3.80. (Página 131)

67. **A.** Las acciones de la compañía de inversión cerrada se negocian en el mercado secundario; por lo tanto, la oferta y la demanda determinan el precio. (Página 88)

68. **B.** El rentista recibirá un pago equivalente al pago anterior si el rendimiento de la cuenta separada del periodo es igual al AIR. (Página 154)

69. **D.** Los cargos por venta podrían pagarse respecto a todos los tipos de fondos de inversión abiertos, mientras que las comisiones se pagan por valores negociados en el mercado secundario tales como los de una compañía de inversión cerrada. (Página 88)

70. **A.** Las reglas de la NASD permiten un cargo por venta máximo del $8^{1}/_{2}$ respecto a un contrato de seguros de renta variable. (Página 152)

71. **C.** El número de las unidades de acumulación de seguros de renta variable cambia debido a que durante la etapa de acumulación, el valor de las unidades fluctúa conforme al valor de la cuenta separada. Cuando un contrato de seguro de renta variable se convierte a la fase de distribución, el número de unidades de seguro de renta se fija. (Página 153)

72. **C.** Un seguro de renta con vida y plazo garantizado de 10 años distribuye pagos durante 10 años o la vida del rentista, lo que sea mayor. Randy vivió 23 años más, lo que es mayor al plazo fijo de 10 años. (Página 152)

73. **A.** August debería reducir su inversión en el fondo y enviar la diferencia a June. (Página 76)

74. **D.** La cuenta separada se utiliza para los recursos invertidos en seguros de renta variable. Se mantiene separada de la cuenta general y se opera de manera similar a una compañía de inversión. Se considera tanto un producto de seguros como uno de inversión. (Página 149)

75. **A.** Tanto una sociedad de inversión como una cuenta separada de un seguro de renta variable ofrecen administración especializada y un consejo de administración, y el cliente asume el riesgo de inversión. Únicamente los seguros de renta variable tienen planes de pagos que garantizan un ingreso de por vida al cliente. (Página 149)

76. **D.** Angus tiene muy poco tiempo para invertir. La recomendación más adecuada es el fondo de mercado de dinero. (Página 103)

77. **D.** Su cliente necesita ingresos inmediatos. De las opciones mencionadas, únicamente el seguro de renta inmediata puede ofrecer eso.   (Página 151)

78. **C.** El contrato ganó un 3 por ciento en septiembre y la tasa de interés estimada para el mismo es del 3 por ciento. El monto del pago no cambiará del pago del mes anterior.   (Página 153)

79. **C.** La cartera importante de los Bruin está diversificada entre instrumentos de capital y deuda. Sin embargo, para contrarrestar los efectos de la economía en Estados Unidos en los rendimientos de su cartera, deberían invertir una parte de sus activos en el fondo de acciones internacionales.
(Página 102)

80. **B.** Los miembros pueden dar concesiones a otros miembros, pero tienen que negociar con el público y los no miembros el precio de oferta pública.
(Página 106)

81. **B.** Convertir a efectivo un seguro de renta fija antes de cumplir 59 años y medio es un acto gravable. El monto del retiro que exceda el costo de base es gravado como ingreso ordinario. Además, el monto sujeto a impuesto está también sujeto a una multa del 10 por ciento a menos que la distribución se anualice por un periodo no menor de cinco años o que la distribución sea por muerte o incapacidad.   (Página 155)

82. **D.** Los beneficiarios del cliente recibirían el valor de mercado actual, pero si el contrato fue asegurado, recibirían el monto invertido o el valor de mercado actual, el que sea superior.   (Página 158)

83. **D.** El dinero que se retira de una IRA después de los 59 años y medio está sujeto a impuesto ordinario, pero no al 10 por ciento de multa.
(Página 169)

84. **C.** El patrón, no el trabajador, realiza las aportaciones a un plan calificado sin aportaciones. Las aportaciones no son gravadas hasta que el participante las recibe como distribuciones. Dado que los beneficios que este tipo de plan calificado otorga pueden variar (dependiendo de la edad, sexo, ingresos y otros del participante), las aportaciones hechas por su cuenta también cambian. Todas las distribuciones del plan son gravadas cuando el participante las recibe.
(Página 171)

85. **B.** El propósito de promediar costos en dólares es obtener un costo promedio inferior al precio promedio por acción.   (Página 131)

86. **A.** Los planes Keogh permiten aportaciones del 25 por ciento de ingreso posterior a la aportación o de $30,000, lo que sea menor.   (Página 171)

87. **B.** Las aportaciones a un seguro de renta con impuestos diferidos, como en todos los planes calificados, se hacen antes de impuestos. Los pagos de este plan son gravables a la tasa de ingreso ordinario.   (Página 176)

88. **B.** Este esquema es posible si ambas firmas son miembros de la NASD y un contrato de venta está vigente.   (Página 106)

89. **C.** La Ley de Compañías de Inversión de 1940 requiere una divulgación cuando todo o una parte del pago de dividendos proviene de una fuente diferente al ingreso corriente o al ingreso neto sin distribuir acumulado.   (Página 117)

90. **D.** El principal de la firma tiene que aprobar el uso del reporte anual como propaganda, y las cifras incluidas tienen que ser actuales y completas. Un prospecto siempre es necesario.   (Página 209)

91. **B.** Para la venta de acciones de una sociedad de inversión, el cliente debe recibir el prospecto ya sea antes o durante la solicitud de venta.
(Página 187)

92. **B.** Una persona que lleva una operación en el mercado extrabursátil tiene que ser miembro de la NASD. Para realizar operaciones en la Bolsa de Valores se necesita ser miembro de la NYSE.
(Página 198)

93. **B.** Las estadísticas sobre el comportamiento de una sociedad de inversión tienen que mostrar los resultados de 1, 5 y 10 años.   (Página 103)

94. **D.** Ninguna de las personas mencionadas puede comprar acciones de emisión especulativa.
(Página 190)

95. **B.** A esto se le conoce como *venta de descuentos por cantidad* y va en contra de los principios de equidad y justicia de comercio. (Página 219)

96. **B.** Un representante registrado puede seguir siendo compensado por ventas que hizo mientras trabajaba para la firma conforme al contrato.
(Página 219)

97. **D.** Ninguna inversión es conveniente para todos los inversionistas. Las declaraciones sobre los precios y ganancias futuros pueden usarse si se especifica claramente que son pronósticos.
(Página 207)

98. **D.** La supervisión de solicitudes de venta o capacitación requiere que una persona se registre como principal. (Página 201)

99. **D.** El Reglamento T regula el otorgamiento de crédito por intermediarios-agentes para financiar la compra de acciones de compañías de inversión.
(Página 192)

100. **A.** El Código de Procedimiento da las directrices para el tratamiento de las violaciones a las Reglas de Prácticas Leales de la NASD.
(Página 221)

52

Tercer examen final

1. Los pagarés T a corto plazo se emiten con los siguientes plazos de vencimiento, EXCEPTO

   A. 1 mes
   B. 3 meses
   C. 6 meses
   D. 12 meses

2. ¿Cuál(es) de los siguientes enunciados se aplica(n) a los bonos que se venden por arriba de su valor nominal?

   I. El rendimiento nominal es inferior al rendimiento corriente.
   II. El rendimiento al vencimiento es inferior al rendimiento nominal.
   III. El rendimiento al vencimiento es inferior al rendimiento corriente.
   IV. El rendimiento nominal siempre es el mismo.

   A. I y IV únicamente
   B. II, III y IV únicamente
   C. III únicamente
   D. I, II, III y IV

3. Los enunciados siguientes se aplican a un recibo de la Tesorería, EXCEPTO

   A. un intermediario-agente puede emitirlos
   B. están respaldados por la solvencia moral y económica del gobierno federal
   C. los cupones de interés se venden por separado
   D. puede comprarse con descuento

4. ¿Cuál de las siguientes instituciones no emite papel comercial?

   A. Banco comercial
   B. Compañía financiera
   C. Compañía de servicios
   D. Intermediario-agente

5. Un bono de nueva emisión está protegido contra la amortización anticipada durante los cinco años posteriores a la emisión. Esta característica sería la más valiosa si, durante dicho periodo, las tasas de interés en general

   A. fluctúan
   B. permanecen estables
   C. bajan
   D. aumentan

6. El periódico indica que el rendimiento del pagaré T a corto plazo ha bajado, lo que significa que su precio

   A. ha subido
   B. ha bajado
   C. ha subido y bajado
   D. no puede determinarse

7. Un bono al 5 por ciento se compra con un rendimiento del 8 por ciento al vencimiento. Después de que se paga el impuesto sobre ganancias de capital, el rendimiento efectivo es

   A. inferior al 5 por ciento
   B. del 5 por ciento
   C. del 5 al 8 por ciento
   D. del 8 por ciento

8. Si un representante registrado viola las reglas de la NASD, ¿cuál de los siguientes enunciados se aplica?

   A. La NASD puede imponer una multa únicamente.
   B. El representante puede ser expulsado por la NASD, pero nada más.
   C. La NASD puede recomendar la medida disciplinaria aplicable, pero únicamente la SEC puede ponerla en práctica.
   D. La NASD puede multarlo, censurarlo, suspenderlo o expulsarlo.

9. ¿Cuál(es) de los siguientes enunciados se aplica(n) a los bonos municipales generales?

   I. Después de los bonos del gobierno de Estados Unidos, son los que ofrecen. mayor seguridad en cuanto al principal
   II. Están respaldados por la potestad tributaria del municipio emisor.
   III. No son comercializables.
   IV. Pagan tasas de interés más altas que los títulos de deuda empresariales.

   A. I y II
   B. I, II y IV
   C. II, III y IV
   D. III

10. La compañía ABC emite un bono empresarial del 10 por ciento pagadero a 10 años. El bono es convertible en una acción ordinaria ABC a un precio de conversión de $25 por acción. El bono ABC se cotiza a 90. La paridad de la acción ordinaria es

    A. $22.50
    B. $25
    C. $36
    D. $100

11. Los enunciados siguientes se aplican a los bonos cupón cero gravables, EXCEPTO que

    A. el descuento se acrecenta
    B. el impuesto se paga anualmente
    C. el interés se paga cada seis meses
    D. los bonos se compran con descuento

12. ¿Cuál de los siguientes enunciados se aplica a un bono cotizado como QRS Zr 12?

    A. El bono paga anualmente un interés de $12.
    B. El bono paga anualmente un interés de $120.
    C. El bono no paga ningún interés hasta el vencimiento.
    D. No se aplica nada de lo anterior.

13. Greta Guernsey de 60 años está jubilada y vive sola en una casa con hipoteca totalmente pagada. Tiene una cartera compuesta por acciones de crecimiento y bonos de alta calidad. Ha invertido en el mercado accionario durante su vida adulta y está dispuesta a correr riesgos, pero su objetivo es obtener un ingreso corriente moderado para complementar las distribuciones de su plan de pensión empresarial y las utilidades de su IRA. ¿Cuál de los siguientes fondos de inversión es el MÁS adecuado para Greta?

A. Fondo de Ingresos de Capital ACE
B. Fondo de Índices de Acciones ArGood
C. Fondo de Apreciación de Capital ATF
D. Fondo de Biotecnología ATF

14. El Código de Arbitraje se utiliza cuando surgen conflictos entre un intermediario-agente

A. la Comisión de Valores y Bolsas
B. otro intermediario-agente
C. el público en general
D. la National Association of Securities Dealers

15. Un fondo busca una apreciación de capital máxima invirtiendo en acciones ordinarias de compañías establecidas fuera de los Estados Unidos. Su administración elige sociedades bien establecidas que se cotizan en su bolsa de valores original y que según su historial tienen buenas posibilidades de producir un rendimiento alto. Aunque el fondo pueda verse afectado por las fluctuaciones en las tasas cambiarias, con el tiempo puede protegerse contra las contracciones de los mercados de Estados Unidos. ¿A cuál de los siguientes fondos mutualistas describe esta información?

A. Fondo de Biotecnología ATF
B. Fondo de Oportunidades en el Extranjero ATF
C. Fondo de Índices de Acciones ArGood
D. Fondo de Apreciación de Capital ATF

16. ¿Cuál de los siguientes enunciados describe mejor la tasa de los fondos federales?

A. Es la tasa promedio que se aplicó la semana pasada a los préstamos bancarios a corto plazo.
B. Es la tasa que cobran los bancos principales de la ciudad de Nueva York.
C. Es la tasa que cambia diariamente y que los bancos se cobran entre sí.
D. Es la tasa que los bancos principales de la ciudad de Nueva York cobran a los intermediarios-agentes.

17. ¿Cuál(es) de los siguientes derechos tiene un accionista ordinario?

I. Determinar cuándo se emitirán los dividendos
II. Votar en las asambleas de accionistas personalmente o por poder
III. Recibir una participación de utilidades fija predeterminada y en efectivo, cuando se declare
IV. Comprar títulos restringidos antes de que se ofrezcan al público

A. I, III y IV
B. II
C. II, III y IV
D. II y IV

18. Una sociedad en la que usted tiene acciones está a punto de realizar una oferta de derechos. Como no planea suscribirla, su parte proporcional de la propiedad en la compañía

A. crecerá
B. se reducirá
C. permanecerá igual
D. Se necesita más información para contestar esta pregunta.

19. ¿Cuáles de los siguientes enunciados se aplican a un plan de aportaciones definidas?

    I. Al participante se le garantiza una aportación basada en una tasa o porcentaje acordado.

   II. Los beneficios para el retiro del participante se basan en el saldo de su cuenta individual.

  III. El patrón puede discriminar entre los empleados en lo que se refiere a la participación.

   A. I y II únicamente
   B. I y III únicamente
   C. II y III únicamente
   D. I, II y III

20. La cartera de un inversionista incluye 10 bonos y 200 acciones ordinarias. Si ambas posiciones aumentan ¹/₂ punto, ¿cuál es la ganancia?

   A. $50
   B. $105
   C. $110
   D. $150

21. La política de inversión de un fondo mutualista puede modificarse por la mayoría de votos de

   A. el consejo de administración
   B. los administradores del fondo
   C. el comité de inversiones de la SEC
   D. las acciones en circulación

22. ¿Cuál de las siguientes ventajas de los planes de ahorro 401(k) NO son permitidas en otros planes de retiro?

   A. Utilidades diferidas de impuestos
   B. Aportaciones deducibles de los planes
   C. El patrón hace aportaciones equitativas a las de los empleados
   D. No se castigan las distribuciones anticipadas

23. ¿Cuál de los siguientes enunciados se aplica al cálculo del coeficiente de gastos de una compañía de inversión abierta?

   A. En el cálculo del coeficiente de gastos no se incluye la comisión por administración.
   B. En el cálculo del coeficiente de gastos se incluye la comisión por administración.
   C. El cálculo del coeficiente de gastos se basa exclusivamente en la comisión por administración.
   D. El coeficiente de gastos muestra el grado de apalancamiento del fondo.

24. Hace unos 12 años, Bud Charolais abrió una cuenta con el Fondo de Inversión ACE. En la actualidad, su valor de activo neto es de $20,000. ACE ofrece derechos de acumulación y sus descuentos por cantidad son como siguen:

$1 a $24,999	8 por ciento
$25,000 a $40,999	6 por ciento
$50,000 a $99,999	4 por ciento

Ahora Bud quiere depositar $6,000 en la cuenta. ¿Cuál de las siguientes opciones representaría su cargo por venta?

   A. $1,000 al 8 por ciento, y $5,000 al 6 por ciento
   B. $4,999 al 8 por ciento, y $1,001 al 6 por ciento
   C. $6,000 al 6 por ciento
   D. $6,000 al 8 por ciento

25. June Polar invirtió en un fondo mutualista y firmó una declaración de intención relativa a una inversión de $25,000. Su inversión inicial fue de $13,000 y el valor actual de su cuenta es de $17,000. Para cumplir con lo pactado, tiene que depositar

   A. $8,000
   B. $12,000
   C. $13,000
   D. $27,000

26. Adam Grizzly invirtió $3,000 en acciones de una compañía de inversión abierta. Después de 60 días, firmó una carta de intención relativa a un descuento por cantidad de $10,000 y la prefechó a dos meses. Seis meses después depositó $10,000 en el fondo. Recibió un cargo por venta reducido respecto a

    A. la inversión de $3,000 únicamente
    B. $7,000 de la inversión únicamente
    C. la inversión de $10,000 únicamente
    D. toda la inversión, $13,000

27. Algunas compañías de inversión abierta ofrecen a sus inversionistas un privilegio de conversión, lo que les permite

    A. cambiar los títulos generales por acciones de la cartera de un fondo mutualista
    B. diferir los pagos de impuestos sobre las acciones de la compañía de inversión que han aumentado de valor
    C. comprar acciones adicionales con los dividendos que paga el fondo
    D. cambiar acciones de un fondo mutualista por las de otro fondo manejado por la misma administración al valor de activo neto

28. El Fondo Mutuo ArGood otorga derechos de acumulación. Klaus Bruin invirtió $9,000 y firmó una carta de intención relativa a una inversión de $15,000. Reinvirtió los dividendos durante 13 meses, $720 en total. ¿Cuánto dinero tiene que aportar para cumplir con la carta?

    A. $5,280
    B. $6,000
    C. $9,000
    D. $15,000

29. Si una compañía de inversión ofrece derechos de acumulación y un inversionista desea reducir el cargo por venta, tiene que depositar fondos suficientes en

    A. 45 días
    B. 13 meses
    C. No hay límite de tiempo.
    D. Cada fondo tiene sus propios requisitos.

30. La indemnización por muerte de un contrato de seguro de vida financiado por una cuenta separada y ofrecido con primas fijas, se determina por lo menos

    A. diariamente
    B. semanalmente
    C. mensualmente
    D. anualmente

31. Los dos miembros de una pareja de esposos trabajan y están calificados para abrir una IRA. Si quieren hacer la aportación máxima permitida, deben abrir

    A. una IRA mancomunada y depositar $2,000
    B. una IRA mancomunada y depositar $4,000
    C. dos IRA separadas y depositar $2,000
    D. dos IRA separadas y depositar $2,250

32. ¿Cuáles de las siguientes personas serían elegibles para un plan Keogh?

    I. Un médico independiente
    II. Un ingeniero que gana ingresos extra como asesor externo
    III. Un ejecutivo de publicidad que percibió $5,000 anuales trabajando por su cuenta
    IV. Un ejecutivo de una compañía que recibió $5,000 en opciones de acciones

    A. I, II y III únicamente
    B. I, III y IV únicamente
    C. II y IV únicamente
    D. I, II, III y IV

33. ¿Cuáles de los siguientes enunciados se aplican a los retiros de un plan para el retiro calificado?

    I. El empleado pagará impuestos sobre la renta a la tasa normal sobre su base de costo.

    II. Los fondos podrán retirarse después de la jubilación (según se definió) sin pagar ningún impuesto.

    III. Los fondos podrán ser retirados por el beneficiario antes, si el titular muere.

    IV. Todos los planes calificados tienen que formularse por escrito.

    A. I y II únicamente
    B. II, III y IV únicamente
    C. III y IV únicamente
    D. I, II, III y IV

34. ¿Cómo puede eludir un representante registrado los procedimientos de arbitraje?

    A. Vendiendo únicamente sociedades de inversión.
    B. Cambiando de empresa cada dos años.
    C. Negándose a someterse al arbitraje.
    D. No puede eludir los procedimientos de arbitraje.

35. Los enunciados siguientes se aplican a las aportaciones a una IRA, EXCEPTO que

    A. entre el 1° de enero y el 15 de abril, usted puede hacer aportaciones para el año en curso, el anterior o ambos
    B. usted puede hacer aportaciones para el año anterior después del 15 de abril, siempre y cuando haya solicitado una prórroga de la fecha límite
    C. si paga sus impuestos el 15 de enero, puede deducir su aportación al IRA aun cuando no la haga sino hasta el 15 de abril
    D. puede hacer aportaciones al IRA del año en curso entre el 1° de enero del mismo y el 15 de abril del siguiente año

36. Si inviertes en un fondo de inversión y elige reinvertir automáticamente, espera que

    I. las distribuciones de dividendos se reinviertan al valor de activo neto

    II. las distribuciones de dividendos se reinviertan al precio de oferta pública

    III. las distribuciones de ganancias de capital se reinviertan al valor de activo neto

    IV. las distribuciones de ganancias de capital se reinviertan al precio de oferta pública

    A. I y III
    B. I y IV
    C. II y III
    D. II y IV

37. De las siguientes personas, ¿cuál puede contratar un plan Keogh?

    A. El propietario de una sociedad S que presenta el Formulario K1
    B. El propietario de una pequeña empresa que presenta la Forma W-2
    C. El propietario de una pequeña empresa que presenta el Formulario C
    D. Un ganador de la lotería desempleado que presenta la Forma 1099G

38. Al considerar un seguro de renta variable no calificado, ¿cuál de los siguientes riesgos tiene que prever el rentista?

    A. Los impuestos sobre las utilidades en el ejercicio actual
    B. Los riesgos de mortalidad
    C. Los riesgos relacionados con el comportamiento de la cuenta separada
    D. Los riesgos relacionados con los gastos de operación

39. Una mujer de 65 años desea obtener ingresos y conservar su capital. ¿Cuáles de los siguientes fondos le recomendaría?

   A. Fondo de capitalización con valor reducido, fondo de capitalización con valor medio, fondo de bonos gubernamentales
   B. Fondo de crecimiento agresivo, fondo de capitalización con valor medio, fondo de crecimiento e ingresos
   C. Fondo de capitalización con valor amplio, fondo de capitalización con valor reducido, fondo de bonos gubernamentales
   D. Fondo de bonos gubernamentales, fondo de bonos empresariales, fondo de bonos municipales

40. ¿Qué tasa de impuesto sobre ganancias de capital debe pagar una persona por la apreciación de las reservas para su seguro de renta variable en una cuenta separada durante la etapa de acumulación del contrato?

   A. 0 por ciento
   B. 10 por ciento
   C. 25 por ciento
   D. 50 por ciento

41. Un cliente de 42 años ha hecho depósitos a su seguro de renta variable durante 5 años. Planea dejar de invertir, pero no tiene intenciones de retirar los fondos por lo menos en 20 años. Lo más probable es que sus tenencias consistan en

   A. unidades de acumulación
   B. unidades de seguros de renta
   C. acciones de acumulación
   D. unidades de sociedades de inversión

42. En la etapa de acumulación de un seguro de renta variable diferido en pagos periódicos, el número de unidades de acumulación

   A. varía, y el valor por unidad es fijo
   B. es fijo, al igual que el valor por unidad
   C. es fijo, y el valor por unidad varía
   D. varía, al igual que el valor por unidad

43. Un médico tiene ingresos por $160,000. ¿Cuál es la cantidad máxima que puede aportar a su plan Keogh?

   A. $5,000
   B. $22,000
   C. $28,000
   D. $30,000

44. En la venta de acciones de una compañía de inversión abierta, ¿cuál de los siguientes enunciados se aplica al prospecto?

   A. No es necesario.
   B. Tiene que entregarse al cliente antes de la solicitud de venta o durante la misma.
   C. Tiene que entregarse antes de la solicitud de venta.
   D. Tiene que entregarse antes que el certificado de la acción del fondo, o junto con éste.

45. Un jubilado tiene $100,000 para inversiones de crecimiento. Pero también debe tres pagarés con montos y fechas de vencimiento diferentes: uno de $10,000 a seis meses, otro de $20,000 a un año y otro de $25,000 a dos años. ¿Qué cantidad de los $100,000 debería asignar a inversiones de crecimiento?

   A. $45,000
   B. $65,000
   C. $70,000
   D. $100,000

46. De las siguientes cuentas, ¿cuál es discrecional?

   A. Cuenta comercial de un representante registrado
   B. Cuenta comercial de un intermediario-agente
   C. Cuenta en la que el inversionista otorga a un intermediario-agente la autoridad para comprar o vender títulos
   D. Cuenta de una sociedad de inversión que permite hacer retiros periódicos

47. Cuando un cliente abre una cuenta, ¿cuál de la siguiente información tiene que anotarse en la solicitud?

   I. El nombre del cliente y su número de Seguro Social
   II. Si el cliente trabaja para un miembro de la NASD
   III. La firma del representante registrado
   IV. La firma del gerente, de un socio o de otro principal designado
   V. La declaración de que el cliente entiende los riesgos que está corriendo

   A. I únicamente
   B. I, II, III y IV únicamente
   C. II y IV únicamente
   D. I, II, III, IV y V

48. En general, un representante registrado puede ser autorizado por poder para manejar las cuentas de cada una de las siguientes personas, EXCEPTO las de un(a)

   A. persona moral
   B. persona física
   C. sociedad
   D. custodio

49. ¿Cuál de los siguientes enunciados se aplica a un poder limitado que un cliente otorga a un representante registrado?

   A. El agente necesita que el cliente le autorice por escrito cada operación.
   B. El cliente tiene que renovar el poder cada año.
   C. El cliente puede seguir introduciendo órdenes independientes.
   D. El gerente de la sucursal tiene que poner sus iniciales en cada orden antes de introducirla.

50. Una inversionista tiene para invertir $20,000 y necesita disponer de $500 mensuales para pagarle el asilo a su madre. ¿Cuál de los siguientes fondos le recomendaría?

   A. De mercado de dinero
   B. De crecimiento agresivo
   C. De Biotecnología
   D. De acciones extranjeras

51. Un representante registrado de una empresa miembro que desea colaborar fuera de su horario de trabajo con otra empresa tiene que notificárselo

   A. a la empresa miembro
   B. a la NASD
   C. a la NYSE
   D. a la SEC

52. ¿Por quién tienen que ser aprobadas las comunicaciones generales de un intermediario-agente, por ejemplo, la publicidad y los informes de investigaciones?

   A. Empresa miembro
   B. Principal de una empresa miembro
   C. Analista supervisor
   D. Analista financiero certificado

53. ¿Cuál de los siguientes enunciados se aplica a la propaganda de una sociedad de inversión?

   A. Tiene que prometer que se entregará un prospecto cuando las acciones se entreguen al comprador.
   B. Tiene que indicar que el hecho de que la SEC supervise a la compañía no garantiza que el valor de mercado de las acciones no vaya a bajar en algún momento.
   C. Tiene que haber sido precedida por un prospecto o ir acompañada del mismo.
   D. Tiene que tener el siguiente aviso: "Si lo desea, solicite el prospecto correspondiente a estos títulos".

54. ¿Cuál(es) de las siguientes personas tiene(n) que revisar la publicidad y la propaganda preparada por un colocador principal de la empresa, que una empresa miembro de la bolsa utilizará en relación con la oferta de acciones de una sociedad de inversión?

    I. Gerente de publicidad de la empresa
    II. NASD
    III. SEC

    A. I
    B. I y II
    C. II
    D. II y III

55. ¿Cuál de los siguientes fondos puede emitir más de una clase de acciones ordinarias?

    A. Fondo de Crecimiento Abierto ArGood
    B. Fondo Cerrado ACE
    C. Fondo de Inversión en Unidades NavCo
    D. Fondo de Bonos Abierto ATF

56. Joe y Bea Kuhl, ambos de 34 años de edad, trabajan en su propio negocio de programas de cómputo y tienen una hija de 4 años, Vera. Los Kuhl quieren empezar a ahorrar el dinero necesario para enviarla dentro de 14 años a estudiar en una de las universidades más importantes del país. Además, no han ahorrado dinero para su retiro. ¿Cuál de los siguientes fondos es el MÁS conveniente para ellos?

    A. Fondo de Apreciación de Capital ATF
    B. Fondo de Ingresos Gubernamentales ZBEST
    C. Fondo de Reservas en Efectivo del Mercado de Dinero NavCo
    D. Fondo de Crecimiento e Ingresos NavCo

57. Un cliente manifiesta que quiere invertir $50,000 en sociedades de inversión. Las inversiones se harán en tres fondos diferentes, cada uno con su propia administración. El representante registrado debería advertirle a su cliente que

    A. es una excelente idea porque dispersaría significativamente el riesgo de inversión
    B. pagará una comisión mayor si invierte en tres fondos diferentes en vez de invertir en un solo fondo
    C. si se modifican las circunstancias, podrá intercambiar acciones de los distintos fondos sin incurrir en nuevos cargos por venta
    D. debe comprar acciones individuales porque los fondos de inversiones son únicamente para inversionistas pequeños

58. De los siguientes materiales publicitarios y de propaganda, ¿cuáles se utilizan para solicitar o vender productos de seguros de vida variables?

    I. Circulares y volantes que describen un seguro de vida variable
    II. Presentaciones preparadas que se utilizan en un seminario abierto al público
    III. Anuncio de periódico que detalla los beneficios de un seguro de vida variable
    IV. Carta enviada a 50 de los clientes actuales de un agente en la que se describe un seguro de vida variable

    A. I y II únicamente
    B. I y III únicamente
    C. III únicamente
    D. I, II, III y IV

59. ¿Cuál de los siguientes casos podría considerarse como una emisión especulativa?

    A. Una nueva emisión se ofrece a $30 e inmediatamente se aprecia a $35
    B. Una nueva emisión se ofrece a $30 e inmediatamente se deprecia a $25
    C. Un formador de mercado compra a $17 e inmediatamente vende con un margen de $2
    D. Un intermediario-agente vende un inventario a $60 tres semanas después de haberlo comprado a $30

60. De conformidad con las reglas de la NASD relativas al aprovechamiento gratuito y la retención, ¿cuáles de las siguientes personas tienen prohibido comprar, excepto en ciertas circunstancias, una emisión especulativa?

    I. Investigador
    II. Funcionario bancario que tiene una relación importante con el emisor
    III. Funcionario de un intermediario-agente que es miembro de la NASD
    IV. Representante registrado

    A. I y II únicamente
    B. I, III y IV únicamente
    C. III y IV únicamente
    D. I, II, III y IV

61. ¿Cuáles de los siguientes instrumentos se negocian activamente?

    I. Títulos opcionales de compraventa
    II. Derechos inherentes
    III. Acciones ordinarias
    IV. Opciones en acciones

    A. I, III y IV únicamente
    B. II únicamente
    C. II y IV únicamente
    D. I, II, III y IV

62. Belle Charolais de 45 años es soltera y busca una apreciación máxima de su capital. Hace algunos años heredó una suma considerable y participa activamente en la administración de sus inversiones. Actualmente, tiene una cartera diversificada compuesta por acciones ordinarias, bonos exentos de impuestos, inversiones internacionales y sociedades en comandita simple. Prefiere las inversiones a largo plazo y está dispuesta a correr riesgos. ¿Cuál de los siguientes fondos mutualistas es el MÁS conveniente para Belle?

    A. Fondo Equilibrado ArGood
    B. Fondo de Biotecnología ATF
    C. Fondo de Reservas en Efectivo del Mercado de Dinero NavCo
    D. Fondo de Asignación de Activos ZBEST

63. Una recomendación verbal de un representante registrado tiene que

    A. acompañarse de una declaración de riesgos
    B. acompañarse de un ejemplo de la estrategia recomendada
    C. acompañarse de un prospecto
    D. ser aprobada por un principal registrado

64. Chip Bullock posee 100 acciones de la compañía TCB. El jueves 15 de septiembre se les pagará a los accionistas registrados un dividendo declarado el 30 de agosto. ¿Cuándo se llevará a cabo la venta exdividendo de las acciones?

    A. El 11 de septiembre
    B. El 12 de septiembre
    C. El 13 de septiembre
    D. El 15 de septiembre

65. Un fondo busca la máxima apreciación de su capital invirtiendo en acciones de sociedades que ofrecen productos innovadores en el sector de la biotecnología, que abarca a los fabricantes de productos farmacéuticos y a los proveedores de equipo médico. La administración del fondo trata de evaluar las tendencias políticas y económicas emergentes y seleccionar a determinadas compañías que puedan beneficiarse con los avances tecnológicos. ¿A cuál de los siguientes fondos de inversión describe esta información?

    A. Fondo de Oportunidades en el Extranjero ATF
    B. Fondo de Crecimiento e Ingresos NavCo
    C. Fondo de Apreciación de Capital ATF
    D. Fondo de Biotecnología ATF

66. La empresa donde usted trabaja está suscribiendo una nueva sociedad de inversión constituida conforme al plan 12b-1. ¿Cuál de las siguientes afirmaciones puede hacer a sus clientes, ya sea por correo o por teléfono?

    A. "El fondo ofrece la ventaja adicional de que no cobra ningún cargo".
    B. "En este fondo no tendrá que pagar ningún cargo por venta porque lo estamos comprando como una inversión a largo plazo".
    C. "Las inversiones en fondos de este tipo, sin cargos, desde luego implican ciertos riesgos, por lo que le conviene examinar con cuidado el prospecto".
    D. Ninguna de las anteriores.

67. Algunos fondos mutuos que pertenecen a la misma familia y que son manejados por la misma compañía ofrecen el privilegio de intercambio. Este privilegio permite a los accionistas

    A. convertir acciones del fondo mutuo en títulos cotizados en la Bolsa de Valores de Nueva York
    B. reinvertir los dividendos y las ganancias de capital sin tener que pagar ningún cargo por venta
    C. convertir acciones de una sociedad de inversión a las de otra sociedad de la misma familia de fondos sobre la base de dólar por dólar
    D. cambiar acciones por las de otra sociedad de inversión de la misma familia de fondos y diferir los impuestos sobre las ganancias de capital causados por el cambio

68. Un seguro de renta vitalicia contingente incluye la opción de que se liquide el total de contribuciones si el titular fallece. Esta opción se ejerce durante

    A. el periodo de acumulación
    B. el periodo de renta
    C. A y B
    D. ni A ni B

69. Si un accionista no informa su número de Seguro Social a la sociedad de inversión, ¿cuál de los siguientes impuestos tiene que pagar?

    A. Sobretasa
    B. Impuesto mínimo alternativo
    C. Impuesto por omisión de certificación
    D. Impuesto retenido

70. Para que una compañía de inversión registrada dé por terminado un plan 12b-1, la terminación debe ser aprobada por mayoría de votos de

    I. las acciones en circulación con derechos de voto
    II. el consejo de administración
    III. los consejeros sin intereses creados en la sociedad
    IV. el consejo de asesores en inversión

    A. I y II
    B. I, II y III
    C. I y III
    D. II, III y IV

71. ¿Con qué periodicidad se pagan las comisiones 12b-1?

    A. Mensualmente
    B. Trimestralmente
    C. Semestralmente
    D. Anualmente

72. Una IRA ofrece los beneficios siguientes, EXCEPTO

    A. ganancias acumuladas sobre impuestos diferidos
    B. aportaciones deducibles de impuestos
    C. Ninguna sanción por no retirar fondos después de los 70 años y medio
    D. la posibilidad de retirar fondos sin ningún cargo, en caso de discapacidad permanente

73. ¿Cuáles de los siguientes títulos pueden vender los representantes registrados de Serie 6?

    I. Sociedad en comandita simple de bienes raíces
    II. Compañía de inversión cerrada del mercado secundario
    III. Compañía de inversión abierta
    IV. Fideicomiso de inversión en unidades

    A. I y II
    B. II, III y IV
    C. II y IV
    D. III y IV

74. Las comisiones 12b-1 pueden usarse para pagar

    A. los gastos del distribuidor no señalados en el documento del plan
    B. los gastos de promoción y venta
    C. las comisiones por transferencia
    D. las comisiones por asesoría en inversiones

75. La comisión máxima que puede cobrarse de acuerdo con un plan 12b-1 es

    A. una cantidad equivalente al valor de activo neto de las acciones
    B. la diferencia entre el NAV y el POP de las acciones
    C. un cantidad razonable en comparación con los servicios de distribución ofrecidos y descritos en el plan
    D. el 9 por ciento sobre la vida del plan

76. Un graduado universitario tiene $1,000 en ahorros y en los próximos 10 años tiene que pagar $15,000 por concepto de préstamos para colegiaturas. ¿Usted qué le recomendaría hacer?

    A. Abrir con $1,000 una cuenta en un fondo de ingresos y hacer inversiones periódicas mediante el sistema de reducción del costo medio en dólares
    B. Invertir $1,000 en un fondo de apreciación de capital
    C. Invertir $1,000 en cualquier fondo; dada su juventud, puede absorber las pérdidas
    D. Diferir los $1,000 hasta que tenga suficiente dinero acumulado para poder invertir sin perder la capacidad de enfrentar gastos imprevistos

77. Hugh Heifer tiene 29 años de edad y busca una inversión de crecimiento a largo plazo. Le preocupa que la inflación deteriore su poder adquisitivo, y constantemente se queja de que las altas comisiones y cargos merman el rendimiento de sus inversiones. En la universidad tomó algunos cursos de economía y está firmemente convencido de que los análisis bursátiles no siempre pueden prever oportunamente el comportamiento del mercado en general. ¿Cuál de las siguientes sociedades de inversión es la MÁS conveniente para Hugh?

    A. Fondo de Asignación de Activos ZBEST
    B. Fondo de Crecimiento e Ingresos NavCo
    C. Fondo de Biotecnología ATF
    D. Fondo de Índices de Acciones ArGood

78. Durante 10 años, una persona ha invertido con regularidad $24,000 en un fideicomiso de inversión en unidades. ¿Qué cargo por venta máximo tiene que pagar?

    A. $2,040
    B. $2,160
    C. $4,800
    D. $12,000

79. Una mujer de 45 años desea incrementar lo más posible sus ingresos mensuales. También le interesan, aunque en menor grado, la preservación y la estabilidad de su capital. ¿Cuál de las siguientes inversiones le recomendaría usted?

    A. Sociedad de inversión del mercado de dinero
    B. Fondo de bonos de alta calidad
    C. Fondo de inversión de crecimiento
    D. Fondo de combinación

80. Gwinneth y Porter Stout, ambos de 42 años, tienen dos hijos, uno de 14 años y otro de 12. Los Stout han pasado los últimos 10 años acumulando dinero para pagar la educación de sus hijos. Su hijo mayor entrará a la universidad en 4 años, y no quieren arriesgar el dinero que con tanto esfuerzo han ahorrado. Por lo tanto, necesitan una inversión muy segura que les proporcione un ingreso regular que les ayude a pagar colegiaturas. ¿Cuál de las siguientes sociedades de inversión es la MÁS conveniente para ellos?

    A. Fondo de Índices de Acciones ArGood
    B. Fondo de Oportunidades en el Extranjero ATF
    C. Fondo de Bonos con Calidad de Inversión ArGood
    D. Fondo Equilibrado ArGood

81. En el mes de febrero de cierto año, Gwinneth Stout invirtió $10,000 en el Fondo ACE y en enero del siguiente año vendió en $9,000 sus acciones. El resultado de estas operaciones fue una

    A. pérdida de capital en el año de la venta
    B. ganancia de capital en el año de la venta
    C. pérdida de capital en el año de la compra
    D. ganancia de capital en el año de la compra

82. La sociedad de Inversión ATF obtuvo por cada acción: un ingreso de $1.10 en dividendos, un ingreso de $.90 en intereses, $1 en ganancias a largo plazo y una comisión por administración de $.50. ¿Cuál es el dividendo máximo que el fondo puede distribuir por acción?

    A. $1.50
    B. $2.00
    C. $2.50
    D. $3.00

83. Conforme al Código de Arbitraje, el plazo límite para presentar una demanda en contra de un miembro o una persona asociada es de

    A. seis meses
    B. un año
    C. dos años
    D. seis años

84. Tex y Sadie Longhorn, de 60 y 58 años respectivamente, se casaron y tuvieron 3 hijos. Ambos han decidido jubilarse este año. Han ahorrado $1 millón, que utilizarán para viajar alrededor del mundo, gozar de sus pasatiempos y cuidar de su salud. A los dos les preocupa la inflación y están dispuestos a correr riesgos razonables. ¿Cuál de los siguientes fondos de inversión es el MÁS conveniente para los Longhorn?

    A. Fondo de Reservas en Efectivo del Mercado de Dinero NavCo
    B. Fondo de Crecimiento e Ingresos NavCo
    C. Fondo de Ingresos Gubernamentales ZBEST
    D. Fondo de Bonos con Calidad de Inversión ArGood

85. ¿Cuál de los siguientes enunciados se aplica al Comité de Administración de Operaciones Distritales?

    A. Puede expulsar del negocio bursátil a un representante registrado.
    B. Puede imponer a un representante registrado una multa que no exceda los $15,000.
    C. No puede prohibir a un agente de bolsa que se asocie con otro miembro o afiliado.
    D. No puede suspender a ningún miembro.

86. Si usted hereda un fondo de inversión a la muerte del titular, ¿cuál será el costo de base de sus acciones?

    A. El valor de mercado de las acciones después del fallecimiento del propietario
    B. El mismo costo de base que el titular
    C. El costo de base del finado más la última distribución que el fondo haga
    D. El valor de mercado de las acciones durante los 12 meses siguientes a la fecha del fallecimiento

87. Los objetivos de un fondo son mantener estable el valor de activo neto y proporcionar ingresos corrientes. El fondo invierte en obligaciones a corto plazo de alta calidad, incluyendo pagarés de la Tesorería a corto plazo, papel comercial, certificados de depósito y reportos. Además, dispone del privilegio de giro de cheques. ¿A cuál de los siguientes fondos mutualistas describe esta información?

    A. Fondo de Ingresos Gubernamentales ZBEST
    B. Fondo de Bonos Municipales Exentos de Impuestos NavCo
    C. Fondo Equilibrado ArGood
    D. Fondo de Reservas en Efectivo del Mercado de Dinero NavCo

88. Un fondo busca a la vez aumentar la seguridad del principal invertido y producir ingresos. Para invertir en una amplia gama de títulos de deuda emitidos ya sea por el Departamento del Tesoro de Estados Unidos o por organismos gubernamentales, como la Asociación Hipotecaria Nacional Gubernamental, el fondo ofrece un riesgo reducido. Busca un rendimiento corriente mayor que el rendimiento de los instrumentos a corto plazo y de los fondos del mercado monetario. ¿A cuál de los siguientes fondos mutualistas describe esta información?

   A. Fondo de Reservas en Efectivo del Mercado de Dinero NavCo
   B. Fondo de Ingresos de Capitales ACE
   C. Fondo de Ingresos Gubernamentales ZBEST
   D. Fondo de Bonos Municipales Exentos de Impuestos NavCo

89. Un fondo busca un máximo de rendimiento corriente libre de impuestos. Invierte en una cartera constituida por obligaciones de deuda municipales de alta calidad. La cartera se diversifica entre los títulos emitidos por varias autoridades fiscales municipales y estatales. Las distribuciones de ingreso que el fondo da están exentas de impuestos. ¿A cuál de los siguientes fondos mutualistas describe esta información?

   A. Fondo de Bonos con Calidad de Inversión ArGood
   B. Fondo de Bonos Municipales Exentos de Impuestos NavCo
   C. Fondo de Ingresos de Capitales ACE
   D. Fondo de Crecimiento e Ingresos NavCo

90. ALFA Enterprises, que tiene en circulación acciones preferentes acumulativas al 7 por ciento, con un valor par de $100 cada una, hasta el año pasado pagó a los accionistas preferentes un dividendo del 5 por ciento. Ahora quiere declarar un dividendo sobre sus acciones ordinarias. Antes de poder distribuir este dividendo a sus accionistas ordinarios, ¿cuánto tiene que pagar por cada acción preferente en circulación?

   A. $3
   B. $7
   C. $9
   D. $15

91. ¿Cuál es el cargo por venta que se reembolsa al cabo de seis meses en un contrato de seguro de vida variable?

   A. No está permitido ningún reembolso.
   B. Se reembolsan todos los cargos por venta cobrados.
   C. Se reembolsan los cargos por venta que exceden del 30 por ciento.
   D. Se reembolsan los cargos por venta menos las comisiones por administración.

92. Una comisión sobre activos 12b-1 tiene que indicarse en

   A. el prospecto
   B. el certificado de acciones
   C. la solicitud de inversión
   D. todo lo anterior

93. Un contrato de seguro de vida variable de prima fija ofrece un(a)

    I. indemnización máxima por muerte garantizada
    II. indemnización mínima por muerte garantizada
    III. valor en efectivo garantizado
    IV. valor en efectivo que fluctúa de acuerdo con el comportamiento del contrato

    A. I y III
    B. I y IV
    C. II y III
    D. II y IV

94. Acme Sweatsocks emitió tanto acciones ordinarias como acciones preferentes convertibles. Las preferentes convertibles tienen un valor nominal de $100 cada una y son convertibles en ordinarias a $25 cada una. Las acciones convertibles de Acme se negocian a $110. ¿Cuál es el precio par de la acción ordinaria?

    A. 25
    B. $27^{1/2}$
    C. 35
    D. $37^{1/2}$

95. ¿Cuál de los siguientes enunciados describe la tasa preferencial?

    A. Tasa de interés ofrecida a los mejores clientes empresariales del banco
    B. Tasa de interés en la que el Consejo de la Reserva Federal otorga préstamos a los bancos
    C. Tasa de interés en la que los bancos otorgan préstamos hipotecarios para viviendas
    D. Puntos o premios que se pagan para adquirir hipotecas en la compra de viviendas

96. Tex Longhorn de 65 años recibirá una distribución única de su plan para el retiro. Ha invertido dinero en un fondo de crecimiento dentro del mismo plan. Ahora está reevaluando sus opciones de inversión y no quiere asignar los fondos por lo menos durante 8 o 9 meses. ¿Qué le recomendaría usted que hiciera?

    A. Reinvertir el dinero en un fondo de crecimiento para alcanzar sus objetivos previos hasta que decida qué hacer
    B. Reinvertir el dinero en un certificado de depósito negociable a un año para conservar el capital
    C. Reinvertir el dinero en un fondo de inversión del mercado de dinero
    D. Retener el cheque del plan para el retiro hasta que decida qué es lo que quiere hacer

97. Si un representante registrado utiliza un prospecto como una herramienta de venta, ¿qué tiene que presentar junto con el prospecto?

    A. Toda la propaganda que describa la inversión
    B. Toda la publicidad que describa la inversión
    C. El balance general de la sociedad
    D. No es necesaria ninguna otra información a menos de que se la soliciten

98. Acme Sweatsocks emitió tanto acciones ordinarias como acciones preferentes convertibles. Las preferentes convertibles tienen un valor nominal de $100 y son convertibles en ordinarias a $25 cada una. A causa de un cambio en las tasas de interés, el precio de mercado de las acciones preferentes de Acme bajan a $90. Suponemos que la acción ordinaria se negocia al 20 por ciento por abajo de la paridad. ¿Cuál es el precio de mercado de la acción ordinaria?

    A. $15^{3/4}$
    B. 18
    C. $22^{1/2}$
    D. 25

99. ¿Cuál(es) de los siguientes enunciados representa(n) una descalificación reglamentaria que inhabilita a una persona para operar en el sector bursátil como representante registrado en la SEC u otra organización autorreguladora?

   I.   La persona fue sentenciada en los últimos 10 años por haber cometido un delito relacionado con títulos

   II. La persona violó con premeditación disposiciones de una ley federal de valores

  III. La persona fue expulsada o suspendida de un SRO

  IV. Es probable que próximamente la Comisión emita una orden en la que le niegue, suspenda o revoque su registro

   A. I únicamente
   B. I y II únicamente
   C. II y III únicamente
   D. I, II, III y IV

100. Un bono de $1,000 de Consolidated Codfish puede convertirse en acciones ordinarias COD a $50 por acción. El bono se está vendiendo al 110 por ciento de su valor par, en tanto que el valor actual de mercado de las acciones es de $55 cada una. ¿En cuánto se vende el bono en el mercado?

   A. $1,000
   B. $1,100
   C. $1,210
   D. $1,350

Respuestas y justificaciones

1. **A.** Los pagarés T a corto plazo se emiten con vencimientos a 3, 6 y 12 meses.   (Página 39)

2. **B.** El rendimiento nominal es fijo e igual para todos los bonos. Un bono que se vende por arriba de su valor nominal se vende con premio, de modo que el rendimiento actual y el rendimiento al vencimiento son inferiores al rendimiento nominal.   (Página 30)

3. **B.** Los títulos de referencia de los recibos de la Tesorería están respaldados por la solvencia moral y económica del gobierno federal, pero no así los títulos separados.   (Página 40)

4. **A.** Los bancos comerciales no pueden emitir papel comercial. El mercado de estos instrumentos se creó para evitar la mediación de los bancos a fin de que las compañías pudieran prestar y pedir prestado a otras en mejores condiciones financieras. El papel comercial es una IOU empresarial no garantizada.   (Página 50)

5. **C.** En este caso la "protección contra la amortización anticipada" significa que el emisor no puede vender los bonos por lo menos en 5 años. Si las tasas de interés bajaran, la entidad emisora tendría una razón para querer amortizar los bonos y, tal vez, emitir nuevos bonos con una tasa de interés inferior. Por lo tanto, la cláusula de amortización protege al inversionista durante cierto tiempo.   (Página 28)

6. **A.** Si los rendimientos han bajado, el descuento ha disminuido; por consiguiente, el costo en dólares de los pagarés de la Tesorería a corto plazo ha subido.   (Página 39)

7. **C.** Dado que el rendimiento está por encima del cupón, este bono se negocia con descuento. Por lo tanto, si el cliente lo conserva hasta el vencimiento, el cliente obtendrá un rendimiento del 8 por ciento sobre el bono y pagará un impuesto sobre su ganancia de capital. Este impuesto hará que el rendimiento sea menor del 8 por ciento.   (Página 30)

8. **D.** Conforme al Código de Procedimiento, cualquier miembro o empleado de un miembro puede ser censurado, suspendido, expulsado o multado por violar las reglas de la NASD.   (Página 221)

9. **A.** Las obligaciones generales están respaldadas por la potestad tributaria del municipio emisor, por lo que con frecuencia se consideran inversiones muy seguras. Las emisiones municipales son comercializables y se venden y compran en el mercado secundario. Dado que el interés recibido sobre una deuda municipal está exento de impuestos federales, los rendimientos ofrecidos sobre la deuda municipal son inferiores a los que se ofrecen por los bonos empresariales.   (Página 47)

10. **A.** El bono se cotiza a 90, por consiguiente, se vende a $900. El valor par de la acción al que el tenedor de bonos puede realizar la conversión es $22.50, es decir: el tenedor de bonos puede convertir el bono en 40 acciones (valor nominal de $1,000 X $25 por acción = 40 acciones), ya que el bono tiene un precio actual de $900 y éste se divide entre 40, lo que da como resultado el precio par de la acción de referencia.   (Página 37)

11. **C.** Una parte del descuento sobre la nueva emisión de un bono cupón cero gravable tiene que declararse como ingreso y gravarse anualmente hasta el vencimiento del título, lo que se conoce como *acrecentamiento del descuento.*   (Página 34)

12. **C.** El QRS es un bono cupón cero con vencimiento en 2012. Los bonos cupón cero se compran con descuento y expiran a su valor nominal. Si un bono se conserva hasta su vencimiento, la diferencia entre el precio de compra y el precio de vencimiento se considera como interés.   (Página 34)

13. **A.** Greta Guernsey está jubilada y necesita un ingreso corriente, por lo que en principio el fondo más adecuado sería el de ingresos fijos. Sin embargo, probablemente pueda gozar otros 15 años o más de su jubilación y, por consiguiente, debería tener una parte de su cartera en inversiones de capital conservadoras. Un fondo de capitales, cuyos objetivos son el ingreso corriente y el crecimiento de ingresos, cumpliría mejor con sus expectativas. (Página 101)

14. **B.** El Código de Arbitraje regula las controversias entre intermediarios. (Página 224)

15. **B.** Un fondo de oportunidades en el extranjero invierte en acciones ordinarias de compañías establecidas fuera de Estados Unidos. (Página 102)

16. **C.** La tasa de fondos federales es la que los bancos se cobran entre sí por préstamos de un día a otro y puede cambiar cada hora. (Página 51)

17. **B.** Los accionistas tienen el derecho de voto y de recibir dividendos declarados (aunque no a un dividendo fijo). Un valor restringido tiene un plazo de reventa limitado que generalmente necesita registrarse. (Página 6)

18. **B.** Un derecho de precedencia le permite mantener su parte proporcional en la propiedad de la compañía. Dado que las acciones ya se han autorizado, si usted prefiere no participar en la oferta de derechos, su parte social se reducirá. (Página 6)

19. **A.** Conforme a un plan de aportaciones definidas, éstas pueden depender de los años de servicio o, más comúnmente, del salario. Los beneficios se basan en las aportaciones acumuladas que se darán a la jubilación. El plan es calificado y no puede ser discriminatorio. (Página 177)

20. **D.** La ganancia sería de $50 por los bonos (½ punto por bono equivale a $5 multiplicados por 10 bonos) y $100 por las acciones ordinarias (½ punto equivale a $.50 multiplicados por 200 acciones). (Página 24)

21. **D.** Cualquier modificación a la política de la sociedad de inversión tiene que ser aprobada por la mayoría de votos de las acciones en circulación del fondo. (Página 100)

22. **C.** Los planes de ahorro o 401(k) permiten al patrón igualar las aportaciones del empleado hasta un porcentaje determinado. (Página 178)

23. **B.** El coeficiente de gastos incluye los costos de operación del fondo comparados con sus activos. Los gastos incluidos en el coeficiente son los relativos a las comisiones de administración, de corretaje e impuestos. (Página 105)

24. **C.** Conforme a los derechos de acumulación, si una inversión adicional sumada al valor de la cuenta corriente del cliente (o dinero invertido) coloca el valor de la cuenta del cliente por encima del descuento por cantidad, el total de la inversión adicional califica para un cargo por venta reducido. En este caso, la inversión adicional de Bud, $6,000, más el valor de su cuenta, $20,000, coloca el valor de su cuenta por encima del descuento por cantidad de $25,000. Por lo tanto, el total de la inversión, $6,000, califica para un cargo por venta del 6 por ciento. (Página 103)

25. **B.** Para que se cumpla con una declaración de intención, tiene que aportarse la cantidad total estipulada en la misma y la apreciación no importa. (Página 112)

26. **D.** La inversión total califica para el cargo reducido. Una declaración de intención ampara compras realizadas en un periodo de 13 meses y se puede prefechar a 90 días. En realidad, Adam tiene 11 meses para realizar la inversión adicional. (Página 112)

27. **D.** El privilegio de intercambio o conversión le permite a un inversionista cambiar acciones de un fondo por las de otro administrado por la misma compañía, sin tener que pagar ningún cargo por venta adicional (aunque el intercambio en sí cause impuestos). (Página 114)

28. **B.** Klaus tiene que aportar $15,000, lo que significa que aún debe $6,000. Los dividendos reinvertidos y los cambios en el NAV no afectan a la cantidad requerida. (Página 113)

29. **C.** Los derechos de acumulación tienen un plazo de vigencia indefinido, mientras que la carta de intención vence a los 13 meses.   (Página 113)

30. **D.** La indemnización variable por muerte de un contrato de seguro de vida variable ofrecido con primas fijas se determina anualmente. (Página 159)

31. **C.** Toda persona que tiene algún ingreso puede abrir una IRA y depositar el 100 por ciento de su ingreso siempre y cuando no sobrepase los $2,000 al año.   (Página 167)

32. **A.** Sólo puede contratar un plan Keogh (HR-10) una persona que trabaja por su cuenta.
(Página 172)

33. **C.** El costo base de un plan para el retiro es el dinero que se aporta después de impuestos, y cuando se recibe ya no causa ningún impuesto. El dinero que se retira de un plan calificado se grava como si fuera un ingreso ordinario cuando se recibe.
(Página 179)

34. **D.** Ningún representante registrado puede eludir los procedimientos de arbitraje. (Página 224)

35. **B.** Se pueden hacer aportaciones a una IRA únicamente después de la primera fecha límite de declaración de impuestos (15 de abril), aunque se haya solicitado una prórroga. Cualquier persona que reciba algún ingreso puede hacer aportaciones a una IRA.   (Página 167)

36. **A.** La mayoría de los fondos de inversión ofrecen la reinversión automática de las distribuciones de ingresos y ganancias al valor de activo neto. Si la reinversión de las distribuciones de ingresos está sujeta a un cargo por venta, se reduce el cargo por venta máximo permitido sobre cualquier compra.   (Página 117)

37. **C.** Un propietario de una pequeña empresa que presenta el Formulario C puede tener un plan Keogh.   (Página 171)

38. **C.** En un seguro de renta variable no se garantiza el comportamiento de la cuenta; el inversionista acepta el riesgo de que la cuenta no produzca los intereses supuestos.   (Página 149)

39. **D.** Las inversiones más adecuadas para esta mujer son los fondos de bonos.   (Página 102)

40. **A.** Los impuestos sobre las ganancias de una cuenta separada se difieren. Cuando el rentista recibe la distribución, paga los impuestos sobre la renta ordinarios.   (Página 155)

41. **A.** En la etapa de diferimiento de un seguro de renta, las tenencias del titular consisten en unidades de acumulación. El valor de la cuenta sólo se convierte en unidades de seguro de renta si el cliente decide cambiar el contrato a la etapa de distribución.   (Página 152)

42. **D.** El valor de una unidad de acumulación varía conforme al valor de la cuenta separada de la compañía de seguros. Durante la etapa de acumulación de un seguro de renta variable, el número de unidades también varía conforme las distribuciones de ingresos y las aportaciones adicionales compran más unidades. El número de unidades es fijo únicamente cuando las unidades de acumulación se convierten en unidades de seguros de renta, pero su valor sigue fluctuando de acuerdo con el valor de la cuenta separada.
(Página 152)

43. **D.** Las aportaciones a un plan Keogh se limitan al 25 por ciento de los ingresos después de aportaciones (el equivalente al 20 por ciento de los ingresos antes de aportaciones), hasta un máximo de $30,000. En este caso, si multiplicamos el ingreso de $160,000 del médico por el 20 por ciento, obtenemos un resultado de $32,000, lo que significa un excedente de $2,000 respecto de la aportación máxima.   (Página 171)

44. **B.** En una venta de acciones de una sociedad de inversión, el prospecto tiene que entregarse antes de la solicitud de venta o simultáneamente a la misma.   (Página 97)

45. **A.** Este individuo pagará en total $55,000 durante dos años, periodo demasiado corto para invertir en inversiones de crecimiento. Puede invertir los $45,000 restantes porque no tendrá que usarlos para liquidar los pagarés. (Página 76)

46. **C.** En una cuenta discrecional, se autoriza a un representante registrado a elegir por el cliente el monto y el tipo de las inversiones. La autorización debe ser por escrito. (Página 127)

47. **D.** Cuando un cliente abre una cuenta, la información mínima requerida es el nombre del cliente, la mención de si el cliente es empleado de otra empresa de la NASD y el registro federal de causantes del cliente. Por otra parte, el representante registrado tiene que haber comentado con él los riesgos de la inversión y firmar las formas correspondientes. Un supervisor (principal de la empresa) revisa todas las cuentas. (Página 123)

48. **D.** Ningún custodio de una UGMA puede autorizar a un tercero para que maneje la cuenta. (Página 129)

49. **C.** Para poder ejercer la discrecionalidad, el representante registrado tiene que haber recibido antes la aprobación por escrito del cliente y la aprobación de un supervisor. Por otra parte, un principal designado debe revisar con frecuencia la cuenta, pero el gerente de la sucursal no necesita poner sus iniciales en cada orden antes de que se introduzca. (Página 128)

50. **A.** De los mencionados, el más adecuado sería el del mercado de dinero. (Página 113)

51. **A.** Antes de empezar a colaborar con otra empresa, el representante debe notificárselo a la empresa miembro. (Página 216)

52. **B.** Un principal calificado de la empresa tiene que aprobar toda la publicidad y demás comunicaciones del intermediario-agente. (Página 206)

53. **C.** Toda la propaganda o publicidad que se utilice para la solicitud de acciones de una sociedad de inversión tiene que estar precedida o acompañada del prospecto. (Página 205)

54. **C.** Cualquier propaganda que se vaya a utilizar para una nueva oferta tiene que estar revisada por la NASD. Un principal de la empresa debe aprobar su uso y hacerse responsable de las correcciones que la NASD indique. (Página 213)

55. **B.** Las compañías de inversión cerrada pueden emitir más de una clase de acciones ordinarias, preferentes, y bonos. (Página 88)

56. **A.** Los Kuhl necesitan que su capital se aprecie al máximo. Su posibilidad de invertir a largo plazo les permitirá sobrellevar las fluctuaciones del mercado accionario; por consiguiente, la inversión que más les conviene es el fondo de inversión en acciones, cuyo objetivo principal es lograr un crecimiento a largo plazo y no la generación de ingresos corrientes. (Página 101)

57. **B.** Dado que los fondos son manejados por administraciones diferentes, probablemente el cargo que se cobrará por cada inversión será el máximo. Si el cliente invierte el total del monto en un fondo o en una familia de fondos, podrá pagar un cargo reducido por venta. (Página 111)

58. **D.** Todos los materiales que se mencionan se consideran propaganda o material publicitario cuando se utilizan para solicitar seguros de vida variables. (Página 204)

59. **A.** Se habla de una *emisión especulativa* cuando una acción sube de precio espectacularmente después de su emisión. Aunque no existe ninguna fórmula matemática, por lo general un aumento en el precio de $1/8$ de un punto o más después de la emisión se considera como indicio de una emisión especulativa. (Página 189)

60. **D.** A los representantes registrados, funcionarios y consejeros de los intermediarios-agentes no les está permitido comprar una emisión especulativa ni tampoco se le permite a una empresa para su propio inventario. Las personas mencionadas en las opciones I y II, así como sus familiares, no pueden comprar una emisión especulativa; a menos que el monto que compren sea insignificante y

cuenten con un colocador para que les ayude a conseguir su participación en la oferta pública durante los 20 días del periodo de calma.
(Página 189)

61. **A.** Existe un mercado secundario activo tanto para los títulos opcionales de compraventa como para las acciones ordinarias y las opciones.
(Página 19)

62. **B.** Belle Charolais tiene un capital contable elevado y una importante experiencia en inversiones. Asimismo, puede asumir un riesgo más alto y el rendimiento potencial de una inversión especulativa como la que representa un fondo del sector de biotecnología.
(Página 101)

63. **A.** Antes de hacer al inversionista cualquier recomendación para que obtenga ganancias, hay que informarle los riesgos potenciales de la operación.
(Página 72)

64. **C.** La fecha exdividendo siempre es dos días antes de la fecha de registro. En este caso, la fecha de registro es el jueves 15 de septiembre, por lo que la fecha exdividendo es el martes 13 de septiembre.
(Página 63)

65. **D.** Los fondos sectoriales invierten en acciones de compañías que ofrecen productos innovadores en sectores específicos.
(Página 101)

66. **D.** Cualquier declaración o referencia a una sociedad de inversión constituida conforme al plan 12b-1 que implique que no se pagará ningún cargo se considera engañosa y una violación a las Reglas de Prácticas Leales.
(Página 110)

67. **C.** El privilegio de intercambio permite a los accionistas convertir acciones de una sociedad a las de otra sociedad de la misma familia de fondos manejados por la misma administración sin pagar un cargo por venta adicional (dólar por dólar). El accionista debe pagar los impuestos sobre ganancias aplicables al intercambio. (Página 114)

68. **A.** En el caso de un seguro de renta vitalicia contingente (indemnización por muerte) que incluye la opción del pago total de las aportaciones,

esta opción se ejerce durante el periodo de acumulación. Cualquier pago garantizado al beneficiario en caso de que el titular fallezca se realiza durante el periodo de renta.   (Página 153)

69. **D.** Si no se informa el número de Seguro Social o el registro federal de contribuyentes, automáticamente se causa un impuesto retenido del 20 por ciento sobre la cuenta.   (Página 120)

70. **C.** Para que una compañía de inversión registrada dé por terminado un cargo 12b-1, la terminación debe ser aprobada por la mayoría de votos de los accionistas o de los consejeros sin intereses creados en la sociedad. No es necesaria la aprobación unánime del consejo de administración.
(Página 110)

71. **B.** Una comisión 12b-1 es un porcentaje del activo neto anual del fondo. La comisión normalmente se paga cada trimestre.
(Página 109)

72. **C.** Los retiros suficientes de una IRA tienen que empezar al año siguiente a aquel en que el titular cumpla 70 años y medio.   (Página 169)

73. **D.** Un representante registrado de Serie 6 puede vender títulos de compañías de inversión abierta y de fideicomisos de inversión en unidades. También puede vender títulos de compañías de inversión cerrada, pero únicamente en el mercado primario.   (Página 201)

74. **B.** Los pagos realizados conforme al plan 12b-1 pueden utilizarse sólo para cubrir los servicios o actividades promocionales y de ventas que se describen en el plan y que se requieran para distribuir las acciones.   (Página 109)

75. **C.** El cargo máximo de un plan 12b-1 tiene que ser razonable y estar en relación con los servicios de distribución ofrecidos. La comisión puede cubrir únicamente los gastos de promoción, venta y distribución señalados específicamente en el plan. Las acciones ofrecidas conforme al fondo 12b-1 se venden a su valor de activo neto; y no hay POP. El porcentaje máximo, 9 por ciento, se refiere a

acciones vendidas mediante contratos de planes de inversión en pagos periódicos. (Página 109)

76. **D.** Si no tiene mayor información sobre la situación financiera del graduado, podría aconsejarle que por el momento difiera los $1,000 de su inversión. Si invierte el monto total en cualquiera de los fondos que se mencionan en la pregunta y se presenta una emergencia, lo más probable es que tenga que liquidar su inversión. En cambio, si una de las opciones fuera un fondo del mercado de dinero y Hugh invirtiera los $1,000 como un fondo de emergencia, este tipo de inversión sería la más adecuada para él.

(Página 72)

77. **D.** Hugh Heifer necesita una sociedad de inversión que le ofrezca un crecimiento potencial de su capital a largo plazo. Si consideramos que para él los administradores de dinero no siempre pueden prever el comportamiento del mercado en general, la inversión que más le convendría sería el fondo de índices, ya que éste trata de igualar el comportamiento del mercado accionario. (Página 101)

78. **B.** Primero, el método de inversión describe un plan de inversión en pagos periódicos (es decir, inversiones periódicas durante algún tiempo en un fideicomiso de inversión en unidades). El cargo por venta máximo sobre la vida de este tipo de plan es del 9 por ciento. En este caso, el 9 por ciento de $24,000 es igual a $2,160. (Página 133)

79. **B.** Un fondo de bonos de alta calidad reportaría un ingreso superior al que produce un fondo del mercado de dinero, y al mismo tiempo ofrecería estabilidad y preservación del capital. Muchos fondos de bonos ofrecen pagos mensuales por intereses, mientras que los fondos de acciones tradicionalmente ofrecen distribuciones trimestrales o incluso más espaciadas. El objetivo normal de un fondo de crecimiento no es ofrecer distribuciones de ingresos sino apreciar el capital. Un fondo de combinación invierte en acciones de ingresos y crecimiento y trata de proporcionar tanto crecimiento como ingresos corrientes; sin embargo, el NAV puede fluctuar mucho. (Página 102)

80. **C.** El plan de los Stout de financiar la educación de sus hijos mediante una inversión es a cuatro años. No pueden permitirse el lujo de arriesgarse a que el mercado accionario se contraiga durante ese lapso. Una alternativa segura que también ofrece rendimientos adicionales es el fondo de bonos de alta calidad. (Página 102)

81. **A.** Una pérdida o una ganancia se reclama en el año de la venta, no en el de la compra. (Página 118)

82. **A.** Una sociedad de inversión puede distribuir ingresos netos por inversiones en forma de dividendos. El "ingreso neto por inversión" se define como la suma de los intereses y los dividendos menos las comisiones. Las ganancias a largo plazo tienen que distribuirse por separado cada año, como mínimo. En consecuencia, el ingreso por dividendos de $1.10 más el ingreso por intereses de $.90 menos gastos, $.50, es igual a una distribución máxima de dividendos por acción de $1.50. (Página 116)

83. **D.** El plazo límite para presentar una demanda conforme al Código de Arbitraje es de 6 años. Sin embargo, este plazo no puede exceder del plazo establecido por las leyes estatales, el cual generalmente es de 2 años. (Página 224)

84. **B.** Los Longhorn se están preparando para jubilarse y quieren seguir teniendo un nivel de vida cómodo, es decir, estar protegidos contra la inflación. Un fondo de combinación que ofrece tanto ingresos corrientes como posibilidades de crecimiento es la mejor opción para esta pareja.

(Página 49)

85. **A.** Conforme a las audiencias del Comité de Administración de Operaciones Distritales o del Consejo de Gobernadores, las penas por violación a las Reglas de Prácticas Leales de la NASD pueden tipificarse de la siguiente manera: multa (ilimitada) y censura; suspensión de la membresía o el registro; expulsión o negación del registro a cualquier miembro o persona asociada; suspensión o prohibición de asociarse con otros miembros o cualquier otra pena que se considere apropiada. (Página 28)

86. A. El valor justo de mercado de la propiedad heredada puede bajar o aumentar a la muerte del propietario y no es necesario que se ajuste antes del fallecimiento.   (Página 120)

87. D. Los fondos del mercado de dinero invierten en obligaciones de alta calidad a corto plazo.
(Página 103)

88. C. Los fondos de ingresos gubernamentales invierten en títulos del Departamento del Tesoro de Estados Unidos y de otros organismos gubernamentales.   (Página 101)

89. B. Los fondos de bonos municipales invierten en obligaciones municipales.   (Página 102)

90. C. Para pagar los dividendos de las acciones ordinarias de este año, la sociedad tiene que pagar a los accionistas preferentes el 2 por ciento pendiente del año pasado y el 7 por ciento del dividendo del año en curso, en total el 9 por ciento, $9.
(Página 28)

91. C. Las disposiciones de los contratos de seguros de vida variable relativas a los reembolsos surten efecto durante 2 años contados a partir de la fecha de emisión de la póliza. Si durante este tiempo el titular concluye su participación en el contrato, la aseguradora tiene que reembolsar de la prima el valor en efectivo del mismo (el valor se calcula después de recibir la notificación de redención) *más* todos los cargos por venta deducidos que excedan del 30 por ciento en el primer año y del 10 por ciento en el segundo. Una vez transcurrido este lapso, únicamente es necesario reembolsar el valor en efectivo; la aseguradora retiene todos los cargos por venta cobrados a la fecha.   (Página 162)

92. A. La comisión 12b-1 tiene que indicarse claramente en el prospecto utilizado como instrumento de oferta del fondo mutualista.
(Página 109)

93. D. Un contrato de seguro de vida variable de prima fija ofrece una indemnización mínima por muerte (generalmente $25,000) y un valor en efectivo que fluctúa de acuerdo con el comportamiento de la cuenta separada que financia el contrato. El comportamiento de la cuenta separada determina el monto del beneficio excedente del mínimo garantizado en el contrato.   (Página 159)

94. B. Las acciones preferentes de Acme pueden convertirse en 4 ordinarias ($100 \div \$25 = 4$). Si las acciones preferentes se negocian a $110, las ordinarias tienen que negociarse al $27^{1}/_{2}$ para que 4 de ellas representen el valor de una acción preferente. Para calcular el precio de paridad, se divide el precio de mercado actual de las acciones preferentes entre el número de acciones ordinarias que un inversionista podría recibir por convertirlas ($\$110 \div 4 = 27^{1}/_{2}$).
(Página 37)

95. A. La tasa preferencial es el interés que un banco cobra a sus mejores clientes empresariales. La opción B describe la tasa de descuento (estipulada por la Fed).   (Página 51)

96. C. Tex quiere conservar el dinero de la distribución de su plan para el retiro por un plazo corto; en consecuencia, necesita un instrumento de inversión a corto plazo. El fondo del mercado monetario es el más aconsejable para su situación. El certificado de depósito negociable tiene una fecha de vencimiento que rebasa el plazo requerido por Tex. El fondo de crecimiento probablemente implique un préstamo. No hacer nada impedirá que Tex gane algún ingreso mientras toma una decisión.
(Página 103)

97. D. La solicitud de venta debe ir precedida o acompañada del prospecto, pero no necesariamente de otro tipo de propaganda u otro documento.
(Página 97)

98. B. El precio de paridad de la acción ordinaria sería de $22^{1}/_{2}$ ($90 \div 4 = 22^{1}/_{2}$). Dado que la acción ordinaria se negocia al 20 por ciento abajo de su valor de paridad, usted sabe que su precio de mercado es el 80 por ciento de $22^{1}/_{2}$ ($.80 \times 22^{1}/_{2} = 18$).
(Página 37)

99. **D.** Una descalificación reglamentaria puede ser una condena por haber cometido un delito relacionado con valores, la suspensión o expulsión de una organización autorreguladora, la violación a una ley de valores o la suspensión por parte de la SEC. El término "reglamentario" significa *por ley*. Si se descubre que una persona ha sido sujeto de alguno de estos actos, puede prohibírsele operar en el sector bursátil.   (Página 202)

100. **C.** Este problema debe resolverse en dos pasos. Primero, hay que determinar el precio de paridad del bono, que es igual al valor de mercado de la acción ordinaria multiplicado por la tasa de conversión. Si multiplica $55 por una tasa de conversión de 20 (la cual resulta de $1,000 dividido entre $50), obtendrá como resultado el precio de paridad de $1,100. Si el bono se vende al 110 por ciento de su valor de paridad, multiplique esta cantidad por 1.1 y obtendrá el precio de mercado ($1,100 x 1.1 = $1,210).   (Página 37)

Primera edición
Noviembre 1998
Tiro: 5,000 ejemplares
Impresión y encuadernación:
Litografía MR
México, D.F.
Impreso en México/Printed in México